语言生活皮书

中国语言政策研究报告
（2022）

国家语言文字工作委员会　组编

审　　订　戴庆厦　周庆生　潘文国　张浩明
名誉主编　李宇明

编委会
主　　编　张日培
副 主 编　杜宜阳
委　　员　（按音序排列）
　　　　　戴曼纯　方小兵　郭　熙　侯　敏　李　强
　　　　　潘文国　苏新春　王建勤　王　敏　王　奇
　　　　　王意如　文秋芳　杨尔弘　易　军　余桂林
　　　　　张日培　张治国　赵蓉晖　赵世举　周洪波
　　　　　周庆生

编 作 者　（按音序排列）
　　　　　阿衣西仁·居马巴依　　陈丽湘　董潇逸
　　　　　杜宜阳　樊小玲　郭龙生　郭展眉　何山华
　　　　　黄鑫媛　季小民　景飞龙　李桂梅　刘　慧
　　　　　刘　群　刘思静　庞超伟　覃业位　苏新春
　　　　　唐培兰　田　静　王海兰　徐欣路　严小香
　　　　　杨　涛　于东兴　张日培　张振达

策　　划　教育部语言文字信息管理司
执　　行　国家语委国家语言文字政策研究中心（上海市教育科学研究院）
　　　　　国家语委中国语言资源开发应用中心（商务印书馆）
学术指导　中国语言学会语言政策与规划专业委员会

"语言生活皮书"说明

"语言生活皮书"由国家语言文字工作委员会组织编写，旨在贯彻落实《国家通用语言文字法》，提倡"语言服务"理念，贯彻"大语言文字工作"发展新思路，为语言文字事业更好服务国家发展需求做贡献。

"语言生活皮书"分A、B、C、D、E五个系列，各自连续编号发布出版。其中，A系列为《中国语言文字事业发展报告》（"白皮书"），B系列为《中国语言生活状况报告》（"绿皮书"），C系列为《中国语言政策研究报告》（"蓝皮书"），D系列为《世界语言生活状况报告》（"黄皮书"），E系列为语言文字规范草案（"规范类"）。

《中国语言生活状况报告》（"绿皮书"），2004年筹编，2006年出版，是国家语委最早组编的语言生活皮书，目前还出版了相应的英文版、韩文版、日文版和俄文版，并附带编纂了具有资政功能的《中国语言生活要况》。2016年，《中国语言文字政策研究发展报告》（后更名为《中国语言政策研究报告》，"蓝皮书"）出版。2016年，《世界语言生活状况》和《世界语言生活报告》（后合并更名为《世界语言生活状况报告》，"黄皮书"）出版。2017年，《中国语言文字事业发展报告》（"白皮书"）的出版，标志着国家语委的"白、绿、蓝、黄"皮书系列最终形成。

这些皮书各有侧重，相互配合，相得益彰。"绿皮书"主要反映我国语言生活的重大事件、热点问题及各种调查报告和实态数据，为语言研究和语言决策提供参考和服务。它还是其他皮书的"底盘"，在人才、资源、观念等方面为其他皮书提供支撑。"白皮书"主要宣传国家语言文字方针政策，以数据为支撑，记录、展示国家语言文字事业的发展成就。"蓝皮书"主要反映中国语言规划及相关学术研究的实际状况，并对该领域的研究进行评论和引导。"黄皮书"主要介绍世界各国和国际组织的语言生活状况，为我国的语言文字治理和语言政策研究提供参考借鉴，并努力在国际语言生活中发出中国声音。

"语言生活皮书"是开放的，发布的内容不仅局限于工作层面，也吸纳社会优秀成果。许嘉璐先生为"语言生活绿皮书"题字。国家语委历任领导都很关心"语言生活皮书"的编辑出版工作。相关课题组为皮书做出了贡献，一些出版单位和社会人士也给予了支持与关心。在此特致谢忱！

国家语言文字工作委员会

新时代语言规划的若干思考

——序《中国语言政策研究报告（2022）》

1955年，现代汉语规范问题学术会议召开，罗常培、吕叔湘二位先生做了《现代汉语规范问题》会议报告，用了"语言生活"的说法。使用时带有引号，说明还是个临时说法。之后学界对语言生活的研究增多，使用时脱去了引号，但与"语文生活"常自由换用。自2006年起，随着《中国语言生活状况报告》的持续出版，"语言生活"概念得到广泛传播，"语言生活"理念成为语言规划的基本理念。语言生活研究，提倡关注语言生活，努力发现和解决语言生活问题，引导语言生活发展，提升语言生活品位。在研究语言生活的过程中，学界提出了构建和谐语言生活、提升公民和国家的语言能力、保护和开发语言资源、建设信息沟通无障碍社会等重要理念，形成了具有中国学术特色的研究范式。

《中国语言政策研究报告》把我国语言政策和语言规划研究作为研究对象，编纂七年来几经改版创新，尽量全面、真实地反映研究状况，不断发现研究领域的新开拓、研究话题的新进展、研究热点的新聚焦，特别重视中国学人原创性的知识生产，引导学科不断进步，成效显著。认真思忖起来，我国语言生活研究最大的特色是不断发现语言生活中的问题，思考如何通过语言规划助力社会进步，为语言规划学研究设置学术话题。

2010年8月21日，笔者曾经在南开大学做了题为"当前值得关注的语言文字问题"的学术讲座，根据当时的认识提出七个问题：一、争取国际话语权；二、语言与认同的关系；三、中国城市化进程的语言问题；四、语言协调问题；五、信息化的挑战问题；六、国际化的语言问题；七、中国公民的语言能力标准。

2017年7月10日，在上海召开的第二届中国语言文字政策研究热点与趋势学术研讨会上，我做了题为"语言规划研究的新形势"的学术总结，当时认为中国语言政策和语言规划研究，面临四个方面的新形势：第一，全球治理；第二，文化问题；第三，信息化问题；第四，语言冲突问题。语言政策研究应该关注九个重点问题：一、语言服务问题；二、国际语言生活问题，特别是国际组织和国别的语言政策；三、语言教育问题；四、网络空间的语言问题；五、社会各领域的语言生活与语言政策，特别是语言与经济、语言与国家安全等；六、家庭语言规划问题；七、中国语言规划史问题；八、话语体系及话语权建设问题；九、语言政策和语言规划研究的学科建设问题。

2021年10月29日，我在第三届语言与国家学术研讨会上做总结发言，认为"语言与国家"研究应从中华民族共同体、人类命运共同体、数字化时代三个方面来思考，具体提出了如下29个问题。

一 铸牢中华民族共同体意识

铸牢中华民族共同体意识，是中华民族团结与发展的问题。语言何以维护民族团结，又怎样促进共同发展？这是当下中国要回答的语言问题之一。具体而言，可以从构建和谐语言生活、提升语言能力、发挥语言的经济作用、关注特殊人群的语言生活等四个方面来考虑。

（一）构建和谐语言生活

和谐的语言生活是"以国家通用语言文字为主导的多语共存共用的和谐生活"。有三个具体的问题需要注意。

1. 语言认同问题。

2. 普通话的普及与提高。普及是提高的基础，提高是普及的方向。国家始终重视普通话的推广普及，特别是在农村地区、西部地区、民族地区。目前普通话普及率已经达到80%以上，普通话现在是不胫而走。此时，"提高"问题就显得非常重要，不仅提高口头语言水平，更要提高全民的书面语水平。

3. 各种语言关系的妥善处理。这一问题实为老生常谈，但总有旧情新貌，不能不谈。我国语言矛盾已然进入深水区，妥善处理各种语言关系，需要见识与智慧。

（二）提升语言能力

4. 公民的三语能力：(1) 方言和民族语言的能力，自幼学习掌握；(2) 国家通用语言能力，学校学习；(3) 外语能力，高级人才要掌握两门或多门外语。

5. 国家的20/200种语言能力。用20种语言获取人类先进思想和科技文化；用200种语言向世界讲述中国故事，处理相关的语言事务。

6. 国家话语权问题。

（三）发挥语言的经济作用

过去主要从文化、符号、信息、交际等方面认识语言功能，而今应充分认识语言的经济属性，发挥语言的经济作用，获取语言红利。

7. 语言产业问题。

8. 职业岗位语言能力的培养与测试。我国现有语言测试都是水平测试。要研究各劳动岗位的语言能力需求，开展职业岗位的语言能力培养与测试，使语言能力更好地发挥劳动力的作用。

9. 从语言扶贫到语言与乡村振兴。

10. 语言与城镇化问题。

11. 自贸区和跨省经济区域的语言规划。

（四）关注特殊人群的语言生活

促进社会共同发展，构建信息无障碍社会。不能忽视特殊人群的语言生活需求，特别是不同类型的特殊人群的语言生活如何保障、改善与提升。

12. 语言康复问题。包括语言疾病的病理学、神经学研究，以及语言康复研究。

13. 语言残障人群共享信息与人类文明的问题。

14. 老年语言生活问题。

二　构建人类命运共同体

国家出行，语言先行。中国已经走向世界舞台中央，不重视人类命运共同体构建的语言规划，是不能完全适应国家发展的。此领域起码应该考虑中文的国际应用和国际语言生活治理。

（一）中文的国际应用

15. 海外华人的语言传承问题。没有教育的语言传承只是自然传承；只有教育但没有语言生活的应用，语言传承也会失去活力。

16. 国际中文教育资源的整合应用。要把国内外、线上线下的各种中文资源整合起来，也要统筹兼顾华文教育、孔子学院、国际中文学校的发展。

17. "中文+X"的教育模式。X可以是"专业""技能""职业""职业教育"。"专业"，指各学科专业；"技能"是针对个人的；"职业"是从事某一工作的多种技能，是个人的也是社会的；"职业教育"是职业师范性质，是中国产业标准走出去。要研究"中文+X"的各种类型及其关系，针对不同人群、不同地区开展国际中文教育。

18. 中文作为世界重要语言的发展战略问题。要建立中文国际教育与应用的强大支撑体系，包括教育体系、规范标准体系、应用咨询及人才体系等。

（二）国际语言生活治理

19. 世界语言与语言生活的研究。

20. 语言濒危问题。

21. 语言冲突问题。

22. 国际语言传播组织的人类使命问题。国际语言传播组织有140年历史，重要的有60多个，有40余种语言在向世界传播。它们的活动是国际语言生活的重要组成部分，也是国际语言冲突的来源之一，值得专门研究。

23. 国际语言秩序问题。

三　数字化时代

数字化时代是一个充满未知和想象的时代。当年教育部成立语言文字信息管理司，就是为了迎接信息化、数字化时代的到来。数字化时代，可能会带来哪些语言问题，值得思考与展望。

24. 语言数据的市场化与数字化问题。数据是数字经济的生产要素，数据的80%是语言数据，因此语言数据具有生产要素性质，需要市场化、数字化。

25. 中文的"轴心语言"地位问题。现实中，翻译的"接力语言"是英语，自动翻译的"轴心语言"也是英语。"接力语言/轴心语言"代表着语言的地位，在跨文化交往和信息集聚中起到中枢作用。随着中文国际地位的提升和中国信息处理技术的发展，中文有无可能成为轴心语言？

26. 人类的AI助手与中文机器人问题。随着人工智能的快速发展，为人类的特殊行业、特殊人群配备AI助手，已经不是幻想，甚至是明日的社会生活和国力竞争。中国有14亿人，必须有功能强大的中文机器人，才能过好数字生活。

27. 中国作为世界"信息加工重地"的问题。义务教育的普及，为中国成为世界产品加工厂奠定了人才基础。而今中国基本普及了大学教育，语言服务产业在国际上已有较大份额，有可能把中国发展为世界"信息加工重地"。

28. 语言智能的法律和伦理问题。语言智能是匹"烈马"，它既能够载着人类飞速进步，也有可能因不受把控而产生危害。需要给语言智能装上"马笼头"，加强语言智能的法律和伦理学研究，探讨如何从制度、道德等层面保护人类。

29. 面向新时代的语言学科建设问题。

以上29个问题，提得不一定全面，也不一定合适，但这是我近来所思，有些是多年思考过的问题的再提出，在一定程度上也代表了学界同人的思考。这些问题主要来自中国的语言生活。中国语言生活有自己的特殊性，在中文信息化、网络语言生活、全媒体与融媒体、语言资源保护、语言扶贫和乡村振兴、外语教育、新冠肺炎疫情防控等领域，甚至具有世界领先性。研究如此特别的语言生活，一定会产生原创性的成果，会为中国社会的进步做出贡献。因此，提出这些问题，回答这些问题，应具有科学意义和巨大的社会意义。

希望中国学人能够对这些问题有所回答，更希望能够提出更多更好的问题！

李宇明

2022年3月26日

序于北京惧闲聊斋

2021年中国语言政策研究状况

2021年是党和国家历史上具有里程碑意义的一年，中国共产党百年华诞，第一个百年奋斗目标如期实现，向第二个百年奋斗目标进军的新征程全面开启，"十四五"实现良好开局，我国发展又取得重大成就。2021年也是对语言政策研究具有特殊意义的一年。语言文字事业深入推进、大事不断，令人鼓舞、催人奋进。语言政策研究对接事业发展需求，在国家通用语言文字推广普及研究、语言文字规范化标准化信息化建设研究、语言资源科学保护研究、中文国际传播研究、语言服务研究、语言教育研究、语言经济与语言产业研究、语言政策与规划学科理论建设等方面取得新进展。

一 发展背景

2021年是《人民日报》发表《正确地使用祖国的语言，为语言的纯洁和健康而斗争！》社论70周年，是《国务院关于推广普通话的指示》发布65周年，是《国家通用语言文字法》实施20周年，是国家语委正式推出面向全社会的语言文字科研规划20周年，是语言生活绿皮书首次发布、国家正式提出"构建和谐的语言生活是语言文字工作的目标"15周年，是党的中央全会决议提出"大力推广和规范使用国家通用语言文字，科学保护各民族语言文字"10周年。这些都是语言政策研究应当关注的历史上的"今天"，是当下语言政策研究的历史背景。

2021年是深入学习贯彻新时代全国语言文字会议精神的开局之年，是国家语言文字事业"十四五"规划、国家语委科研"十四五"规划、语言文字规范标准建设"十四五"规划编制之年。国务院办公厅正式发布《关于全面加强新时代语言文字工作的意见》（以下简称《意见》），在学界引起强烈反响。规划编制作为综合、全面、巨细的政策研究工程，在国家语委的组织下，语言学、教育学、心理学等多领域数百位学者参与其中。《意见》和各项"十四五"规划提出的政策理念体系、原则方略体系、目标任务体系，对科学建构新时代语言政策研究框架具有重要指导意义；《意见》和各项"十四五"规划提出的具体任务、举措和要求，是未来语言政策研究选题破题的重要依据。11月，国家语委召开"十四五"科研工作会议，成立新一届科研规划领导小组，依据即将颁布的科研规划，部署未来五年的语言文字科研工作，语言文字学政两界超过千人线上线下参会，会议提出的"增强服务国家意识""攻关重大关键问题""推进学科建设""创新话语体系"等要求，为语言政策研究以及本报告编制指明了方向。

这一年，《国家通用语言文字法》修订调研工作深入推进，教育部、国家乡村振兴局、国家语委印发《国家通用语言文字普及提升工程和推普助力乡村振兴计划实施方案》，国家语委召开中国语言资源保护工程建设推进会、印发《中国语言资源保护工程二期建设规划（2021—2025年）》，"党的语言文字事业百年光辉历程"展成功展出，《国际中文教育中文水平等级标准》《通用规范汉字笔顺规范》《古籍印刷通用字规范字形表》等语言文字规范标准发布实施，"全球中文学习平台"代表中国智慧教育亮相迪拜世博会，八个语种对照的《冬奥体育项目名词》出版，首届中国—东盟语言文化论坛、高校语言文字工作论坛成功举办。语言文字事业取得新成就。

这一年，在中国知网检索可见，包含"语言战略""语言政策""语言规划""语言管理""语言治理""语言教育""语言能力""语言规范""语言资源""语言服务""语言保护""语言传播"等主题词的期刊论文合计达700余篇，其中发表于核心期刊或CSSCI来源期刊的共240余篇；语言政策研究专业期刊和辑刊、常设语言政策研究类专栏的外语教育类期刊和综合性学术期刊，就语言文字事业历史与方略、高校语言政策、城市化进程中的语言问题、华文教育与华语传承、语言治理、国家话语能力、中文国际传播能力、新时代国际中文教育、新时代外语教育改革与发展、应急语言服务、区域语言产业、语言学学科建设、语言政策学科理论、区域国别及国际组织语言政策等设立研究专题；《国家语委专家建议》就国际中文教育、海外华语传承、语言文字规范标准宣传普及、国际标准领域国家语言主权维护、古文字学科建设等刊出学界的资政建言。语言政策研究取得新进展。

这一年，语言文字事业发展和语言政策研究积极互动。事业发展为政策研究构筑空间、建构热点、提出命题。政策研究主动"接球",深入开展理论思辨、实证分析、国际比较,努力推进话语体系创新、研究范式创新,探微历史、总结经验、针对问题、建构方略,跟踪观测、前瞻思考,助力事业科学发展、创新发展。

二 研究特点

从公开的期刊论文、报纸文章、会议报告、研究报告、资政建议等的研究内容看,2021年的语言政策研究主要有以下特点。

(一)语言文字事业的历史与方略研究跨越百年

立足党的"为人民谋幸福、为民族谋复兴"初心宗旨,从党的语言文字主张、理论、政策、实践的视角,考察建党百年来语言文字事业的成就与经验,是百岁华诞之年语言文字事业历史研究的突出特点。相关研究从语文现代化、民族语文政策、外语教育等不同视角,梳理不同历史阶段党的语言文字政策理念与实践成就,并总结归纳了党领导语言文字事业取得重大成就的五条历史经验。

同时,围绕国办《意见》的发布和国家语委"十四五"科研工作会议精神的学习贯彻,学界展望新发展阶段的时代特征,就新征程上的事业发展重点和新的使命担当、构建事业发展大格局、加强学术研究与学科建设、推动语言文字科研国际化发展等提出一系列思考和建言。

(二)语言政策理论研究聚焦"语言治理"

在"推进国家治理体系和治理能力现代化"背景下,作为学科理论的语言政策研究集中探讨了"语言治理"的理论构念、学科建构等问题,相关研究理论性特点突出,认为"语言治理是对语言规划和语言管理的超越",并提出全球语言治理的研究框架、城市语言治理的规划体系、媒体语言治理的基本方略。

此外,语言政策研究的路径与范式问题也得到较深入的讨论。主张"研究者须与决策者角色区别开来"的观点和认为"研究者对语言政策的参与和共同建构将成为非常有意义的研究话题"的观点共现。而关于"加强问题导向的对策研究""加强学科交叉研究""加强语言学与经济学的跨学科对话"等观点值得语言政策研究者重视。

（三）国家语言能力研究侧重话语能力建设

国家语言能力是关涉事业发展理念的重要研究话题，自提出以来持续受到学界关注，国家语委科研规划和国家社科基金分别于2018年和2019年设立重大项目。2021年，国家语委重大项目"国家语言能力内涵及提升方略研究"的研究成果之一，"国家语言能力研究"丛书正式出版，其他相关研究主要讨论了国家语言能力建设和个人语言能力提升的统筹推进问题，分析指出了我国国家语言能力存在的短板。在加强和改进国际传播工作、应对百年未有之大变局的背景下，作为国家语言能力重要方面的"国家话语能力"在2021年格外受关注，相关研究主要探讨了国家话语能力的理论内涵、我国面临的国际话语挑战、国际话语权争取、国家话语能力规划与提升路径、新媒体技术逻辑下国际传播话语体系升级、中国优秀文化外译话语体系构建、外交话语外译传播等问题。

（四）汉语语言规划研究面向两个共同体

一是面向中华民族共同体。学界就国家通用语言文字与中华民族共同体的关系、推广普及国家通用语言文字对铸牢中华民族共同体意识的意义等进行理论思考，就依法推广普及国家通用语言文字、加强国家通用语言文字教育等进行方略探讨，还提出"国家通用语言文字共同体"概念并进行了理论阐释。同时，在国家通用语言文字规范使用方面，就加强广播语言规范体系建设、规范字母词使用、加强语言文字规范标准宣传普及、维护国际标准领域的国家语言主权等提出建议。

二是面向人类命运共同体。相关研究以"促进人类文明交流互鉴，推动构建人类命运共同体"的高远站位，将中文定位为全人类的公共产品，深入分析世界百年未有之大变局对中文国际传播带来的挑战与机遇，深入思考应对百年变局的方略与举措，提出"中文国际化规划"并阐释其内涵、目标、原则、理念和基本维度，探讨国际中文教育事业转型升级的向度和路径，就促进孔子学院内涵发展、推动中文教育本土化、大力发展"中文+职业教育"、加强国际中文教育标准体系建设和资源体系建设、建立中文国际传播风险防范化解机制等提出思考和建言。此外，在中文本体建设方面，多位学者强调，中文的研究与规范应当坚持全球化视野，树立当代观和全球观，全面考察世界范围内的中文和由中文建构的世界。

统筹"中华民族伟大复兴战略全局"和"世界百年未有之大变局"两个大局，面向"中华民族共同体"和"人类命运共同体"两个共同体，以全球化视野全方位探讨汉语的地位规划、本体规划、教育规划、声望规划、功能规划，近年来趋势明显。

（五）语言资源保护研究强调语言资源应用与管理

在中国语言资源保护工程一期工程超计划高质量完成、二期工程全面启动的背景下，语言资源应用管理问题成为2021年语言资源保护研究的重点。相关研究提出了"有效利用才是对语言资源的最好保护""语言资源的开发路径要多元化""少数民族语言资源保护要科学分类精确管理""对不同活力等级的语言要采取差异化保护措施"等一系列值得重视的观点和建议。同时，关于正确认识语言适应与语言发展、边境语言具有"睦邻戍边"作用等的思考与探讨，对坚持语言资源观，妥善处理好各类语言文字关系、构建和谐健康语言生活，具有重要意义。

（六）教育领域语言政策研究注重国别比较与高校实践

教育领域语言政策涉及教学媒介语选择与应用、语言教育与语言类人才培养、校园语言应用及其治理等方面，本年度的相关研究具有两个突出特点。一是注重国别比较，美国、德国、印度、巴西的外语教育政策，以色列的希伯来语教育政策，日本的全英文学位项目等，从不同方面为我国语言教育政策研究带来启示。二是聚焦高校实践，2021年国内首次出现关于"高校语言政策"的专门研究，以此为话题，可以聚类考察关于高校教学媒介语、高校外语教育、大学语文课程建设、来华留学生语言管理等的研究情况，在这些话题上，研究者们分别进行了较为深入的探讨。

（七）语言服务研究实践价值突出

2021年语言服务研究形势喜人，教育部批准有关学位授予单位依托"外国语言文学"一级学科自主设置"国际语言服务"二级学科，商务部等七部门启动建设语言服务出口基地。语言服务学科地位的确立和相关政策的出台是实践发展的需要，也是学术研究价值的体现。语言服务理论、语言翻译、语言服务行业、应急语言服务等是年度研究热点，关注技术应用、强调融合发展、重视人才培养和强化理论建设是年度特点。

三　趋势展望

展望未来，国办《意见》和各项"十四五"规划引领研究方向，从年内召开的综合性学术会议和立项的科研课题可以观察研究热点的走向和趋势。

（一）国办《意见》和"十四五"规划引领研究方向

国办《意见》指出，要坚定不移推广普及国家通用语言文字，加快推进语言文字基础能力建设，切实增强国家语言文字服务能力，积极推进中华优秀语言文化传承发展，大力提升中文国际地位和影响力。《国家语言文字事业"十四五"发展规划》在提升国家通用语言文字普及水平和质量、推进语言文字规范化标准化信息化建设、促进中华优秀语言文化传承弘扬和创新发展、增强国家语言文字服务能力、加强语言文字国际交流合作、提高语言文字工作治理体系和治理能力现代化水平等六个方面提出16项任务、7项重大工程和两个专项工作计划。《国家语委"十四五"科研规划》提出八个重点研究方向，包括语言文字与国家治理、国家通用语言文字推广普及、语言文字规范标准建设和应用、语言文字信息处理、语言教育和语言能力、语言生活和语言服务、中华优秀语言文化传承传播与发展、语言文字基础理论。其中，有很多本报告重点关注的政策、理论、方略问题有待深入研究。

（二）学术会议和立项课题建构研究热点

第三届语言与国家学术研讨会的研讨议题主要包括五个方面：语言学学科专业建设和语言教育发展，语言文字与民族文化传承、民族共同体意识认同，语言文字治理和国家治理，国家语言能力的理论内涵，语言数据与数字经济。第七届中国语言政策与语言规划学术研讨会的主题是"移动互联时代的语言生活"，主要探讨了七个议题：移动互联时代的语言生活及研究，数字化与语言生活，线上语言教育，语言政策的国别研究，语言生活治理体系，应急语言服务，语言脱贫。第七届中国语言产业论坛以"新时代新经济背景下中国语言产业研究的历史使命"为主题，议题主要包括四个方面：语言产业研究的理论基础与核心问题，区域语言产业发展的实践探索与理论思考，语言产业在乡村振兴中的功能与实现路径，基于新技术的语言传播及语言教育。长三角区域一体化发展中的语言治理学术研讨会的研究议题主要包括六个方面：区域一体化高质量发展背景下的语言治理规划，比较视野下的区域语言文字发展方略，长三角教育一体化与语言教学和研究，长三角语言资源与语言生活，长三角公共语言服务建设，长三角形象话语建构与语言文化传播。

国家语委科研规划在语言治理、语言学话语体系、语言国情调查、语言文字标准国际化、语言安全、海外华文教育与华语传承、外语教育学科体系建设、中文学习技术及资源建设等方面共设立46项课题。教育部人文社会科学研究基金资助的214项语言学项目中，与语言政策研究相关的有80多项，其中关于中国形象的话语建构与国际传播、教材语言政策、语言教育政策国际比较、国家与个体语言能力建设、家庭语言规划、海外华人语言传承、网络语言暴力问题、留学生学位论文语言使用等的研究尤其值得关注。国家社科基金资助的语言学相关项目中，与语言政策研究相关的有20多项，其中"国家语言安全大数据平台建设与研究""'两个一百年'背景下的语言国情调查与语言规划研究""人类命运共同体视域下非洲百年汉语传播研究"为重大项目；此外，新时代我国高等外语教育体系的改革与重构研究、海洋强国视域下海事语言标准化及国际海事话语研究、中国全球语言治理面临的问题和对策建议、国家应急语言服务需求框架体系研究、中欧班列沿线欧洲国家宏观语言生活研究、乡村振兴背景下农村语言生态建设机制及路径研究、长三角城市群语言景观研究、语言规划视域下的粤港澳大湾区多语语音数据库建设与研究、新时代民族地区国家通用语言文字推广的理论与实践研究、新加坡华语文教科书中的中国形象话语建构与演变研究、澳门语言政策的实践与居民身份认同关系研究等都值得关注。

结　语

从本报告梳理、遴选、关注的文献研究内容看，2021年的语言政策研究展现出强烈的问题驱动意识、服务国计民生的家国情怀、放眼国际的大格局和全球视野，研究者对语言政策的参与和共同建构显示着语言文字事业与语言政策研究的积极互动。未来，对语言文字与两个共同体之间互构共变关系的理论阐释值得进一步深入；百年未有之大变局加速演进与新技术革命蓄势待发双重因素交织背景下,关于语言治理、语言规范、语言服务、语言传播等的理论建构、实践方略及资源建设的研究,需求迫切;深入实施新时代人才强国战略与大力推进国家教育综合改革背景下,教育领域的语言问题研究、服务国家战略的高水平人才语言能力培养、语言学学科建设与跨学科研究范式探索等相关研究迎来广阔空间;区域、城市、乡村语言规划和语言服务研究可望在地方语言文字事业发展中进一步凸显实践价值。

(张日培 杜宜阳)

目 录

第一部分 热点综述 ... 001

党的语言文字事业百年成就与经验 ... 003
一 百年历程 ... 003
二 主要成就 ... 005
三 历史经验 ... 010

推广普及国家通用语言文字，助力铸牢中华民族共同体意识 ... 016
一 国家通用语言文字与中华民族共同体 ... 016
二 推广普及国家通用语言文字与铸牢中华民族共同体意识 ... 018
三 高质量推广普及国家通用语言文字 ... 020

高校语言政策 ... 028
一 教学媒介语选择与应用 ... 028
二 高等外语教育与国际化人才培养 ... 030
三 大学语文教育与大学生语文素养提升 ... 034
四 来华留学生中文教育与服务 ... 036

百年未有之大变局下的中文国际传播 ... 041
一 准确识变 ... 041
二 科学应变 ... 043
三 主动求变 ... 048

海外华语传承的主体、机制与方略 ... 057
一 传承主体 ... 057
二 传承机制 ... 061
三 传承方略 ... 064

目录

第二部分 论点摘编 071

语言文字事业发展方略 073
国办《意见》将语言文字事业提升到新高度 073
国办《意见》开启语言文字事业发展新征程 074
构建语言文字事业大格局 074
新时代语言文字事业有五大着力点 075
新时代外语教育要担当三大新使命 076
加强语言学科建设和学术研究 077
推进语言文字科研事业国际化发展 078
打造高水平国家语委研究型基地 079

语言文字规范标准建设 080
在全球化视野下推进汉语研究 080
汉语规范要建立当代观和全球观 081
将方言字及域外汉字纳入文字规划内容 082
异形词整理要充分考虑形义一致理据 082
规范政务微博中的字母词使用 083
进一步加强广播语言规范体系建设 084
创新语言文字规范标准传播模式 085
维护我国在国际标准领域的语言主权 085
融媒体汉语学习词典应以用户为中心 086
《国际中文教育中文水平等级标准》"新"在哪里 087
《国际中文教育中文水平等级标准》"特"在哪里 088
《国际中文教育中文水平等级标准》如何应用 088

语言资源科学保护 090
有效利用才是对语言资源的最好保护 090
语言资源的开发路径要多元化 091
不同活力等级的语言要采取不同的保护措施 092
方言在影视剧中的语言形象不宜标签化 093
加强方言民俗词语调查研究 094
保护传承方言文化亟须做好三项工作 095

少数民族语言资源保护要科学分类精确管理 …… 095
正确认识语言适应与语言发展 …… 096
发挥边境语言的"睦邻戍边"作用 …… 097

语言服务 099

我国要从语言服务大国迈向语言服务强国 …… 099
加强语言服务标准化建设 …… 100
以专业化语言服务助力企业"走出去" …… 100
推动语言服务产业的深度融合 …… 101
促进人工智能技术在语言服务企业的应用 …… 102
智慧城市建设对语言服务提出新要求 …… 102
加强国际化城市危机沟通中的语言服务 …… 103
提升民族地区多语应急服务能力 …… 104
全面开展应急语言服务教育 …… 104
构建应急语言服务人才培养体系 …… 105
做好应急语言产业战略规划 …… 106
听障人群应急语言服务需求迫切 …… 106
促进手语服务行业发展 …… 107
加强语言服务学科建设 …… 107

国家语言能力 109

统筹推进国家语言能力建设与个人语言能力提升 …… 109
我国国家语言能力尚存短板 …… 110
我国参与国际组织要提升语言能力 …… 111
国家话语能力关乎国家形象构建 …… 112
正确看待话语能力和话语权的关系 …… 112
把握国家话语能力提升的主要路径 …… 113
话语规划是提升国家话语能力的关键 …… 113
加强国家话语能力建设要在四个维度上发力 …… 114
推动新媒体技术逻辑下的国际传播话语体系升级 …… 115
加强合作型外交话语研究 …… 116
多维度构建中国优秀文化外译话语体系 …… 116
柔性传播外交话语核心概念 …… 117

目录

　　重视语言模因在国际话语权建构中的作用 …… 118
　　"中国英语"研究与中国话语研究应该相互融合 …… 119
　　把握外交话语隐喻的翻译策略 …… 120
　　构建新风格外交话语的翻译策略 …… 120

国际中文教育 …… 122
　　国际中文教育是人类命运共同体理念的全球实践 …… 122
　　合理规划汉语国际化初始阶段的教学目标与策略 …… 123
　　扭转"汉语难学"的语言形象 …… 124
　　提升汉硕毕业后出国教汉语的意愿 …… 124
　　创新孔子学院的平台功能 …… 125
　　突破孔子学院的舆情困境 …… 126
　　华语社区对华语传承传播具有重要意义 …… 126
　　散居情况下华人如何传承华语 …… 127
　　优化海外华文教育路径 …… 128
　　开辟国际中文教育的数智化传播新方式 …… 129
　　来华留学生汉语教育要实现六大转变 …… 130

语言政策理论与方法 …… 131
　　语言治理是对语言规划和语言管理的超越 …… 131
　　从学科建构的视角开展语言治理研究 …… 132
　　加强全球语言治理研究 …… 132
　　语言治理要统筹好语言的工具价值和内在价值 …… 133
　　媒体语言治理要统筹各方力量 …… 134
　　城市语言治理应围绕三个维度展开 …… 135
　　做好城市语言规划 …… 136
　　语言政策研究的不同路径应当互补 …… 137
　　语言政策研究要注重问题驱动和学科交叉 …… 138
　　引入经济学方法有助于语言政策研究走向深入 …… 139

区域国别语言政策 …… 140
　　罗马尼亚大力推动国家通用语的国际拓展 …… 140
　　马来西亚语言政策受英语影响不断波动 …… 141
　　印度的语言民族主义阻碍了其民族整合与社会发展 …… 142

美印等国的外语教育政策各有特色 …………………………………… 142
以色列成功开展对外来移民的希伯来语教育 ………………………… 143
高校外语教育规划研究与实践存在明显国际差异 …………………… 144
日本全英文学位项目存在语言冲突与竞争 …………………………… 145
日本推广简易日语是其国家建设的重要考量 ………………………… 145

第三部分 学术动态 147

第三届语言与国家学术研讨会综述 …………………………………… 149
第七届中国语言政策与语言规划学术研讨会综述 …………………… 153
第七届中国语言产业论坛综述 ………………………………………… 157
长三角区域一体化发展中的语言治理学术研讨会综述 ……………… 160
三大科研基金语言学课题立项情况 …………………………………… 164
国家语委科研项目结项情况 …………………………………………… 179
国家语委科研机构发展报告 …………………………………………… 195

第四部分 专题研究 203

语言规范七十年 ………………………………………………………… 205
新世纪以来国家语委科研工作 ………………………………………… 218
教材语言研究的缘起与发展 …………………………………………… 231

第五部分 附录 245

语言政策研究学术会议选目 …………………………………………… 247
语言政策研究学术著作选目 …………………………………………… 249

Contents

Part I Hot Topics Review ··· 001

Achievements and Experiences of the Chinese Communist Party on Language Affairs since Its Foundation ························· 003
  I. Centennial Course ·· 003
  II. Major Achievements ·· 005
  III. Historical Experiences ·· 010

National Common Language Promotion in Support of Strengthening Chinese Nation Community Consciousness ························· 016
  I. National Common Language and a Community for the Chinese Nation ·· 016
  II. Promotion of National Common Language and Enhancement of Chinese Nation Community Consciousness ························· 018
  III. High-Quality Promotion of National Common Language ········ 020

Language Policy in Higher Education ································· 028
  I. Selection and Application of Medium of Instruction ············ 028
  II. Higher Foreign Language Education and the Cultivation of Internationalized Talents ·· 030
  III. Higher Chinese Language Education and Enhancement of Chinese Literacy ·· 034
  IV. Language Service and Chinese Language Education to International Students ·· 036

Global Transmission of Chinese Language under Great Changes Unseen in a Century ·· 041
  I. Accurate Understanding of the Great Changes ················· 041

II. Scientific Response ……………………………………… 043
III. Proactive Transformation …………………………………… 048

Subjects, Mechanism and Strategies of Overseas Heritage Chinese Language Transmission………………………………………… 057
I. Subjects ……………………………………………………… 057
II. Mechanism …………………………………………………… 061
III. Strategies …………………………………………………… 064

Part II Argument Extracts and Compilations……………………… 071

Strategies of Language Affairs Development ………………………… 073
The Opinions Issued by General Office of the State Council Elevate the Cause of National Language Affairs to New Heights ………… 073
The Opinions Issued by General Office of the State Council Open Up a New Journey for the Development of National Language Affairs …………………………………………… 074
Building a Grand Pattern for the National Language Affairs ……… 074
Five Focal Points of Language Affairs in the New Era ……………… 075
Three New Missions of Foreign Language Education in the New Era ……………………………………………………… 076
Strengthening Language Discipline Construction and Academic Research ……………………………………………………… 077
Promoting the Internationalization of Academic Research on Language Affairs ……………………………………………… 078
Building High-Level Research Bases of the National Language Commission …………………………………………………… 079

Construction of Norms and Standards for Languages and Writing Systems ………………………………………………… 080
Promoting Chinese Language Research from a Global Perspective … 080
Establishing a Contemporary and Global View of Chinese Language Norms……………………………………………… 081

Incorporating Dialectal and Overseas Chinese Characters into
　　Language Planning ··· 082
Considering Consistency in Form and Meaning in the Collation of
　　Allomorphic Words ·· 082
Regulating the Use of Lettered-Words in Government Microblogs ··· 083
Further Improvement of Broadcasting Language Norms and
　　Standardization ·· 084
Innovate the Communication Mode of Language Norms and
　　Standards ··· 085
Safeguarding China's Language Sovereignty in the Field of
　　International Standards ·· 085
User-Centered Chinese Language Learning Dictionaries as Standard
　　Configuration for Integrated Media ···························· 086
Innovation in the Chinese Proficiency Grading Standards for
　　International Chinese Language Education ··················· 087
Remarkable Points in the Chinese Proficiency Grading Standards for
　　International Chinese Language Education ··················· 088
Applications of the Chinese Proficiency Grading Standards for
　　International Chinese Language Education ··················· 088

Scientific Protection of Language Resources ························ 090
The Best Protection of Language Resources Embodied in Effective
　　Utilization ·· 090
Diversified Paths as Premise for Language Resource
　　Development ··· 091
Applying Protection Measures according to Matching Levels of
　　Language Vitality ··· 092
Eliminating Stereotyped Images of Dialects in Film and TV
　　Dramas ·· 093
Strengthening Survey and Research on Dialect Folklore Words ······ 094
Three Urgent Tasks for Dialect Culture Protection and Inheritance ··· 095

Scientific Classification and Precise Management Needed in the
  Protection of Ethnic Minority Language Resources ·················· 095
Correct Understanding of Language Adaptation and Language
  Development ·· 096
The Role of Cross-Border Languages in Good-Neighborliness
  Construction and Border Protection ··· 097

Language Service ··· 099
Extending the Advantages of China Language Services from
  Quantity to Quality ·· 099
Strengthening the Standardization of Language Services ··············· 100
Supporting Globalization of Chinese Enterprises with Professional
  Language Services ·· 100
Promoting the Deep Integration of Language Service Industries ······· 101
Promoting the Application of Artificial Intelligence Technology in
  Language Service Enterprises ··· 102
New Requirements for Language Services in the Construction of
  Smart Cities ··· 102
Strengthening Language Services in Crisis Communication in
  Internationalized Cities ··· 103
Enhancing the Capacity of Multilingual Emergency Services in
  Ethnic Areas ·· 104
Carrying out Comprehensive Emergency Language Education ······ 104
Building an Emergency Language Talents Training System ············ 105
Making Strategic Planning for Emergency Language Industry ·········· 106
Urgent Demand for Emergency Language Services for
  Hearing-Impaired People ·· 106
Promoting the Sign Language Service Industry ······························· 107
Enhancing the Construction of Language Service Disciplines ········· 107

National Language Capacity ··· 109
Integrating National Language Capacity Building and Individual
  Language Capacity Enhancement ·· 109

Contents

Deficiencies still Found in China's National Language Capacity ······ 110

China's Participation in International Organizations Calling for Language Capacity Upgrading ······ 111

National Language Capacity as a Matter of National Image Building ······ 112

A Correct View of the Relationship between Discourse Capacity and Discourse Power ······ 112

The Main Path to Improve National Discourse Capacity ······ 113

Discourse Planning as the Key to Enhancing National Discourse Capacity ······ 113

National Discourse Capacity Enhancement Requiring Efforts on Four Dimensions ······ 114

Upgrading International Communication Discourse System under the Technological Logic of New Media ······ 115

Strengthening Researches on Cooperative Diplomatic Discourse ······ 116

Building a Multidimensional Foreign Translation Discourse System for China's Excellent Cultural Products ······ 116

Core Concepts of Flexible Communication Diplomatic Discourse ··· 117

Focusing on the Role of Language Memes in the Construction of International Discourse ······ 118

Integrating China English Studies and Chinese Discourse Studies ··· 119

Correct Understanding of Translation Strategies for Metaphors in Diplomatic Discourses ······ 120

Constructing Translation Strategies for New-Style Diplomatic Discourses ······ 120

International Chinese Language Education ······ 122

International Chinese Language Education as a Worldwide Practice of the Concept of a Community with Shared Future ······ 122

Reasonable Planning of Teaching Objectives and Strategies at the
 Initial Stage of Chinese Language Internationalization 123
Reversing the Image of Chinese as a Difficult Language to Learn ... 124
Increasing the Willingness of Chinese Master Graduates to Teach
 Chinese Abroad 124
Innovating the Platform Function of Confucius Institutes 125
Breaking the Public Opinion Dilemma of Confucius Institutes ... 126
The Importance of Chinese Language Communities for the
 Transmission of Heritage Chinese Language 126
Ways to Inherit Chinese Language in Diaspora Situations 127
Optimizing the Path of Overseas Heritage Chinese Language
 Education 128
Exploring a New Way of Digital Intelligent Communication for
 International Chinese Language Education 129
Six Changes in Chinese Language Education for
 International Students 130

Theories and Methods of Language Policy Study 131
Language Governance: A Transcendence of Language Planning and
 Language Management 131
Language Governance Research from the Perspective of Disciplinary
 Construction 132
Strengthening the Study of Global Language Governance 132
Integrating Instrumental and Intrinsic Values in Language
 Governance 133
Integration of All Forces Needed in Media Language Governance ... 134
Three Dimensions of Urban Language Governance 135
Strengthening Urban Language Planning 136
Coordinating Different Approaches in Language Policy
 Researches 137

Language Policy Research Requiring Problem-Driven and
　　Interdisciplinary Approaches ················· 138
Economic Approach Conducive to Deepen Language Policy
　　Research ················· 139

Regional and National Language Policy ················· 140
　Romania Promoting the International Expansion of Its National
　　Language ················· 140
　Malaysia's Fluctuating Language Policy Influenced by English ······ 141
　India's Linguistic Nationalism Hindering National Integration and
　　Social Development ················· 142
　Distinctive Features of Foreign Language Education Policies in the
　　U.S., India and Other Countries ················· 142
　Israel's Successful Hebrew Language Education for Immigrants ······ 143
　Significant Differences in Research and Practice in Foreign Language
　　Education Planning in Eastern and Western Universities ············ 144
　Language Conflict and Competition in Japan's All-English Degree
　　Programs ················· 145
　Japan's Promotion of Simple Japanese as an Important Consideration
　　for Nation Building ················· 145

Part III Current Trends of Academy ················· 147

Review of the Third Symposium on Language and Nation State ······ 149
Review of the Seventh Symposium on Language Policy and
　　Planning Research in China ················· 153
Review of the Seventh China Language Industry Forum ············ 157
Review of the Symposium on Language Governance in the
　　Integrated Development of the Yangtze River Delta Region ······ 160
Research Projects of Linguistics Funded by Three Major Science
　　Funds in China (2021) ················· 164

Completion of Research Projects Funded by National Language Commission ·· 179

Construction of Scientific Research Institutions Affiliated to National Language Commission ··· 195

Part IV　Featured Reports ·· 203

Review of Language Normalization in China over the Past 70 Years ··· 205

The Research Work of the National Language Commission since the New Century ·· 218

The Origin and Development of Textbook Language Research in China ·· 231

Part V　Appendices ·· 245

Major Domestic Academic Conferences on Language Policy and Planning (2021) ··· 247

Bibliography of Chinese Academic Works on Language Policy and Planning (2021) ··· 249

第一部分

热点综述

党的语言文字事业百年成就与经验

2021年是中国共产党建党一百周年，以"党的语言文字事业百年成就与经验"为主题的重大课题、专项研究、学术会议、纪念活动等齐行并举。"党的语言文字事业百年光辉历程"展在教育部首展，并在北京、河北、上海、江西、陕西等地巡展；《党的语言文字事业百年光辉历程》画册以及《人类命运的回响——中国共产党外语教育100年》《中国语文现代化百年记事（1892—2013）》等集册汇编相继发布或出版；国家语委重大科研项目"中国共产党建党百年历程中语言文字政策及实践研究"、国家社科基金重大项目"'两个一百年'背景下的语言国情调查与语言规划研究"立项开题；《中国语文》《语言文字应用》《语言战略研究》《中国外语》《新疆师范大学学报》《北华大学学报》等期刊开设相关专栏或刊发特稿专文。这些研究从不同视角对党领导的百年语言文字事业进行系统梳理，回顾发展历程，盘点主要成就，总结历史经验。

一 百年历程

中国共产党领导的语言文字事业跨越百年。相关研究从不同视角分析概括新民主主义革命时期、社会主义革命和建设时期、改革开放和社会主义现代化建设新时期、中国特色社会主义新时代各个不同历史时期的语言文字事业发展特征，勾勒了党领导语言文字事业发展的百年历程。

（一）党的全面领导视角

国家语委（2021）分"星火燎原""日月新天""与时俱进""奋勇逐梦"四个篇章，高度概括了各个历史时期党领导语言文字事业砥砺前行的发展特征。国家语委课题组（2021）进一步将改革开放和社会主义现代化建设新时期的语言文字事业发展细分为上半段（1978—1996年）和下半段（1997—2011年），以1997年全国语言文字工作会议为界，上半段以推广普通话为语言文字工作的首要任务，下半段将语言文字法制化、信息化纳入，语言文字工作进入法治社会和信息时代。

（二）党的人民观视角

文秋芳、杨佳（2021）认为，新民主主义革命时期，党带领人民以"救国"为目标，语言文字工作为救国图存服务；社会主义革命和建设时期，党带领人民以"兴国"为目标，面向全国各族群众开展扫盲，提高全民文化水平；改革开放和社会主义现代化建设新时期，党带领人民以"富国"为目标，语言文字工作是为了帮助广大人民群众更好地适应市场经济的发展、共享改革开放红利；中国特色社会主义新时代，党带领人民以"强国"为目标，语言文字工作是为了实现普惠发展。

（三）少数民族语言文字政策演进视角

韩江华（2021）认为党百年来的民族语言文字政策经历了一个从探索到成熟、完善与自信的发展过程。新民主主义革命时期是党的民族语言文字政策的探索和形成期；社会主义革命和建设时期是党的民族语言文字政策的发展和完善期；改革开放和社会主义现代化建设新时期，2000年之前党的民族语言文字政策开始走向"产、学、研"相结合的多元化模式，2000年之后党的民族语言文字政策开启了"保护、开发和共享"的理念价值导向；中国特色社会主义新时代，加快民族地区国家通用语言文字的推广和普及，同时尊重和保障少数民族语言文字学习和使用，铸牢中华民族共同体意识，坚持"四个自信"以实现中华民族的伟大复兴。

（四）外语教育发展视角

姜锋（2021）认为，新民主主义革命时期，外语教育是中国共产党探求革命救国道路、建设新中国、推进开放事业的直接路径；社会主义革命和建设时期，外语教育是中国共产党建立新中国伟大事业的重要组成部分；改革开放和社会主义现代化建设新时期，外语教育是中国改革开放事业的风向标；中国特色社会主义新时代，外语教育须勇担新使命、树立新理念、构建新格局，实现高质量发展。文秋芳、常小玲（2021）以"中华民族伟大复兴"为视角，将党在不同历史时期的外语教育目标概括为"救国济民""立国安民""富国兴民""强国裕民"。王定华、杨丹（2021）将党领导下百年来的外语教育发展细分为八个阶段：新中国成立前中国共产党领导的外语教育（1921—1949）、大力推广和加强俄语教育（1949—1956）、外语教育的调整发展（1957—1965）、外语教育惨遭破坏（1966—1976）、外语教育的恢复和改革（1977—1991）、外语教育的快速发展（1992—2000）、外语教育的转型和跨越（2001—2011）、外语教育进入新时代（2012年至今）。它们分别对应党在领导新民主主义革命和社会主义建设不同时期的奋斗征程，反映了各个时期的时代特征和党在不同时期工作重点的转移，彰显了外语教育与国家同呼吸、共命运。

二　主要成就

一百年来，中国共产党领导的语言文字事业取得辉煌成就。相关研究深入细致地爬梳了各历史时期党领导语言文字事业的政策、实践和主要成就。

（一）新民主主义革命时期

国家语委（2021）指出，新民主主义革命时期，中国共产党和中国共产党人始终是中国语文生活变革的积极倡导者、推动者和实践者。推动语言文字走近人民大众、惠及人民大众，为我们党宣传教育大众、团结发动大众进行革命斗争发挥了巨大作用，也为党在新中国成立后的语言文字政策与实践做了广泛深入的探讨和积累。

文秋芳、杨佳（2021）认为，这一时期，党在革命根据地和解放区推行"拉丁化新文字运动"、推广简化字，推动了人民群众的识字扫盲和教育普及，为当时宣传抗日救亡思想、组织群众革命发挥了重要作用。文体口语化运动，则实现了文学的大众化，文学在这一时期真正成为帮助广大人民群众进行革命和阶级斗争的武器。

项开喜（2021）指出，"五四运动"时期，早期的中国共产党人积极倡导白话文运动，促进了新文学运动、国语统一运动以及汉字改革运动，为中国共产党的纲领和宗旨做了思想文化方面的准备。陈望道翻译的《共产党宣言》树立了白话文学术翻译的典范，更为中国马克思主义术语体系和学术体系的构建和思想传播，做出了不可替代的贡献。延安时期，中国共产党人构建起了语言文字改革的理论体系，形成了较为成熟的语言文字改革方案，并将文字改革方案与群众文化普及充分结合，在文字改革方案推广应用和扫除文盲上，取得了巨大成就。

韩江华（2021）梳理了这一时期党的民族语言政策的内容、做法及成就，包括：从法律、法规和政策层面保证"各民族都有使用和发展自己的语言文字的自由"，为党团结各族人民反抗外来侵略、赢得民主革命胜利奠定了坚实的群众基础；在革命宣传工作中尊重各民族的语言文字习惯，运用各民族的语言文字进行革命宣传；创办各级各类民族学校，使用和发展民族语言文字，培养了优秀的民族干部人才；创办民族语报刊和出版民族文字书籍，很好地宣传了党的政治主张和各项民主、民族政策，同时传播了民族语言、文化知识，提高了少数民族群众的文化水平；促进民族之间沟通交流，加强了各民族之间的团结。

文秋芳、常小玲（2021）梳理了这一时期党领导外语教育发展的三个阶段：输送青年留学，培养革命种子；掌握斗争武器，服务抗日战争；服务解放战争，储备外事干部。刘捷（2021）梳理了这一时期党领导外语教育发展的具体实践和主要成就，指出这一时期的外语教育为新民主主义革命培养了大批外语人才，也为新中国外语教育打下了坚实基础。姜锋（2021）认为这一时期的外语教育有三个特点：一是外语教育直接与培养干部人才、探求救国道路、进行革命斗争紧密结合在一起，外语与专业密切结合；二是对人才培养的综合素质特别是思想政治素质要求更高；三是根据革命实际，规定外语教学内容，创新外语教育方法，充分发挥教师和学生的积极性、主动性和创造性，培养中国革命急需的人才，既要培养翻译人才，也要培养外交人才。

（二）社会主义革命和建设时期

国家语委（2021）指出，新中国成立后，党中央把握我国基本国情、语情和经济社会发展需要，部署和推进简化汉字、推广普通话、制定和推行汉语拼音方案三大任务，制定推行一系列基础性语言文字规范标准，广泛开展扫盲运动，确立了符合我国国情和发展道路的基本语言政策和制度机制，为发展教育、提高亿万群众科学文化素质、促进经济社会发展奠定了坚实基础。

文秋芳、杨佳（2021）认为，新中国成立后，在中国共产党的领导下，国家通用语言文字的推广工作在全国范围内顺利开展，为扫盲运动扫清了语言文字障碍；通过少数民族语言文字改革的一系列措施，少数民族语言使用混乱的现象得到逐步改善，直接推动了教育、出版等事业的进一步发展，改变了当时少数民族群众文化极其落后的状况；外语教育新发展格局逐步形成，为新中国建设发展输送了一批急需的专业外语人才。

项开喜（2021）认为，推广普通话、整理和简化汉字、制定和推行《汉语拼音方案》是五十年代文化领域最重大的运动之一，形成了普通话、简化汉字的相关规范标准，适应了全国人民迫切要求和社会主义建设需要。

韩江华（2021）认为，这一时期党的民族语言文字政策逐渐发展完善。制定实施全国性的法律法规和政策，保障各民族使用和发展本民族语言文字的权利；建立专职行政和科研机构，培养了大批民族语言文字人才；开展民族语言文字普查，创制或改革完善了民族文字，普通话推广普及顺利开展，为民族地区经济文化繁荣发展提供了良好的基础和保障；创办大量民族文字报刊，广泛传播党的思想理论和方针政策、普及科学文化知识，提高了各民族思想政治素质和科学文化水平。

刘捷（2021）回顾了这一时期从"全面加强俄语教育"到"推动形成外语教育多语种发展新局面"的历程。文秋芳、常小玲（2021）认为这一时期外语教育的成就体现在四个方面：中苏关系跌宕，捍卫国家主权；输送专业人才，支持抗美援朝；拓展新中国外交，树立新国际形象；恢复联合国席位，迎来建交新高潮。姜锋（2021）归纳了这一时期外语教育的三个特点：一是外语教育（包括语种专业设置）受到党中央高度重视，建立覆盖基础教育和高等教育的外语院校"一条龙"体系；二是外语人才培养和外语教育政策上升至国家内政外交的战略层面来集中规划实施；三是外语专业人才培养模式（包括人才培养目标、教学方法、教学内容、课程设置等）与社会主义建设事业密切结合，不断总结经验，不断完善。

（三）改革开放和社会主义现代化建设新时期

国家语委（2021）指出，改革开放以来，我们党围绕促进语言文字规范化、标准化、信息化、法制化建设目标，不断健全完善语言文字法规制度和规范标准，大力推进语言文字信息化建设，全面推广和规范使用国家通用语言文字，发展外语教育，推进语言文字事业与时俱进、开拓创新、迈上新的台阶，为改革开放和社会主义现代化建设发挥了有力助推和保障作用。

文秋芳、杨佳（2021）指出，这一时期，国家通用语言文字的推广普及，满足了市场经济背景下人民群众日益频繁的社会交往对国家通用语言文字更加迫切的需求，促进了人员交流、商品流通和统一市场的建立；语言文字信息化建设全面推进，极大方便了人民群众的生产生活。

项开喜（2021）认为，这一时期的成就主要体现在以下四个方面：一是语言文字规范化标准化建设进一步推进，普通话、规范汉字和汉语拼音相关标准进一步完善；二是《国家通用语言文字法》颁布使语言文字应用的法律依据更加明确，社会用字混乱现象得到全面整治；三是中文信息处理的规范标准等基础工程建设全面推进；四是语言文字基础理论与应用研究全面推进。

韩江华（2021）认为，1978—1999年期间，党的民族语言文字政策在于继续制定和完善相关法律法规，实现中央与地方政府联动，建立一套完善的具有中国特色的民族语言文字政策体系，从而促使民族语言文字事业走向"产、学、研"结合的多元化模式，发掘民族语言文字的文化价值和经济价值，促进民族地区经济文化繁荣发展；2000年之后，党的民族语言文字政策在延续已有政策的基础上，一方面加强了对民族语言文字传承与保护的政策支持和资金投入，另一方面也加大了对国家通用语言文字的推广和普及，开启了"保护、开发和共享"的民族语言文字政策和理念价值导向。

刘捷（2021）梳理了这一时期党领导外语教育发展的主要成就，体现在外语专业教学大纲、教材建设和教学改革稳步推进，研究生外语教育恢复与发展，大学外语教学不断革新，外国语学校"一条龙"外语教育取得新进步，中小学外语教育改革发展，对外汉语教学崭露头角，外语教育教学调查开展，启动复合型外语专业人才培养，成立外语专业教学指导委员会、深化外语专业教学研究，外语培训机构迅猛发展。文秋芳、常小玲（2021）认为这一时期外语教育发展主要包括两个方面：一是推动外语教育改革、服务全面改革开放，二是培养复合型外语人才、服务外向型经济发展。姜锋（2021）从三个方面总结了这一时期外语教育发展的主要特点：一是更加注重外语人才培养的专业性和规范性，在外语专业教学计划、课程、大纲、教材等方面成果显著；二是注重制度性地培养复合型专业人才，传统的外语院校开始向多学科大学转变，专业外语和"非专业"外语进一步融合形成统一的外语教育体系；三是加强学术研究，

成立了一批专门研究机构和出版机构，出版学术研究刊物，外语学科的学科意识和学科能力有了显著提升。

（四）中国特色社会主义新时代

国家语委（2021）指出，新时代语言文字事业立足中华民族伟大复兴战略全局和世界百年未有之大变局，围绕铸牢中华民族共同体意识、坚定文化自信、服务国计民生、构建人类命运共同体开展，取得历史性成就，开创崭新发展局面，为实现第一个百年奋斗目标、向着第二个百年奋斗目标迈进发挥了有力助推作用，奠定了继续奋进前行的坚实基础。

文秋芳、杨佳（2021）指出，党的十八大以来，语言文字工作以实现普惠、和谐发展为目的，取得了新进展。国家通用语言文字推广取得巨大进步，手语、盲文等特殊语言文字规范化、标准化、信息化建设工作稳步推进，中文和少数民族语言文字信息处理研发不断取得新突破，推动更广大人民群众融入互联网生活、共享信息化时代的发展成果。"中国语言资源保护工程"成果丰硕。外语教育事业上升到国家战略层面，外语语种布局更加平衡和多样化。

项开喜（2021）认为，新时代语言文字事业的特点是主动对接和融入国家发展战略，从国家整体战略、全局利益和未来发展的角度，全面科学合理地规划、布局语言文字事业，重视语言资源保护与语言文化发展，推动汉语国际影响力的提升，促进语言产业的发展。

韩江华（2021）指出，党的十八大以来，党和国家高瞻远瞩地将加快民族地区国家通用语言文字推广普及作为语言文字事业的首要任务，结合精准扶贫、精准脱贫方略，提高教师、基层干部和青壮年农牧民的国家通用语言文字应用能力。在加快民族地区国家通用语言文字的推广和普及的同时，尊重和保障少数民族语言文字学习和使用，铸牢中华民族共同体意识，坚持"四个自信"以实现中华民族的伟大复兴。

文秋芳、常小玲（2021）梳理了这一时期外语教育的三个重点：一是搭建沟通桥梁，服务"一带一路"建设；二是培养国际化人才，深入参与全球治理；三是研制课程标准，落实立德树人任务。刘捷（2021）指出，进入新时代以来，外语教育积极服务"一带一路"建设和人类命运共同体建设，大学外语能力测评体系日臻完善，职业外语教育得到高质量发展，中小学外语教育改革深入推进，外语教师队伍专业化水平显著提升，外语教育步入信息化、个性化时代。

三　历史经验

一百年来中国共产党领导的语言文字事业为什么能取得辉煌成就？相关研究主要归纳出五条历史经验。

（一）坚持党的领导

刘朋建（2021a）指出，中国共产党引领语言文字事业百年沧桑巨变的光辉历程和成功实践，充分证明了坚持党的全面领导是发展好中国语言文字事业的根本保证。新民主主义革命时期，中国共产党和中国共产党人始终是中国语文生活变革的积极倡导者、推动者和实践者；社会主义革命和建设时期，在中国共产党领导下，确立了符合我国国情和发展道路的基本语言政策和制度机制，制定推行了一系列基础性语言文字规范标准；改革开放和社会主义现代化建设新时期，党统筹国内国际两个大局，围绕促进语言文字规范化、标准化、信息化、法治化建设目标，推进语言文字事业与时俱进、开拓创新，迈上新的台阶；中国特色社会主义进入新时代，以习近平同志为核心的党中央高度重视语言文字工作。

项开喜（2021）认为，中国共产党领导的语言文字工作的首要根本特点就是"政治性"，始终坚持以马克思主义为指导思想，充分发挥社会主义制度的优势性，今天，将中国共产党领导的语言文字事业作为近代以来中华民族为实现中国梦而努力奋斗的一项主题内容来予以考察，完整呈现中国共产党领导语言文字事业的历史进程，深刻认识中国共产党所领导的语言文字事业的伟大成就，具有重要意义。

曹文刚（2021）在述介《人类命运的回响——中国共产党外语教育100年》时指出，百年外语教育在党的领导下，以服从党的工作需要为出发点，蕴含"为崇高理想而献身"和"高涨的爱国主义"的红色基因和宝贵精神财富。

（二）坚持以人民为中心

刘朋建（2021b）指出，中国共产党引领语言文字事业蓬勃发展的一百年，是中国最广大人民的语言和文化权益得到前所未有发展的一百年。坚持以人民为中心发展语言文字事业，是党引领语言文字事业百年沧桑巨变的宝贵经验，彰显了党坚定的人民立场；坚持以人民为中心，始终是党引领语言文字事业发展的根本指针和政策基点；维护和发展最广大人民的语言和文化权益，始终是党引领语言文字事业发展的实践主线；党始终坚持充分依靠广大人民群众的智慧和力量推动语言文字事业发展。

项开喜（2021）总结了语言文字工作的"人民性"特征。一百年来，中国共产党所领导的语言文字工作彰显了中国共产党的本质，即始终代表着中国最广大人民的根本利益，始终代表着中国先进文化的前进方向。20世纪二三十年代，瞿秋白汉语规划实践的基本特征是人民本位，规划方案具有鲜明的"人民性"；1949年以后，文字改革方案的制定尊重人民群众的习惯和伟大创造力，汲取广大人民群众的智慧，顺应了人民群众需要，是一场以广大人民群众利益为出发点的巨大社会文化变革。

文秋芳、杨佳（2021）指出，中国共产党百年语言文字工作时时处处体现着人民观，一切工作植根人民、一切工作服务人民、一切工作依靠人民，是中国共产党在语言文字工作领域取得成功的关键所在。

关彦庆、彭瑶（2021）认为，中国共产党的语言文字事业以人民需要为中心，成为中国共产党为人民谋幸福、为国家谋复兴不可或缺的重要力量。党在革命初期就认识到人民群众语言文字能力的基础性作用，从理论上认识到公民的语言文字能力是进行其他工作的前提。在不同阶段，都以人民素养发展需要为中心开展工作，扎扎实实地完成了每一个阶段的语言文字工作目标；中国共产党坚持走群众路线，党领导的语言文字工作具有全民性特点。

（三）坚持融入中心、服务大局

刘朋建（2021b）指出，一百年来我们党始终坚持把语言文字事业融入党和国家事业发展全局，在各个历史时期，党的语言文字事业始终紧紧围绕党的奋斗目标，坚定不移贯彻执行党的路线方针政策，坚定服从和服务党的中心任务与战略安排，为中国革命、建设、改革事业发挥有力助推作用、提供有力保障支撑，做出了不可替代的重要贡献。党的语言文字事业始终坚守党的理想信念，践行党的根本宗旨，牢记初心，担当使命，接续奋斗，统筹规划、部署、推进事业改革发展，不断提升服务党和国家事业发展全局的能力和水平，在中华民族从站起来、富起来到强起来的伟大飞跃中，书写了语言文字事业的壮美史篇。

项开喜（2021）认为，党领导的语言文字工作具有"战略性"特点，是发展教育、开启民智，改造文化、变革社会，振兴民族、赶超世界潮流的必由之路。中国共产党在延安时期，就把文字改革作为一项重要的战略任务和文化政策，在抗日根据地全面推行；新中国成立后，中国共产党将文字改革纳入国家建设视野，形成了高屋建瓴的战略认识；进入新世纪，语言文字工作在中国特色社会主义建设中发挥越来越大的作用，成为实现中华民族伟大复兴的中国梦的组成部分；党的十八大以来，语言文字工作积极对接与融入国家发展战略，服务文化"走出去"、"一带一路"倡议、中国特色大国外交以及人类命运共同体构建。

曹文刚（2021）在述介《人类命运的回响——中国共产党外语教育100年》时指出，百年外语教育始终以服务国家战略为宗旨，为国家富强和现代化建设做出了突出贡献。文秋芳、常小玲（2021）指出，一百年来，外语教育始终与中国共产党的革命事业紧密相连，始终服务中华民族伟大复兴的初心和使命，与祖国求发展同进，与人民谋幸福同行。共产党成立初期，目标是提升赴俄学习马列主义青年的俄语水平；抗日战争时期，目标是培养战地外语人才；解放战争后期，目标是培养从事外交外事工作的翻译干部；新中国成立初期，目标是培养捍卫国家主权、服务外交工作的各语种人才；改革开放时期，目标是培养推动国民经济发展的复合型外语人才；进入中国特色社会主义新时代，目标是培养服务"一带一路"倡议，参与全球治理的复语型、复合型国际化人才。

（四）坚持实事求是、遵循规律

刘朋建（2021b）指出，一百年来我们党始终坚持实事求是的思想路线，坚持一切从实际出发，正确认识和把握我国基本国情、语情和语言文字事业特点及发展规律，认识和遵循语言文字的发展规律。始终坚持理论联系实际来制定和形成正确的语言文字方针政策制度，坚持语言文字主体性与多样性的辩证统一，推动语言文字的规范化、标准化及其健康发展，维护社会语言文字生活的和谐健康。始终坚持在实践中检验和发现真理，勇于坚持真理、修正错误，以

科学精神认识、判断和解决语言文字事业改革发展实践中的矛盾和问题，正确引领语言文字事业改革发展实践。

项开喜（2021）认为，党领导的语言文字工作坚持了"科学性"。中国共产党在领导语言文字工作过程中，以马克思主义科学的世界观和方法论为指导，以语言文字学相关学科坚实的理论为基础，坚持科学严谨的工作程序，逐渐形成"政府主导、语委统筹、部门协同、专家支持、社会参与"的有效工作格局，进行科学化决策。

（五）坚持与时俱进、守正创新

刘朋建（2021a）指出，一百年来中国共产党始终坚持顺应时代发展、社会变革和科技进步要求，与时俱进推进语言文字政策、理念、制度、标准的发展和完善，不断推进语言文字工作体制机制创新、实践创新、科技创新，把握中国语言文字事业发展的历史主动。始终坚持守正和创新相统一，坚定走中国特色社会主义语言文字事业发展道路，语言文字基本政策和制度保持长期稳定，语言规划与时俱进，语言文字事业长远目标与阶段性任务有机衔接，语言文字规范标准的科学性与实用性、继承性与时代性协调统一，使党和国家意志、人民群众意愿、语言语用发展达到高度统一。

项开喜（2021）指出，中国共产党领导的语言文字工作具有"先进性"特点。一百年来，在中国共产党的领导下，语言文字工作坚持在实践中探索、完善和发展，顺应世界潮流和发展大势，准确把握中国语言国情和语言生活实际，与时俱进、推陈出新。

关彦庆（2021）认为，新中国语言文字事业有三次转向：一是从教育启动向经济拉动转向；二是从经济拉动向法律推动转向；三是从法律推动向科技引动转向。三次转向、四个阶段，是基于现实发展的需要，坚持问题导向，注重科研创新、理论创新。中国的语言文字事业发展呈现向前向上发展的链条轨迹：时间上，每个阶段的任务内容都包括向前发展的准备期、实施期和保持期三个时期；任务价值和难度上，呈现不断递升的特征。

姜锋（2021）指出，中国共产党建党百年史与外语教育的密切关系充分证明了党始终是一个具有世界眼光的政党，中国外语教育应吸收外来，超越东方、西方之争，胸怀天下，学贯中西；同时，也应构建全球话语，面向未来，超越人文、工具之争，脚踏实地，守正创新。

第一部分 热点综述

结　语

　　一百年来,在中国共产党的坚强领导下,语言文字事业稳步推进、繁荣发展,取得重大成就,形成宝贵经验。本年度,学界从党的宗旨、理论、主张、实践的角度考察语言文字事业百年发展历程,推动语言文字事业历史研究取得新进展。同时,党史视角下的语言文字工作史研究尚显不足,尤其是新中国成立以前的史料整理与挖掘有待加强,党引领和推动语言文字事业的作用机制有待深入探讨,党的语言文字观和语言文字事业观有待更深入的理论阐释。在"两个一百年"交汇之际,进一步全面总结党的语言文字工作实践经验、积极推进党的语言文字政策理论创新、深入了解国内国际语言生活状况、准确把握新时代语言文字事业发展形势,为取得"第二个百年"的伟大胜利提供扎实可靠的决策依据,是语言政策研究的时代使命。

(张振达)

【本年度研究文献】

　　［1］曹文刚.中国共产党外语教育的百年回眸［J］.中国出版,2021（19）:69.

　　［2］关彦庆.新中国语言文字事业的三次重大转向［J］.北华大学学报（社会科学版）,2021,22（01）:31—41+150—151.

　　［3］关彦庆,彭瑶.中国共产党提升公民语文素养的语言现代化事业［J］.大理大学学报,2021,6（11）:17—24.

　　［4］国家语委.党的语言文字事业百年光辉历程［R］.2021.

　　［5］国家语委课题组.国家语委科研基金重大项目"中国共产党建党百年历程中的语言文字政策及实践研究"开题论证会报告［R］.2021.

　　［6］韩江华.千秋伟业正风华:中国共产党民族语言文字政策百年演进历程［J/OL］.民族学刊,2021:1—10［2022-01-26］.http://kns.cnki.net/kcms/detail/51.1731.c.20210806.1550.008.html.

　　［7］姜锋.建党百年与中国外语教育新使命［J］.中国外语,2021,

18（04）：4—7.

［8］刘捷.奋进之路：中国共产党外语教育100年发展历程［C］//王定华，杨丹.人类命运的回响——中国共产党外语教育100年.北京：外语教学与研究出版社，2021：1—83.

［9］刘朋建.书同文 语同音 人同心——中国共产党领导语言文字事业的百年历程和经验启示［N］.光明日报，2021a-08-08（07）.

［10］刘朋建.坚持以人民为中心发展语言文字事业［N］.光明日报，2021b-10-10（05）.

［11］王定华，杨丹.人类命运的回响——中国共产党外语教育100年［M］.北京：外语教学与研究出版社，2021.

［12］文秋芳，常小玲.中国共产党百年外语教育与中华民族伟大复兴［J］.外语教育研究前沿，2021，4（02）：7—19+89.

［13］文秋芳，杨佳.中国共产党百年语言文字工作的人民观［J/OL］.新疆师范大学学报（哲学社会科学版），2021（06）：1—9.

［14］项开喜.中国共产党与百年语言文字事业［J］.中国语文，2021（04）：387—401+510.

推广普及国家通用语言文字,助力铸牢中华民族共同体意识

推广普及国家通用语言文字是铸牢中华民族共同体意识的重要路径。2021年,国务院办公厅发布《关于全面加强新时代语言文字工作的意见》,明确指出要以推广普及和规范使用国家通用语言文字为重点,为铸牢中华民族共同体意识贡献力量。国家通用语言文字与中华民族共同体之间存在怎样的学理关系?推广普及国家通用语言文字为什么能助力铸牢中华民族共同体意识?如何高质量推广普及国家通用语言文字?回答好这些问题,对促进国家通用语言文字推广普及的理论建设和实践发展,具有重要意义。本专题综述2021年相关研究对上述问题的探讨。

一 国家通用语言文字与中华民族共同体

语言文字是人类社会最重要的交际工具和信息载体,也是文化的重要载体和基本构成。国家通用语言文字在中华民族共同体建设中发挥着不可替代的重要功能。

(一)国家通用语言文字体现中华民族共同体的共同性特征

周庆生(2021)认为,国家通用语言文字是中华民族共同体的一个组成部分,使用共同的国家通用语言文字是中华民族共同体的一大特征。国家通用语言文字是中华民族共用共通的语言文字,是国家层面的语言文字,兼具国家标准语言文字、官方语言文字和国语国文的功能。中华民族共同体是由56个民族组成的一个民族大家庭,是国家层面的大民族,由共同的国家通用语言文字、共同的生活地域、共同创造中华文化、近代历史共同命运、中华民族共有精神家园、共同团结奋斗和繁荣发展等六大要素所构成,体现出中华民族共同体的

共同性特征。使用国家通用语言文字，对外具有象征国家主权的意义，对内可增强中华民族共同体的凝聚力，增强各民族的中华文化认同和中国国家认同。常安（2021）指出，国家通用语言文字是中华各民族共同创造发展的产物，也是几千年来中华各民族共有的精神家园，还是中华人民共和国国家主权的象征标志和塑造国家认同的重要载体。袁伟（2021）认为，国家通用语言文字是一种重要的国家安全资源，与国旗、国歌、国徽一样是国家主权和民族尊严的象征符号，是一种最基础的意识形态，是中华民族优秀文化的重要载体，也是各民族共享的重要文化资源。

（二）国家通用语言文字是个体与中华民族共同体的情感纽带

何生海（2021）依据依恋理论，讨论个体如何通过学习使用国家通用语言文字缔结与国家的情感关系。个体通过学习和使用国家通用语言文字会对国家产生四种类型的依恋，即功能依恋、文化依恋、情感依恋和价值依恋。其中，功能依恋是基础，文化依恋是内涵，情感依恋是纽带，价值依恋是目标。这四种依恋会把个体与国家、个体与社会紧紧地联结在一起。少数民族成员学习国家通用语言文字的同时，也是国家通用语言文字发挥功能的过程。通过国家通用语言文字的"桥梁"作用，个体逐渐内化国家符号、国家精神和价值观，形成功能依恋、文化依恋、情感依恋和价值依恋，并最终外化为不同内容的行动模式。

（三）国家通用语言文字共同体是理解中华民族共同体的一个新维度

周庆生（2021）将语言元素与共同体元素结合起来，提出"国家通用语言文字共同体"概念。作者在描述解释古代中国通用汉字共同体、近现代通用语言共同体的形成及演进过程的基础上，论述了国家通用语言共同体的内涵、结构和外延，认为国家通用语言共同体是指中华人民共和国成立以来，中国公民在国家倡导、推行和普及普通话的过程中形成的一个社会综合体，它主要包括但不限于以下五个组成部分：党政机关共同体、学校共同体、广播电视共同体、公共服务行业共同体、农村和民族地区共同体。政治学、民族学界等在论述中华民族共同体的类型时，提出中华民族共同体包括政治共同体、经济共同体、文化共同体、民族共同体等四大类型，而"国家通用语言文字共同体"可为中华民族共同体的类型划分，补充一个新类型，从而丰富中华民族共同体的类型理论。

二 推广普及国家通用语言文字与铸牢中华民族共同体意识

推广普及国家通用语言文字，发挥国家通用语言文字的工具、认同、情感等各方面功能，有利于为铸牢中华民族共同体意识夯实政治基础、经济基础、文化基础和社会基础。

（一）为铸牢中华民族共同体意识夯实政治基础

推广普及国家通用语言文字不仅对我国的多民族国家治理具有重要价值，也使统一多民族国家基础性政治资源的有效整合成为可能（青觉，吴鹏 2020）。常安（2021）认为，国家通用语言文字承担着象征国家主权、塑造国家认同的重要使命，应当从践行总体国家安全观、维护我国国家安全的政治高度，增强各级部门推广普及国家通用语言文字的坚定性和执行力。袁伟（2021）指出，充分发挥国家通用语言文字的政治载体作用，通过国家通用语言文字教育有效整合国家政治理论资源，可以不断培育和积累各民族群众的政治认同。

（二）为铸牢中华民族共同体意识夯实经济基础

邹阳阳（2021）指出，铸牢中华民族共同体意识，是党中央从中华民族伟大复兴战略高度把握新时代民族工作历史方位而提出的创新性思想理念与方针政策，一切对它响应的工作最终都应当落脚到推动各民族为全面建设社会主义现代化国家共同奋斗的任务目标上来，使各民族一道成为新时代的发展见证者、事业参与者和成果分享者。这个落脚点能否落得准、踩得实，与民族地区的改革开放水平与自我发展能力直接相关。目前，民族地区社会主要矛盾不仅表现为经济落后型的矛盾，也表现为社会发展型矛盾，国家通用语言文字能力较弱的问题对民族地区转移就业、产业升级产生了极为不利的影响。要促使各民族走向社会主义现代化，保证民族地区与整个国家的经济社会发展同步前进，就必须抓紧发展战略机遇期大力推广普及国家通用语言文字，使铸牢中华民族共同体意识的成果真正转化为国家治理的有效支撑。

袁伟（2021）认为，加强民族地区国家通用语言文字教育，一方面可以帮助少数民族群众通过国家通用语言文字掌握更多的科学文化知识、生产技能和先进科技，更好地融入现代社会，提高就业能力，拓宽就业渠道；另一方面发达地区现代化的经济浪潮，也可以通过国家通用语言文字教育深入到广大民族地区，为当地经济社会发展注入强大经济动力，为铸牢中华民族共同体意识夯实经济基础。此外，国家通用语言文字是一种重要的信息资源，是大数据、人工智能等绿色数字经济发展的基础，广大少数民族同胞通过掌握国家通用语言文字这一绿色经济发展的钥匙，在当前"互联网＋平台"经济如火如荼的时代，可以更好地获得商机，融入更为广阔的全国市场，同时以国家通用语言文字为基础发展的大数据、人工智能产业也可以为民族地区经济发展注入新的增长点。

刘金林、马静（2021）指出，作为一种人力资本与经济要素，普通话的推广是提高民族地区贫困劳动力收入，阻断民族地区贫困代际传递，夯实铸牢中华民族共同体意识物质基础的现实要求和有效路径。

（三）为铸牢中华民族共同体意识夯实文化基础

邹阳阳（2021）指出，铸牢中华民族共同体意识，核心要义在于推动各族人民增强"五个认同"，而其中的文化认同又是最深层次的认同。正确认识文化认同在认同体系中的特殊重要地位，是我们充分估量推广普及国家通用语言文字对铸牢中华民族共同体巨大意义的前提。语言文字不仅是传承文化的载体和创造文化的工具，而且其本身就是人类文明最精华瑰丽的组成部分。国家通用语言文字与中华文化一脉相承，蕴含着至少殷商以降中华民族面对各种生存挑战不断进行自我调适和制度选择而形成的价值观念与群体情感。因而，严格落实推广普及国家通用语言文字工作是夯实中华民族共同体的文化基础的必要举措，能极大促发各民族的真挚情感共鸣和同心协力构筑共有精神家园的坚定决心。

袁伟（2021）指出，在民族地区加强国家通用语言文字教育，可以让广大少数民族群众学习掌握国家通用语言文字，熟悉和认同灿烂多彩的中华文化。常安（2021）指出，构筑各民族共有精神家园、铸牢中华民族共同体意识，国家通用语言文字的充分使用、传承发展不可或缺。

（四）为铸牢中华民族共同体意识夯实社会基础

邹阳阳（2021）指出，铸牢中华民族共同体意识的根本之策是加快推进民族间广泛交往、全面交流、深度交融的共同体实践，不仅要使历史上早已形成的族际良性互动关系在中国特色社会主义新时代得以继承和延续，而且要彻底打破传统观念中僵硬的民族界限，推动各民族在空间、文化、经济、社会、心理等方面全方位嵌入，形成融合度更高、凝聚力更强的国民社会新形态，使中华民族由"'利益'+'情感'共同体"向"命运共同体"升华。这一策略的实施以营造必要的语言环境、建立统一的话语交流体系为先行环节，随着国家通用语言文字在各民族中的普及水平升高，原先的单一民族聚居地区和社区正在渐渐失去对本民族成员的"吸附效应"和对其他民族成员的"劝阻效应"，成为多民族栖息依恋的共同家园，中华民族共同体意识也因此更加深入人心、牢不可破。

纳日碧力戈（2021）指出，一个由多民族组成的共同体，需要有共同的语言记载共同的历史，需要有共同的语言表达刻写的共同的记忆，需要有共同的语言收录共同的知识，需要有共同的语言表达共同的感情，语言通用有利于民心相通，只有民心相通，铸牢共同体意识才具备最牢固的心理认同根基。常安（2021）和袁伟（2021）都认为，只有推广普及国家通用语言文字，才能确保各民族交往交流交融顺利进行，为他们打破地理空间限制，实现跨区域的大流动大交往搭建沟通桥梁，建立相互嵌入式的社会结构和社区环境，为铸牢中华民族共同体意识奠定良好的社会基础。刘金林、马静（2021）提出，从语言的交际工具和社会制度属性来看，普通话的推广是消除语言隔阂，降低交流阻力，减少误解与冲突，增强各民族交往交流交融，推动城市社区治理体系与能力现代化，夯实铸牢中华民族共同体意识社会基础的语言保障。石琳（2021）认为，国家通用语言作为族际语，可以充分发挥语言的信息沟通功能，帮助少数民族"新市民"完成新身份的转化，解决由新环境所带来的"语言不适应症"。

三 高质量推广普及国家通用语言文字

新中国成立以来，我国推广普及国家通用语言文字工作取得重大成就，同时也还存在不足。面对铸牢中华民族共同体意识的迫切需求，需进一步高质量推广普及国家通用语言文字。

（一）准确把握国家通用语言文字推广普及发展形势

1. 国家通用语言文字推广普及取得重大成就

田学军（2021）指出，我们"在较短时期内历史性实现了国家通用语言文字在全国范围内基本普及的目标，创造了统一的多民族国家推广普及通用语言文字的成功典范，积累形成了宝贵经验"，"中华大地上存续了几千年的语言交际障碍基本消除，为实现第一个百年奋斗目标、全面建成小康社会发挥了不可替代的助推保障作用"。

陈丽湘（2021）总结了民族地区国家通用语言文字推广普及的实践经验。新中国成立以来，我国从基本国情和发展阶段特征出发，在语言国情调查的基础上，准确认识民族地区的基本语情和语言文字的使用情况，实事求是，遵循规律，因地制宜，高效配置语言资源，为民族地区提供语言服务，促进国家通用语言文字的普及应用，形成六条经验：重视语言国情调查，遵循语言发展规律，提高社会语言规范意识，充分发挥学校主渠道作用，健全政策法规制度，高度契合国家发展战略。

袁伟（2021）总结了"十三五"时期民族地区国家通用语言文字教育取得的成效。党和国家在民族地区推广使用统编三科教材，大力实施学前学会普通话行动，大力推动推普脱贫攻坚行动计划等，民族地区各级各类国家通用语言文字教育取得了较大发展，不通国家通用语言文字人群的存量得到了有效消化，增量得到了有效控制，国家通用语言文字教育质量有了较大提升。截至2020年底，国家通用语言文字推广普及工作取得了显著成绩。普通话在全国范围内基本普及，普及率达到了80.72%，以"三区三州"为代表的民族地区普通话普及率达61.56%，中华民族"书同文、语同音"的千年梦想成为现实，各民族交往交流交融进一步深化，中华民族共同体意识进一步铸牢。

2. 国家通用语言文字推广普及仍有不足

田学军（2021）指出，2020年我国实现了普通话在全国范围内基本普及，但总体看，推广普及不平衡不充分的状况突出。普通话普及率低于全国平均水平的10个省（自治区），全部集中在我国中西部地区。中西部地区特别是民族地区、农村和边远地区，仍是我国普通话推广普及的"短板"。在世界主要大国中，我国的国家通用语言文字普及程度和普及质量，目前还处于相对较低水平。

实现国家通用语言文字全面普及、高质量普及，要求愈加迫切、任务十分繁重。同时，国家通用语言文字推广普及的服务保障也还有弱项。

袁伟（2021）指出在民族地区，编制不足、教师短缺、教师国家通用语言文字能力和教育教学能力不足是国家通用语言文字教育存在的普遍问题。凌娜（2021）结合甘孜藏族自治州的情况指出，相关部门对国家通用语言文字教育的支持不够，国家通用语言文字教育体系不健全，国家通用语言文字学习资源有限，农牧民学习国家通用语言文字的主动性不足。邹阳阳（2021）指出，国家机关执行公务和学校开展教育教学活动的语言使用还缺乏有力的约束与规范；普通话的应用情况与社会发展的要求相比，还存在滞后现象。何生海（2021）指出，在推广国家通用语言文字的过程中，部分民众存在模糊认识。

（二）正确认识中华语言文化与各民族语言文化的关系

常安（2021）认为，在中华民族多元一体格局中，一体是主线和方向，多元是要素和动力；中华文化是各民族文化的集大成者，各民族文化不能自外于中华文化。邹阳阳（2021）指出，我国民族文化平等的现实依托是各民族优秀传统文化都是中华文化的组成部分，只有当国家通用语言文字在包括民族地区的全国各地得到普及，少数民族文化才能顺利地从民族单元中溢出，与主体民族文化一同在超越个体民族的广阔社会空间中分享多样化环境带来的创造活力与发展生机。袁伟（2021）和常安（2021）也都认为，少数民族文化可以通过国家通用语言文字的推广普及获得更为广泛的传播空间，国家通用语言文字教育加快形成了一个共享各民族文化的开放性交流平台，有利于各民族文化之间取长补短融为一体，为各民族文化的传承保护和创新交融打下基础。纳日碧力戈（2021）则指出，国家通用语言文字和不同的民族语言文字，分属不同的使用域，扮演不同的角色。全国通用语言是跨族交往和在更大范围内参政议政、参与社会，实现美好生活的必要工具。在学好用好全国通用语言的同时，充分尊重少数民族语言，尊重少数民族感情，就可以确保国家通用语言和各民族语言共同和谐发展，做到"两全其美"。

（三）深入贯彻实施国家通用语言文字法律法规

邹阳阳（2021）指出，《国家通用语言文字法》作为铸牢中华民族共同体意识制度体系的重要组成部分，具有三方面基本立场：推进语言文字治理法治化，维

护以学习和使用国家通用语言文字权为要素的人权体系，坚持语言文字统一性与多样性相结合。加强落实《国家通用语言文字法》是按照增进共同性的方向改进民族工作的具体举措，有利于深入文化层面铸牢中华民族共同体意识，构筑各民族共有的精神家园。当前，民族地区地方政府要进一步提高守土有责、守土尽责的职责意识，采取有效措施加强《国家通用语言文字法》在民族地区的实施力度，切实保障少数民族公民学习普通话和规范汉字的权利，培养和提高当地群众学习使用国家通用语言文字的法治意识和权利意识，形成说普通话、使用规范汉字的习惯和风尚。立法机关要及时将民族区域自治制度的新时代探索成果以法律的形式体现出来，通过立改废释等方式增进其他法律，尤其是民族区域自治法和地方少数民族教育条例、语言文字工作条例，与《国家通用语言文字法》的协调。

郝时远（2021）指出，在坚持和完善民族区域自治制度"两个结合"、铸牢中华民族共同体意识、全面推广国家通用语言文字的新时代要求下，自治州、自治县自治条例的修订，应按照相关国家基本法的规定做出修正，应从国家通用语言文字这一体现"统一与自治相结合"关系中的"统一"高度去认识，应确立国家通用语言文字就是中华民族共同体的通用语言文字这一体现国家统一意志的观念。新修订的《黔东南苗族侗族自治州自治条例》体现了统一与自治相结合的原则和铸牢中华民族共同体意识落到实处的自觉，"使用国家通用语言文字"是"统一"，"也可以使用苗族、侗族语言文字"是"自治"。这是符合坚持和完善民族区域自治制度必须"确保国家法律法规实施"的具体例证，为民族区域自治法的修改提供了来自基层的经验，值得总结。

纳日碧力戈（2021）指出，《国家通用语言文字法》的直接目的是建立以制度为基础的语言文字发展模式，推进国家通用语言文字规范化、标准化和健康发展的任务有效落实。它根植于对中华民族实然性、整体性的确认，具有铸牢中华民族共同体意识的强烈立法担当和高度理论自觉。在制度和法律的保障下，围绕全国通用语言的语言生态会保持平衡，兼和发展，进而促进各族人民的文化认同，铸牢中华民族共同体意识。

常安（2021）认为，语言文字的多维属性，决定了国家通用语言文字具有重要的宪制意蕴。从少数民族权利保障的角度来讲，则是对于少数民族公民受教育权、就业权、经济社会权利、文化权利的一种全方位保障。推广普及国家通用语言文字属于国家事权的权力属性，学习使用国家通用语言文字既是全国各族公民所享有的法定权利，也是全国各族公民所必须遵循的法定义务。民族地区的语言文字工作政策推行和立法设计，需要遵循宪法、法律的规定，维护国家通用语言文字的宪法和法律地位，维护我国社会主义法治体系的统一。

（四）全面加强民族地区国家通用语言文字推广普及

田学军（2021）指出了民族地区国家语言文字推广普及的基本任务。全面加强民族地区各级各类学校国家通用语言文字教育教学。大力加强民族地区学前儿童普通话教育，推进义务教育阶段和高中阶段国家通用语言文字教育。在中小学全面推行使用国家三科统编教材，有序推进国家通用语言文字授课。落实民族地区教师资格申请人和招聘教师的普通话等级要求。加大民族地区教师国家通用语言文字教育教学能力培训力度，开展民族地区国家通用语言文字教育质量监测和督导评估。开展民族地区国家通用语言文字普及情况调查。加强宣传解读，营造国家通用语言文字推广良好氛围。推进"职业技能+普通话"培训，提高民族地区青壮年劳动力、基层干部普通话水平。完善东西部协作和对口支援、社会力量参与帮扶机制，开展跨区域推普合作及志愿服务。

陈丽湘（2021）提出，民族地区的语言文字工作应主动服务和融入新发展格局，重视经济转型对语言文字提出的新需求，着眼于社会经济发展不平衡不充分中的语言因素，努力为少数民族及民族地区经济社会发展、铸牢中华民族共同体意识建设提供语言保障。一是要以助力社会经济发展为导向、服务实际需求；二是要以重点地区和重点人群为对象、促进社会协调发展；三是要以铸牢中华民族共同体意识为主线、提升普及水平和质量。

多项研究就民族地区少数民族语言文字教育进行深入探讨。袁伟（2021）提出"十四五"时期民族地区国家通用语言文字教育发展的基本政策思路：一是加强民族地区国家通用语言文字法治建设；二是统筹推进三科统编教材使用；三是提升教师国家通用语言文字教育教学能力；四是加强教学资源建设；五是开展国家通用语言文字教育质量动态监测。刘金林、马静（2021）建议持续强化提升民族地区双语教师、基层干部职工普通话水平，抓好民族地区中青年劳动力的普通话培训工作，构建"小手拉大手"的普通话推广模式，加强面向边境地区跨境婚姻家庭主妇的普通话推广。石琳（2021）建议将语言扶贫与乡村振兴战略有效衔接起来，持续推进民族地区的精准推普工作，充分释放推普典型和示范基地的引领力，积极动员各级力量助力推普攻坚行动。王俊（2021）建议通过系统、高效的教材教法设计，将国家通用语言文字推广与劳动者技能培训结合起来。凌娜（2021）建议完善民族地区国家通用语言文字教育的管理机制，创新国家通用语言文字教育的形式，建立国家通用语言文字教育资源保障体系。邹阳阳（2021）建议通过定向培养、岗位培训等方式在基础教育领域创建出一支有能力对少数民族中小学生进行国家通用语言文字教学的教师队伍，尽快补齐教师资源的缺口，确保贯彻《国家通用语言文字法》这一长期战略任务在民族地区真正落实落地。

（五）深入开展国家通用语言文字推广普及科学研究

袁伟、王敏（2021）指出，科研支撑国家通用语言文字推广普及可从三方面着力。一是深入研究阐释宣传习近平总书记关于推广普及国家通用语言文字的重要论述，对标习近平总书记相关重要论述，推进语言文字法治建设、规范标准建设研究；二是围绕国家通用语言文字推广普及重点任务开展研究，聚焦民族地区和农村地区，深入开展国家通用语言文字教育教学规律、质量评估指标体系、"职业技能+普通话"教育规律等研究；三是围绕推动国家通用语言文字高质量普及开展研究，聚焦巩固提高普通话普及水平的长效机制和举措，深化学校国家通用语言文字教育等研究，构建国民语言文化素养指标体系，研发适用不同地区特点的国家通用语言文字学习资源，深化普通话水平和汉字应用能力测试理论、方法和体系建设，研制行业语言文字规范化建设标准，推动建立国家通用语言文字使用情况监测机制。

结　语

我国是统一的多民族国家，中华民族共同体意识是国家统一之基、民族团结之本、精神力量之魂。国家通用语言文字推广普及是铸牢中华民族共同体意识、构筑中华民族共有精神家园的重要途径。学界已经意识到国家通用语言文字推广普及对于中华民族共同体构建的重要意义，初步阐释和论述了其学理基础和经验路径。同时，法理性、事理性阐释以及多种学科视角、多类社会事实的深度论证，还有待进一步加强。学界理应持续关注这一议题，推动形成立体全面、理实结合的系统性研究，为铸牢中华民族共同体意识提供学术支撑。

（陈丽湘　杨涛）

第一部分 热点综述

【本年度研究文献】

［1］常安.论国家通用语言文字在民族地区的推广和普及——从权利保障到国家建设［J］.西南民族大学学报（人文社会科学版），2021，42（01）：1—10.

［2］陈丽湘.论新时代民族地区国家通用语言文字的推广普及［J］.陕西师范大学学报（哲学社会科学版），2021，50（06）：164—174.

［3］郝时远.新时代坚持和完善民族区域自治制度［J］.中南民族大学学报（人文社会科学版），2021，41（11）：29—41.

［4］何生海.推广国家通用语言文字与铸牢中华民族共同体意识［J］.北方民族大学学报（哲学社会科学版），2021（06）：124—132.

［5］凌娜.藏族青壮年农牧民国家通用语言文字能力提升的教育对策——以甘孜藏族自治州为例［J］.四川民族学院学报，2021，30（06）：41—45+61.

［6］刘金林，马静.铸牢中华民族共同体意识视域下民族地区深入推普的思考——语言与国家治理系列研究之二［J］.民族教育研究，2021，32（04）：31—41.

［7］纳日碧力戈.多民族语言生态：互联的中华民族共同体［J］.湖北民族大学学报（哲学社会科学版），2021，39（06）：10—17.

［8］石琳.民族地区推广国家通用语言文字与铸牢中华民族共同体意识的协同共进路径［J］.民族学刊，2021，70（08）：52—60.

［9］田学军.推动国家通用语言文字高质量推广普及［N］.光明日报，2021-10-10（05）.

［10］王俊.不断提升在云南民族地区推广普及国家通用语言文字的水平［J］.今日民族，2021（06）：1—3.

［11］袁伟."十四五"时期加强民族地区国家通用语言文字教育的政策思考［J］.中国民族教育，2021（Z1）：60—64.

［12］袁伟，王敏.科研助力国家通用语言文字推广普及［N］.中国教育报，2021-11-10（06）.

［13］周庆生.论中国通用语言文字共同体［J］.云南师范大学学报（哲学社会科学版），2021，53（05）：33—49.

［14］邹阳阳.《国家通用语言文字法》与铸牢中华民族共同体意识研究[J].西北民族大学学报（哲学社会科学版），2021（06）：45—53.

【以往参考文献】

［1］青觉，吴鹏.国家通用语言文字教育：多民族国家认同建构的基础性工程[J].贵州民族研究，2020，41（09）：173—181.

高校语言政策

高校语言政策是语言政策研究的重要议题之一。加强高校语言政策研究，对促进高校在贯彻落实国家语言文字方针政策、助力国家语言战略中更好履行人才培养、科学研究、社会服务、文化传承、国际交流等职责使命，具有重要意义。2021年，国家语委指导召开"高校语言文字工作论坛"[①]，在《国家语言文字事业"十四五"发展规划》中首次设置"高校语言文字工作提升计划"，对加强高校语言政策研究提出方向指南和现实需求。高校语言生活丰富多彩，高校语言政策研究内容广泛，涉及高校的教学媒介语选择与应用、外语教育、国家通用语言教育、语言文化传承传播、留学生语言管理、学术发表语言和行政语言管理、校园语言管理和语言服务等方方面面。本专题综述2021年学界关于教学媒介语选择与应用、高等外语教育与国际化人才培养、大学语文教育与大学生语文素养提升、来华留学生中文教育与服务的研究情况。

一 教学媒介语选择与应用

2021年，《语言战略研究》期刊设立"高校语言政策"研究专题，作为该话题在国内的首次提出，在就高校语言政策进行框架性探讨的同时，聚焦"高等教育与学术创新的国际竞争已将大学置于全球化的潮头浪尖"（赵守辉 2021）的背景，重点关注了教学媒介语问题。教学媒介语也称教学语言（medium language），是指开展（非语言类）教学活动所使用的语言。教学媒介语政策研究的内容主要涉及媒介语构成、媒介语使用主体、媒介语载体等。

[①] 论坛于2021年9月23日在北京师范大学举行，研讨了七个议题：高校在推广普及国家通用语言文字中的作用、高校语言文字工作服务国家重大战略和社会需求、高校学生语言文字能力与语言文化素养的提升、高校语言文字工作与高层次人才培养、高校语言文字科学研究和学科建设、高校的语言文字信息资源建设与技术创新、高校在增强中文国际影响力中的作用。

（一）教学媒介语选择

教学媒介语选择的主要考量。赵蓉晖（2021a）指出，由于高等教育的对象是业已完成中等教育且经过严格筛选的学生，因此在教学语言的选择上普遍采用国家主体语言（标准语），这是多语国家的普遍做法，即便在拥有地方官方语言的国家也基本如此。因此，掌握和使用国家主体语言，是教学语言政策的首要目标。同时，由于高等教育所具备的高端性和开放性特点，采用国际通用性语言（目前主要为英语）作为教学语言的政策也在众多国家广为施行。

推动教学媒介语研究从问题化分析到全面规划和结构性支持。林晓（2021）调研发现，当前欧洲各国日益关注英语作为教学媒介语这一现象带来的多重挑战，并积极采取应对举措：在宏观政策层面平衡本国语和英语之间的关系，加强大学层面的语言规划，即各大学根据师生的语言沟通需求，以大学自身的发展战略目标为基础做出具体决策；结合整体与分层的视角，审视高校英语作为教学媒介语的环境、进程、目标和结果，分析各层次语言管理与语言实践之间的复杂互动关系，即个人、社群层面的语言行为与社会层面的语言政策之间的关系。

媒介语选择要平衡好教育国际化和本土化的关系。邱译曦、郑咏滪（2021）介绍，日本高校针对留学生开展的全英文学位项目在实施过程中出现了不同语言间的冲突与竞争，这反映了政策意图和政策实施之间的潜在矛盾。高校作为政策实施的主体，可从语言信念、实践和管理三个维度结合本校特色，打破语言障碍，崇尚多语共存，关注潜在人才的语言能力背后代表的国际理解能力或跨文化体验，鼓励跨文化、跨语际的知识产出。

（二）教学媒介语应用

加强复合型人才培养课程的媒介语规划。张振达、李文龙（2021）对法律英语教材和课堂媒介语的调研发现，法律英语教学媒介语的主要问题为教材与课堂脱节、课堂与教学目标脱节。建议推动领域语言规划，建立领域语言标准；基于行业实际需求，动态调整对接课程；科学规划能力目标，建设复合型外语专业。

探索双语、多语模式在语言教学中的应用。彭剑娥（2021）提出，高校决策层应进行理论研究和实地调研，听取教师和学生的声音，允许学科根据自身实际情况采用合适的双语教学模式，并指定相应政策，引导和激励教师合理开展双语教学。柯安竹（2021）就香港特区的语言教育规划提出，要在一个整体的语言政策框架下系统教授普通话、粤方言和英语，为使大学语言政策产生积极的反拨效应，特区政府应坚持资助将中文和英文作为授课语言的大学。

推动中国及中文语境下的超语实践。超语（translanguaging）面向双/多语实践和教学行为，侧重微观的课堂教学语言使用策略和课程规划，为教学媒介语应用研究提供了重要视角。李嵬、沈骑（2021）指出，超语实践研究关联多语种和多模态互动、语言景观与语言管理、语言教育等多个领域，无论是作为一个研究人类语言、交流与认知的分析概念，还是作为一种教学方法，超语实践在中国及中文语境下发展前景广阔。宋旸、Angel M. Y. Lin（2021）分析来华留学生在学术汉语和专业知识的学习过程后认为，超语实践可以帮助来华留学生基于个人历史和生命轨迹，综合多语资源观和批评性知识观，自下而上地构建国际化的学习生态体系。

促进知识创新与多元文化的共生。程京艳（2021）、林瑀欢（2021）、涂瀞文等（2021）通过考察研究西方、东亚及东南亚的外语教育认为，应关注语言与内容科目综合学习的教学方法和基于母语的多语种教学模式探索，尊重学习者的语言背景，并在实施过程中注重本土语言和多语体验。

二　高等外语教育与国际化人才培养

高等外语教育肩负国际化人才培养的重大使命。在国家统筹推进"双一流"建设的背景下，2021年的相关研究主要涉及体系构建、人才培养、课程政策、考试评价和教材规划等议题。

（一）外语教育体系构建

外语教育目标的时代性。姜锋（2021）指出，新时代外语教育应超越学科边界之争、东西方之争，以及人文、工具之争，为培养能够为人民谋幸福、为民族谋复兴、为世界谋大同的时代新人做出新的贡献。文秋芳、常小玲（2021）认为，外语教育目标的时代性体现在培养服务"一带一路"倡议，参与全球治理的复语型、复合型国际化人才，增进文明交流互鉴，提升用外语讲述中国的能力。

外语教育体系的中国化。王文斌（2021）提出，以顶层设计、总体布局、

综合施治、协调推进新时代我国外语教育教学中国化为总体指导思想，力求结合中国外语教育教学实际，构建具有中国特色的新时代外语教育教学理论和实践体系。李民（2021），杨鲁新、张宁（2021），张天伟（2021）等均立足于外语教育学科的建设构想，解析我国外语教育研究与实践的若干问题，以期构建符合我国国情、教情和学情的外语教育教学理论，创新实践方法，筑就我国外语教育教学新格局。潘文国（2021）指出，教育部《外国语言文学类教学质量国家标准》中关于"熟悉中国语言文化知识"的要求，是中国外语教学优秀传统和特色的回归，是对语言观和语言教学观认识的深化，是对新时代外语教学新要求的回应。

（二）国际化人才培养

不同类型高校的育人路径和举措。苗兴伟（2021）提出，师范类院校外语专业应面向国家、地区的教育改革发展和教师队伍建设的重大战略需求，构建高素质、专业化、创新型师范人才培养体系，提高师范类专业外语人才培养质量。郭鸿杰等（2021）基于"一体三通，融创合一"（以语言文化为根基，以通经典、通商学、通数智为路径，跨学科融通和创新创业教育协同并进）的改革案例，探索重构跨学科内循环与超学科外循环协调发展的财经类高校外语人才培养新格局、新机制。赵蓉晖（2021b）将本科教育中的"四新"战略与卓越研究生教育改革方略共置于新时代中国转型发展的大背景下，探讨了区域国别研究生培养模式，并将其定位为一种具备较高适应性和生态活性的人才培养模式。文秋芳、张虹（2021）认为，高职英语学科核心素养所包含的职场涉外沟通、多元文化交流、语言思维提升和自主学习完善四个维度，既反映了时代特征和国际趋势，也顺应了国家对职业教育的要求；应全面准确理解每个核心素养涵盖的正确价值观、必备品格和关键能力，为基于核心素养的高职英语教材编写、课堂教学、学业质量评价、教学管理、教师专业发展献计献策，助力培养出一批服务于我国现代化强国建设的国际化和高素质技术技能人才、能工巧匠、大国工匠。

全球经济治理型英语人才培养。孙亚等（2021）认为，英语类专业人才培养目标可以定位为全球经济治理（国际发展合作）型英语人才，其共同核心目标是培养所有人才具有的综合素养和英语专业基本素养，特色目标是通晓各类常识、精于跨文化沟通、会多种语言、掌握全球经济治理与国际发展合作的基础知识，培养路径体现跨界、交叉、融合的特点，培养方式重在以通识教育为根基、以跨文化交际输出为驱动，提升其他外语和数据分析语言能力、融合英语专业和财经类高校优势专业知识。

非通用语人才培养及其挑战。赵蓉晖（2021a）指出，外语教育的目标语言直接体现决策者对世界语言格局和语言价值的判断，需要综合语言分布、政治价值、信息价值、经济价值、文化价值、情感价值等多种因素进行考察和抉择。文秋芳（2021）认为，在我国高校增设外语语种，开齐与我国所有建交国的官方语言专业是国家的语言战略，为的是提升国家语言能力，同时也体现了我国对建交国的尊重；为缓解非通用语专业学生的就业压力，鼓励师生共同探讨"如何平衡非通用语学习与其他选修课程学习的关系"这一问题，以期推动我国非通用语专业健康、有序、高质量发展。高雪松（2021）认为，大中华区（包含中国的大陆、香港、澳门和台湾）的高校已经踏上了建设非通用语语言教育的征程，基于人口基数优势，某一非通用语语种学习者的人数甚至可能超过该语种的母语人群，创造出世界外语教育格局的新平衡。魏育青（2021）介绍，德国高校双主专业和一主两辅的专业组合形式以及"柏林模式"可为我国外语类特别是非通用语语种 T 字型人才，即横向上涉猎较广、纵向上在某一领域具有较深造诣，同时兼具广博度和精专度的复合型人才培养，提供有益借鉴与参考。

（三）外语课程政策

"外语 +"课程政策构建跨学科知识体系。邓世平、王雪梅（2021）纵向梳理了我国"外语 +"课程政策演变的五个阶段，发现外语课程与其他学科课程由组合到复合，再到局部融合，呈现逐步深入的态势。建议强化外语课程与其他各领域课程的跨学科深度融合，培养"一专多能""一精多会"的新型外语人才。

课程教学涵养国家意识和文化自信。刘爽（2021）认为，外国文学"课程思政"应当提升到国家意识的理论高度，在教学实践中树立借鉴中的立场意识，坚守比较中的忠诚意识，张扬开放中的热爱意识，从而推动外国文学课程理论体系、认知体系和践行体系的全面改革，使之成为新文科建设的有机组成部分。潘艳艳（2021）从国家翻译实践视角阐述翻译实践中国家意识和文化自信的重要性以及对翻译行为的引导作用，提出翻译教学的课程思政可以围绕国家意识的三个维度进行，即社会主义意识形态、国家形象意识和国家—国际意识，培养兼具国际视野和家国情怀的翻译人才。杨茂霞、陈美华（2021）结合大学英语研究型课程教学实践，剖析了大学英语项目式学习在体验感悟、差异分众和批判思维培养三个方面所发挥的培育大学生社会主义核心价值观的作用，同时指出有效发挥该教学方法隐性育人作用的着力点，以深入挖掘教学方法中的思政元素，使价值观培育有机融入大学英语课程教学。

（四）外语考试评价

国家教育类外语考试发展与外语能力测评体系建设。吴莎（2021）提出要持续、有力地加强外语能力测评体系建设，建设多元、科学、有效的测评资源体系，加强多层面、多渠道的研究与合作，推进外语考试系统性、全面性、协同性改革，提升外语考试服务国家战略和促进学生可持续发展的能力。

《中国英语能力等级量表》（以下简称《量表》）的优化与创新。刘建达（2021）指出，在深化新时代教育评价改革背景下，《量表》可以为形成性评价、终结性评价及增值评价提供连贯统一的参照标准。除持续加强宣传外，《量表》自身也需进一步完善，如以语言活动为单位开发《量表》的补充版，建立语料库对《量表》的描述语进行标注，基于《量表》构建其他语言能力等级量表等。

成人外语能力标准制定和学习成果认证。刘永权等（2021）通过对国家开放大学英语等级体系标准构建项目的研究指出，对于外语这样的通用技能类学习成果的认证，采用"挑战性"考试最具成本效益，但考试必须具有公平性、公正性和科学性，必须依据标准实施。在划分语言能力级别时，各教育机构可根据实际需要采用非等距的方式，分级"颗粒度"细致程度可以不同。

（五）外语教材规划

推动国家安全视域下的外语教材建设。徐锦芬、刘文波（2021）从国家安全的角度分析认为，外语教材承担着三重使命：第一，维护语言和文化安全；第二，引导外语学习者进行身份构建、价值塑造；第三，服务国家战略需求，满足特定时代需要。外语教材在目标设定上应当体现多元化，将语言、知识、技能、思辨与德育融为一体；在选材上应兼具民族性和世界性；在活动设计上应结合学科特色和学生特点，以实现教学目标和教材使命。

加强现行语言教育政策下的外语教材史研究。陈坚林（2021）认为，新时代高校语言教育政策主要反映在外语教学上，而最能体现外语教学整体面貌的就是外语教材，因此要更好地体现高校语言教育政策在教学上的延续性，就应该重视教材发展史的研究，从而为当前国家的教材政策和教材管理，包括教材开发、教材意识形态的导入以及教材中价值体系的构建等提供进一步研究与探讨的学术空间。作者指出，"一带一路"倡议背景下外语教材发挥引荐西方文明、传播中国文化的媒介作用。重视和加强在现行语言教育政策下的外语教材史研究，尤其是要梳理从京师同文馆成立至今160年来我国外语教材发展的历史，串联有标志性意义的外语教育重大事件、重要政策、结构调整、各项改革等，前后相继、古今贯通，形成整理教材发展历程和研究当前教材建设实践的良好互动，推动新时代有中国特色的外语教材建设工作，使之服务于构建外语教育话语体系、增强国家文化软实力的历史进程。

分类规划并逐步推进非通用语种教材建设。苏莹莹、董希骁（2021）分析认为，我国高校非通用语种教材总量不足，各语种教材资源严重失衡，教材建设的持续性、系统性和规范性有待完善，对外版教材的监管也亟须加强。作者提出，应结合当前国家需要和教育发展的客观规律，依据培养规模确定教材建设目标，结合师资状况探索教材建设路径，利用外部资源创新教材建设模式。

三 大学语文教育与大学生语文素养提升

《国家语言文字事业"十四五"发展规划》在"高校语言文字工作提升计划"中要求，将语言文字课程体系纳入学校课程体系，开设好大学语文等课程，提高学生语言文字应用能力和文化素养。大学语文课程是提升大学生语文素养的主要路径，2021年关于大学语文的研究主要在学科定位、课程属性、教学革新、思政策略等方面进行了探讨。

（一）大学语文的学科定位与课程属性

王步高（2021）指出，大学语文课是知识课、文学课，更是人文精神的传播课。它要承担人文精神的传播和道德情操熏陶的使命。大学语文的学科定位也应上升到提高中华民族文学与人文素质的高度去认识。张福贵（2021）认为，虽然大学语文课程设立时间较早，但与其他学科相比，大学语文学科性的不成熟、地位的不确定、属性的不清晰，可能在所有的学科中都是极其少有的。造成这一现象的主要原因，就在于高等教育学科设置的过度细分化和学科价值观的过度功利化。大学语文的审美性、知识性和实践性问题能否得到普遍共识，是其作为一个学科是否成熟的重要标志。大学语文的地位确立不能只停留在理论讨论上，而必须有实践性甚至是制度性的支撑。大学语文不应该归属于教育学门类，而应该是中国语言文学中的一个具有综合性的二级学科，同时具有公共课属性。

（二）新文科建设背景下大学语文的教学革新

何二元（2021）提出，新文科建设中"学科交叉"的理念为推进大学语文教学革新提供了路径。中国古典的传统教育中，文史哲不分，文科教育整体上是"大语文"教育。因此，大学语文的自身属性决定了其在学科交叉发展中具有天然的优势。在新文科建设提供的新的历史机遇下，要进一步明确大学语文学科定位，尽快填补学科理论方面的空白；要借助不同学科的内容，进行多方面的语言文字能力训练，全面提升大学生的语言文字"听说读写"能力；要发挥大学语文基础性和工具性的功能，完成大中小学衔接，进一步提升学生的语言文字能力，为大学各专业学习服务，为学生终身学习打好基础；要推动所有学科自觉承担起母语教育的责任，即"全学科的语文教育"。栗军（2021）就新文科建设背景下民族高校大学语文的教学理念和教学模式创新提出，要创新教材编订理念，教材不仅应当重视人文素养的培养，也应当重视思维方法的培养；要改革传统教学模式，实现教学形式多样化；要有效激发学生学习兴趣；要注重基础知识教学。

（三）大学语文的思政策略

董小玉、王鹏辉（2021）认为，大学语文应坚持立德树人根本任务，紧抓思政滴灌的关键环节，即以传承中华优秀传统文化为课程核心，培养民族精神、涵育审美素养，引导学生以"雄健的精神""高度的文化自信"投身第二个百年奋斗目标新的赶考之路。唐斐（2021）提出，从创新大学教育教学方法、建立人文素质教育体系、引导学生养成积极心态、培养学生人文精神情操、开拓人文素质教育资源五重维度探索大学语文教育中人文精神的渗透之径，激活大学语文教育生机，升华大学生精神境界。王海燕（2021）提出，要把理想信念的引导贯穿于教育教学的全过程和每一个环节，更大化发挥大学语文课程集人文性、思想教育性及工具性于一体的功能，促进高职院校学生心智成熟，助力其职业化道路健康前行。左志南（2021）指出，大学语文教学在塑造当代青年性格、传播正确价值观念、培养中华文化自信等方面有着重要的意义，而民族高校的大学语文因其教学对象是各民族的同学，而承载了更多的加强民族团结、培养民族人才、增强中华民族共同体认同的责任。民族高校的大学语文应以培养学生开阔的眼界以促进民族团结为教学目的，在教学实践中对民族学生不应区别对待，教材选编应深刻认识各族人民在中华民族独立解放运动中团结一致、凝聚为一个整体的历史事实，选择忠实反映这一历史进程的文学作品。

四 来华留学生中文教育与服务

在高等教育国际化背景下，留学生语言教育、学习语言管理和生活语言服务等问题应当予以重点关注。2021年的相关研究主要探讨了来华留学生的中文教育与服务问题。

（一）来华留学生中文教育

来华留学生中文教育要实现六大转变。李宇明、翟艳（2021）指出，当下中国已经成为世界第二大留学目的地国，学历生成为留学生主体，信息化手段快速融入教育，学生除了学汉语之外，更多希望了解中国、认识中国，希望在中国得到全面的专业教育、职业教育。在这种情况下，应该及时调整来华留学生汉语教育的重心，在教学理念、教学模式、教学内容与方法等方面实现六大转变，由"学汉语"向"用汉语学"转变，由"历史中国"向"现代中国"转变，由"人工教学"向"科技教学"转变，由"课堂"向"课堂内外"转变，身份由"外宾"向"学生"转变，由"教学"向"教育"转变，以顺应未来的发展需要。

明确来华留学生中文能力要求。陈永峰（2021）指出，我国高校至今仍然缺乏对来华留学生施用统一汉语言综合能力要求，也缺乏对于来华留学生学历教育的认证标准。作者认为，我国高校留学生趋同培养既要实现创新，也要挖掘中国文化符号、善用中国文化符号来传递价值观念，还要注意中国文化新符号的打造。

提升高职来华留学生中文能力。韩玲、周俊华（2021）提出，将汉语能力培养、文化能力培养、职业技能培养、实践能力培养进行深度融合，探索"四双四能"模式，提高来华高职留学生教育质量，并积极推进与沿线国家的高职教育课程互认、职业教育资格资历互认，构建"一带一路"教育共同体。

（二）来华留学生中文服务

徐悦等（2021）建议，为特定水平的来华留学生提供简化版旅游文本，使得来华留学生在中国进行外出旅游活动时能够更加简单明了地使用汉语来读懂汉语旅游文本，提高其汉语水平，增加学习汉语的动机，满足来华留学生了解中华文化的需求，从而有效地提高其跨文化交际水平和能力。

结　语

2021年，国内首次出现以"高校语言政策"为名的专门研究，其内涵阐释和理论建构还有待进一步深入和完善。从其众多研究议题中，可以归纳出三个基本维度：教育语言（即教学媒介语）问题、语言教育问题（包括外语教育和本国语言特别是国家通用语言教育）、校园语言生活及治理问题。就此而言，高校的语言教育已经是广博精深的独立研究领域，教学媒介语研究随着"高校语言政策"的提出一定会受到语言政策视域下越来越多的关注，而大学校园语言应用和语言管理与服务，特别是针对留学生的语言管理与服务研究，尚未引起学界的足够重视，研究空间广阔。同时，国家对高校在语言规划中地位作用的期待，将使学界对于高校语言政策的实践经验及其问题展望形成更大范围、更深层次的讨论。

（景飞龙　张日培）

【本年度研究文献】

[1] 陈坚林.要重视外语教材史研究［J］.见：文秋芳等."高校语言政策"多人谈［J］.语言战略研究，2021，6（02）：67—75.

[2] 陈永峰.场域、文化与认同：我国高校留学生趋同教育的创新维度［J］.黑龙江高教研究，2021，39（10）：125—130.

[3] 程京艳.东亚和西方高校外语教育规划的研究与实践［J］.语言战略研究，2021，6（02）：14—23.

[4] 邓世平，王雪梅.我国"外语+"课程政策的演变：过程、动因与趋势［J］.外语研究，2021，38（05）：55—61+82.

［5］董小玉，王鹏辉.大学语文课程思政教学模式建构［J］.中国高等教育，2021（19）：13—15.

［6］高雪松.大中华区高校非通用语语言教育发展［J］.见：文秋芳等."高校语言政策"多人谈［J］.语言战略研究，2021，6（02）：67—75.

［7］郭鸿杰，张达球，丁冬.一体三通，融创合一：新文科背景下财经类高校外语人才培养模式创新［J］.当代外语研究，2021（03）：35—44.

［8］韩玲，周俊华.高职院校来华留学生教育的现实审视与优化途径——基于应用型人才培养的视角［J］.教育学术月刊，2021（11）：32—38.

［9］何二元.新文科建设视野下的大学语文教学革新［J］.中国高等教育，2021（19）：16—17+32.

［10］姜锋.建党百年与中国外语教育新使命［J］.中国外语，2021，18（04）：4—7.

［11］柯安竹.香港特区语言教育规划得失谈［J］.见：文秋芳等."高校语言政策"多人谈［J］.语言战略研究，2021，6（02）：67—75.

［12］李民.外语教育学与相近学科对比研究［J］.外语教学理论与实践，2021（03）：1—11.

［13］李嵬，沈骑.超语实践理论的起源、发展与展望［J］.外国语（上海外国语大学学报），2021，44（04）：2—14.

［14］李宇明，翟艳.来华留学汉语教育70年：回顾与展望［J］.语言教学与研究，2021（04）：1—10.

［15］栗军.新文科背景下民族高校大学语文课程建设与思考［J］.大学语文论丛，2021，1（01）：72—77.

［16］林晓.新世纪欧洲高校英语作为教学媒介语的发展研究［J］.语言战略研究，2021，6（02）：24—36.

［17］林瑀欢.东南亚华校的三语教学：趋势与方向［J］.全球教育展望，2021，50（10）：85—102.

［18］刘建达.教育评价改革背景下完善《中国英语能力等级量表》的思考［J］.中国考试，2021（09）：8—12.

［19］刘爽.国家意识视域下的外国文学"课程思政"体系初探［J］.当代外语研究，2021（04）：29—34.

［20］刘永权，李新国，刘占荣.基于《中国英语能力等级量表》的成人外

语能力标准制订和学习成果认证——以国家开放大学英语等级体系标准构建项目为例[J].外语电化教学,2021(03):63—69+10.

[21]苗兴伟.新文科背景下师范类院校外语专业人才培养体系建设[J].当代外语研究,2021(04):72—81+102+2.

[22]潘文国.外语教学与中国语言文化的学习[J].外语教学与研究,2021,53(06):854—863+959.

[23]潘艳艳.国家翻译实践视角下的国家意识及其培养[J].当代外语研究,2021(05):67—72+108.

[24]彭剑娥.高校双语教学政策与实践思考[J].见:文秋芳等."高校语言政策"多人谈[J].语言战略研究,2021,6(02):67—75.

[25]邱译曦,郑咏滟.日本高校全英文学位项目的语言政策和规划[J].语言战略研究,2021,6(02):47—55.

[26]宋旸,Angel M.Y. Lin.来华留学生教学语言的超语实践研究[J].语言战略研究,2021,6(02):56—66.

[27]苏莹莹,董希骁.我国高校非通用语种专业教材建设的问题与对策[J].外语教育研究前沿,2021,4(04):77—83+95.

[28]孙亚,杨凯雯,王公元.财经类高校全球经济治理型英语人才培养的探索——基于产出导向理念[J].外语学刊,2021(05):92—96.

[29]唐斐.探析大学语文教育中人文精神的渗透[J].陕西教育(高教),2021(01):46—47.

[30]涂瀚文,吴坚,马早明.国家认同视角下东帝汶语言教育政策实施困境分析[J].比较教育研究,2021,43(04):97—104.

[31]王步高.试论新时期大学语文课程的学科定位[J].大学语文论丛,2021,1(01):2—8.1

[32]王海燕.高职院校"大学语文"课程思政的有效实施[J].教育理论与实践,2021,41(24):30—31.

[33]王文斌.关于"十三五"期间的外国语言学及外语教育教学研究[J].外语学刊,2021(02):1—15+131.

[34]魏育青.关于"小语种"T字型人才培养的再思考[J].当代外语研究,2021(01):61—63.

[35]文秋芳.非通用语专业人才培养面临挑战[J].见:文秋芳等."高校语

言政策"多人谈［J］.语言战略研究，2021，6（02）：67—75.

［36］文秋芳，常小玲.中国共产党百年外语教育与中华民族伟大复兴［J］.外语教育研究前沿，2021，4（02）：7—19+89.

［37］文秋芳，张虹.《高等职业教育专科英语课程标准（2021年版）》核心素养的确立依据及其内涵解读［J］.外语界，2021（05）：2—9.

［38］吴莎.中国共产党领导下的外语考试发展与外语能力测评体系建设思考［J］.中国考试，2021（07）：34—41.

［39］徐锦芬，刘文波.国家安全视域下外语教材建设的内涵与路径［J］.当代外语研究，2021（05）：73—79+120+129.

［40］徐悦，张易扬，王治敏.面向来华留学生的汉语旅游文本词汇简化研究［J］.天津师范大学学报（社会科学版），2021（06）：38—43.

［41］杨鲁新，张宁.外语教师教育中理论与实践的转化难题——基于对外语教育学科定位的思考［J］.外语与外语教学，2021（01）：57—64+146—147.

［42］杨茂霞，陈美华.大学英语项目式学习的价值观培育功能剖析［J］.外语教学，2021，42（03）：69—74.

［43］张福贵.大学语文的学科地位与课程属性反思［J］.武汉大学学报（哲学社会科学版），2021，74（02）：25—31.

［44］张天伟.我国外语教育政策的主要问题和思考［J］.外语与外语教学，2021（01）：13—20+144.

［45］张振达，李文龙.法律英语教材及课堂媒介语调查研究［J］.语言战略研究，2021，6（02）：37—46.

［46］赵蓉晖.发挥高校语言政策在高级人才培养和社会文化建设中的引领作用［J］.见：文秋芳等."高校语言政策"多人谈［J］.语言战略研究，2021a，6（02）：67—75.

［47］赵蓉晖.新时代背景下外语学科研究生教育的集成治理模式——以区域国别研究人才培养模式改革为例［J］.当代外语研究，2021b（06）：5—12+160+2.

［48］赵守辉.高校语言政策与实践：语言规划的前沿课题［J］.语言战略研究，2021，6（02）：12—13.

［49］左志南.铸牢中华民族共同体意识视域下民族高校"大学语文"教学的思考［J］.民族学刊，2021，12（05）：36—40+110.

百年未有之大变局下的中文国际传播

中文国际传播是中国特色社会主义文化建设的重要内容，2021年发布的《中华人民共和国国民经济和社会发展第十四个五年规划和2035年远景目标纲要》提出"建设中文传播平台，构建中国语言文化全球传播体系和国际中文教育标准体系"。中文国际传播是新时代语言文字事业的重要任务，2021年发布的《国务院办公厅关于全面加强新时代语言文字工作的意见》提出"大力提升中文国际地位和影响力"。中文国际传播以作为全球公共产品的国际中文教育为核心路径，不仅致力于增加全球范围内中文的学习使用人数，还致力于扩大中文在国际空间的使用场域，如"提升中文在学术领域的影响力""提高中文在国际组织、国际会议的使用地位和使用比例"[①]。语言和文化密不可分，中文国际传播与中华文化国际传播密不可分。当前，"我国处于近代以来最好的发展时期，世界处于百年未有之大变局，两者同步交织、相互激荡"[②]，中文国际传播也面临严峻挑战和新发展机遇。中文国际传播如何应对百年变局，近年来持续受到学界关注。本专题从百年变局下中文国际传播的发展形势、基本方略和关键举措三个方面综述2021年相关研究的思考与建言。

一 准确识变

百年未有之大变局是国际权力结构、全球治理结构、全球秩序以及人类经济活动、生活方式和国家间竞争形态的大变局（朱锋2019）。上一次的百年变局，是中国人的觉醒年代；这一次的百年变局，是中国人的腾飞时代（刘海涛2021）。相关研究就百年变局对中文国际传播带来的挑战与机遇进行了探讨。

---

① 参见《国务院办公厅关于全面加强新时代语言文字工作的意见》。
② 习近平总书记2018年在中央外事工作会议上的重要讲话。

(一)中文国际传播面临的严峻挑战

"当今世界百年未有之大变局加速演进,国际环境错综复杂,世界经济陷入低迷期,全球产业链供应链面临重塑,不稳定性不确定性明显增加。新冠肺炎疫情影响广泛深远,逆全球化、单边主义、保护主义思潮暗流涌动"①,大变局中的既有趋势叠加新冠肺炎疫情全球蔓延的影响,使中文国际传播面临严峻挑战。

有研究对中文国际传播面临的挑战进行了系统分析。王春辉(2021)提出七个方面的挑战:大变局之下政治、经济、意识形态、科技竞争与博弈带来的挑战;国际和国内的消极态度;基础研究薄弱,基础设施不牢;官方色彩浓郁,市场化机制不健全;职业—事业的旋转门开启不足;新技术发展的潜在冲击;战略谋划不足,智库支持欠缺。李宝贵、刘家宁(2021)指出,国际中文教育正处在转型升级、动能转换的关键时期,面临内涵发展、人才供给、平衡发展、安全发展以及可持续发展等五个方面的现实挑战。

有研究探讨了中文国际传播面临的风险问题。朱瑞平(2021)将风险分为内部和外部两个方面:内部风险主要包括内驱动力不足风险、舆论风险和市场供需不平衡带来的风险;外部风险主要包括世界语言文化竞争的风险、事业发展伴随式风险、跨文化交流的风险和市场拉力不足风险。郭晶、吴应辉(2021)指出,国际政治方面的风险是中文国际传播面临的最大风险,引发这些风险的诱因包括经济贸易问题、国际武装冲突、政治意识形态冲突、他国国内政治派别斗争等。刘旭(2021)认为,中文国际传播所面临的风险持续升级,并分析了风险的五个特征:一是国际性,中文国际传播系国际事务,在国际环境和国际关系中面临着较大风险;二是政策性,中文国际传播受对象国外交、语言等方面政策变化的影响,可能引发传播风险;三是扩散性,是由传播活动本质属性所引起的,指由单一事件或个人引发或传导的个体事件,由于负面影响不断扩散引发连锁反应,继而产生的扩散性风险;四是群体性,指由中文国际传播的传播主体和传播受众引发的风险;五是动态性,由于全球中文学习需求旺盛,中文国际传播呈现出较强连续性动态发展态势,而其风险也随之

---

① 习近平2021年在中国科学院第二十次院士大会、中国工程院第十五次院士大会、中国科协第十次全国代表大会上的讲话。

呈现出动态发展的特性。

有研究探讨了新冠肺炎疫情全球蔓延对国际中文教育和线上中文教学带来的挑战。王辉（2021）指出，宏观环境变化给国际中文教育带来的问题包括：国际政治剧变导致的发展方向、资源配置问题；全球经济重挫引起的资金短缺、市场萎缩问题；社会文化差异凸显引发的国际理解、舆论博弈问题；技术变革加速带来的数字鸿沟、人机关系的问题。在线中文教学微观层面的问题主要有：教师的信息素养欠缺，学习者参与度不够，教学模式受限，教学平台不完备，教学管理困难等。

（二）中文国际传播面临的发展机遇

面对挑战，应当保持定力、坚定信心。王春辉（2021）指出，要放眼未来，建立全局性认知：中国依然处于发展上升期，这一历史大势不会改变；中华文明依然昌盛，依然无可替代；中文的悠久历史和独特魅力提供了强劲动力；全球最大的语言生活共同体是牢固底盘；语言的国际教育有其客观规律，起伏波动都是正常的。郭晶、吴应辉（2021）认为，国际政治风险并非主流，相反，应该敏锐捕捉国际政治给中文国际传播带来的各种机遇。中国改革开放以来，尤其是党的十八大以来我国的综合国力快速提升，人类命运共同体理念为全球越来越多的国家接受，"一带一路"倡议的实施，使广大发展中国家得到了实惠，中国的国际认同度正日益提高，"朋友圈"变得越来越大，这就为中文国际传播营造了非常有利的国际政治环境。到2020年底，全球约70个国家制定政策将汉语课程纳入国民教育体系，一些国家政要访华时提出请求中国帮助本国开展中文教学，在中文师资、教学资源、中文教学标准建设等方面提供支持。近期明确将中文纳入国民教育体系的国家有沙特阿拉伯、阿联酋、埃及、阿曼等国。亚非拉广大发展中国家对华普遍友好，对中国认同度高，中文学习需求旺盛，这就是中文国际传播的机遇所在。

二 科学应变

面对挑战和机遇，学界就加强中文国际化研究、提升中文国际传播能力、推动国际中文教育事业转型发展、发挥社会力量作用、增强人类文明交流互鉴的文化意识等进行深入探讨，构建起科学应变的基本方略。

（一）加强中文国际化研究

中文国际化是重大课题。李宇明（2021）指出，中文在国际社会使用，说明它已经是人类社会的"公共产品"。该如何评价中文在国际社会中的语言地位，如何促进其地位的提升，让人类社会更好地分享中文这一公共产品，是中国的时代课题，是全世界华人、全世界中文使用者的时代课题，也是国际社会的一个课题。

中文国际化要科学规划。李泉（2021a，2021b）连续发文阐释其最新提出的"中文国际化规划"的内涵、目标、原则、理念和基本维度。中文国际化规划是指"国家或社会团体及学术界，对世界范围内或某一国别的中文教学和学习、应用和研究过程中，涉及全局或有重大影响的问题做出的发展计划、应对策略及所持主张"。中文国际化规划的角度和内容至少应该包括观念规划、声誉规划、阶段规划、学科规划、标准规划、模式规划、教法规划、国内规划、国外规划、应用规划等。中文国际化规划不仅属于中文二语教学与传播的研究范畴，也应该属于国家语言战略规划的重要组成部分，业界的学术研究不可缺席，而国家层面的主导和实施更是责无旁贷。中文的国际传播虽是不可逆转的大趋势和正在进行的现实，但中文国际化进程涉及学科内外多种因素，包括诸多不可控的因素，也正因如此，就更需要调查、研究和规划，并提出相关的意见和建议、方案和策略。从中文国际化规划的角度看，应该广泛深入研究属于国际中文教育特有的"关系"或仍然乃至始终就是没有解决好的"问题"，并提出相关的主张和观点、采取相应的策略和行动。中国有责任和义务进行中文国际化规划研究，为这项国际事业和国际学科做出应有的贡献。中国要想在中文国际化过程中发挥引领和促进作用，就必须首先把自己建设成为中文二语教学的大国强国，只有具备了这样的实力地位，才有更多的学术话语权，才可能更好地促进中文国际化深入和持久地发展。

中文国际化要合理设定阶段目标。郭晶、吴应辉（2021）规划了中文国际化的远景、中期和近期目标。"让中文成为一门全球性语言"可作为中文国际传播的远景目标；努力使中文成为世界各国普遍学习的外语，中文成为除英语之外各行各业使用最普遍的语言可作为中期目标；争取中文课程纳入世界各国国民教育体系，世界各国高校普遍设置中文及相关专业、推动世界各国中文教育本土化水平持续提高则作为近期目标。

（二）提升中文国际传播能力

李宝贵、李辉（2021）提出并界定了中文国际传播能力的内涵，建构了中文国际传播能力的要素框架，并提出能力提升方略。中文国际传播能力是"中文在国际传播过程中按照语言传播规律增加语言的传播价值、获得国际语言地位所具有的综合素质"。中文国际传播能力的提升首先在于用世界各国民众乐于接受的方式满足其对中文的不同需求；中文国际传播能力是推动中文在国际上共时的吸引力和历时的影响力所具有的综合能力；中文国际传播能力的提升目的是保持和增进中国与世界的交流与互动，提高中国的国际影响力。中文国际传播能力主要由国际中文教育教学能力、中文国际传播人才培养能力、中文国际传播服务能力、科技赋能中文传播能力、中文产品生产能力、中文国际传播风险防范能力等六个要素构成。提升中文国际传播能力的着力点在于：积极推动中文教学的当地化，打造高水平传播人才队伍，提升服务水平，推进智慧型中文国际传播建设，增强中文国际产品供给，保障中文国际传播安全可持续发展。

（三）推动事业转型发展

李宝贵、刘家宁（2021）提出新时代国际中文教育转型发展的向度与路径。转型向度包括四个方面：一是使命担当的转型，应在做好语言教学主业的基础上，不断丰富服务内涵，向兼顾语言教学与服务经济社会发展转变；二是发展方式的转型，应由外延式高速度发展向内涵式高质量发展转变，由单一中文语言教学向多元化"中文+"教学转变，由各国教育体制外的汉语教学向融入各国教育体制内的本土化中文教学转变，由传统的线下教学模式向线下与线上教学相结合的智慧教育转变；三是工作重心的转型，应由以往的学科基础理论与教法研究向学科体系建设与标准体系建设并重转变；四是人才培养的转型，应由以往单一的语言人才培养结构向立体多元化的语言人才培养结构转变。转型路径包括六条：加快完善国际中文教育全球和区域布局，加强国际中文教育制度和标准体系建设，推进人才培养模式多元化，强化安全风险防控机制，积极应对中文教育低龄化趋势，全面推动本土化、特色化与智慧化发展。

孙宜学（2021）提出后疫情时代国际中文教育发展的四个关键着力点。一是工作方法应变粗为细,从粗放型向精细型、从单纯投入型向资源节能型、从单一主导型向多元协作型模式转变。二是在"求异"中寻求发展,充分调动本土中文教育资源的主观能动性,增强内需,使中文教育资源与所在国中文需求、本民族语言文化发展需求进一步有机融合,并以中文教育推动所在国民族语言和文化传承保护,实现所在国语言文化国际化与中文教育国际化同步。三是逐步完善标准体系,严格按照质量标准主动规范国际中文教育,建立科学退出机制,对不符合教育标准的,要逐级分流、分类培育,形成选种、孵化、培育、成长、孕育一体化的流程,推动国际中文教育在平衡发展的基础上保证重点发展、合理分布、错位成长、和谐共处。四是资源投入应变散为聚,在条件成熟的国家或地区,国际中文教育发展要聚星火成大火,变散光为聚光,集中资源办精品,多建设一些国际中文教育的领头羊项目,把有限的语言文化资源拧成一股绳,优先解决最关键的问题,啃掉最难啃的骨头,打造出可广泛推广的样板工程和典型案例,最终实现以点带面,推动国际中文教育齐头并进、集约化发展。

郭晶、吴应辉(2021)就应对百年变局带来的挑战提出五个发展重点:优化汉语国际传播资源配置,优先支持发展中国家;支持重心从主要面向基础教育向主要支持高端专业教育转变;更加重视帮助有关国家加强中文教育顶层设计;争取有关国家给予"华文教育"与其他类型中文教育同样的机会;进一步推动世界各国在汉语教学中扮演更加重要的角色。

王春辉(2021)从国家治理的视角对未来国际中文教育事业发展提出五大任务和15项具体策略,五大任务包括:聚焦语言主业,建立健全国际中文教育体系;全面深化改革,构建高水平国际中文教育体制;优化既有布局,探索全新项目,稳妥有序推进;坚持创新驱动发展,全面塑造发展新格局;统筹发展和安全,为平安中国和和谐世界助力。同时提出,要树立国家自信、实践自信、走出去的自信,要走差异化发展之路、避免同质化,要注重多元需求,要处理好线上与线下的关系,要秉持复杂系统科学思维。

(四)发挥社会力量作用

刘晗(2021)指出,教育部中外语言交流合作中心和中国国际中文教育基金会的诞生,标志着中国参与国际中文教育治理的方式发生重要转变:一是政府运营模式的"退场",基金会成立以后,语合中心主要负责组织制定国际中文教育相关标准、考试及教材等工作;二是民间经营力量的"登台",基金会在民政部注册,属民间公益教育机构,负责筹集社会资金,依靠孔子学院中外方教育机构发挥办学主体作用。刘旭(2021)认为,加大对中文国际传播民间组织的支持力度,推动中文国际传播非官方化和市场化发展,是降低政策影响和政策性风险的捷径,十分有利于争取更多的中文国际传播发展空间。张耀军、焦思盈(2021)提出,中文国际传播由政府主导到民间市场运作,可以从三个方面着力:一是传播主体多元化,引入专业协会等多种形式的运作模式,充分激发各类民间机构的主体性和积极性,整合各方资源形成合力;二是评估体系多元化,根据各国国情建立动态指标,完善评估体系;三是服务领域多元化,通过开发语言科技项目,大力发展语言服务贸易,培养语言人才市场等,形成中文语言服务产业集群。后疫情时期,要从推动中文传播实践向推动学术创新发展转变,以学术创新提升中文传播能力,打造有国际影响力的中文传播平台,提升优秀中文期刊的国际影响。

(五)增强人类文明交流互鉴的文化意识

钱俊希、安宁(2021)指出,全球文化格局正在经历着二战以来最深刻的转变,对世界上绝大多数人而言,与"他者"文化发生交流、邂逅乃至冲突的可能性比世界上任何一个历史时期都要多;我们必须正视的局面是以现代交通和信息科技所带来的便捷并没有造成全球文化的同质化,更没有催生出全人类文明大一统的和谐图景;因此,需要新的视角来判断和理解中国文化和其他文化之间复杂、多样且不断变化的关系。赵杨(2021)指出,国际中文教育要在宏观、中观和微观层面处理好"自我"与"他者"的关系,宏观层面是语言文化间"自我"与"他者"的关系,中观层面是中文学科"自我"与学科外"他者"的关系,微观层面是中文教学内部"自我"与"他者"的关系;"自我"和"他者"最终能否融合,是影响国际中文教育能否培养学习者的跨文化交际能力,能否为构建人类命运共同体做出贡献的关键。刘旭(2021)认为,工具性是中文国际传播的本质属性,文化性是中文国际传播的内涵属性,社会性是中文国际传播的外延属性;中文国际传播与中华文化传播具有伴生性,中文国际传播内涵建设包括对其文化属性的充分发挥。王陈欣(2021)通过考察法国中文教材中对中国形象的构建,发现法国非华裔学生的中国形象建构存在重古代轻现代的倾向,相比当代中国文化,法国学生更认同中国古代文化,提出国际中文教材应致力于构建正面的中国形象，国家相关部门应推进国别化中文教材和中国故事案例库建设，为中文学习者了解真实、立体和全面的中国奠定基础。侯颖（2021）指出，国际中文教育是提升中华文化软实力的重要途径，必须以"讲好中国故事"为己任。基于"讲好中国故事"的国际中文教育宜准确把握"中国故事"的内涵与外延，以更加开放的姿态融入国际语言教育环境，兼顾"讲好中国故事"与"讲好他国故事"，注重双向交流；注意"中国故事"的可接受性，不矫揉、不造作、不弘扬，采取以实事求是、客观平和的心态和易于理解与接受的方式；打造公共平台、推出公共产品，从教师、教材、教法等多角度"讲好中国故事"。

三　主动求变

面对挑战和机遇，在构建中文国际传播应对百年变局基本方略的同时，学界还在具体举措层面，围绕以下六个关键着力点深入探讨了破局之策。

（一）孔子学院内涵发展

张发钧（2021）指出，作为中国语言文化走向世界的品牌，孔子学院从语言入手，用文化交融积极参与全球文化治理和世界教育共同体建构。在语言推广博弈和文化竞合的国际环境下，孔子学院传达了中国声音，讲述了中国故事，展现了中国文化，丰富了建构人类命运共同体中国答案的内涵。而中国国际中文教育基金会的成立意味着孔子学院和国际中文教育事业发展从此翻开新篇章，迈上新征程。当下孔子学院的发展面临最迫切的任务就是提质增效和内涵发展，实现从量变到质变的跨越。

高玉娟等（2021）指出，总结孔子学院的发展历程可以发现，"高质量""融入型"将是未来孔子学院建设的关键词。面对更为复杂的国际局势、愈发多元的目标受众和深层细化的服务需求，"优化全球布局、服务国家战略"成为孔子学院发展的主基调，"安全、平稳、高质量"成为孔子学院建设的主旋律。将"汉语"改为"中文"，反映了孔子学院建设理念的革新，一方面使语言教育超越国家和民族局限，丰富了孔子学院语言教育的内涵；另一方面，"中文"这一概念涵盖语言与文字，体现了未来孔子学院语言教育坚持语言与文字同进的发展方向。

钱俊希、安宁（2021）认为，在理解孔子学院等跨国文化机构的发展策略时，必须认识到其所处地缘政治条件与本地背景的嵌入关系，与歌德学院、但丁学院等西方机构的根本性差异，因此需要从传播文化的类型、传播途径等方面考量。

（二）中文教育本土化

王海峰（2021）指出，目前全球已有70多个国家将中文纳入国民教育体系，但许多国家纳入的层次还不高，深度还不够。分布也不均衡，中亚、西亚、北非和中东欧处于"一带一路"建设的关键地带，中文纳入比例过低。而本土化的关键，除了推动中文教育纳入所在国国民教育体系外，还在于教师和教材的本土化。

李宝贵的研究团队聚焦中文纳入国民教育体系的本土化实例，分别考察了中文纳入法国、意大利和东南亚国家国民教育体系的情况。李宝贵、魏禹擎（2021）认为，中文纳入法国国民教育体系的发展根植于法国汉学的历史土壤，但面临着发展不均、资源不足、环境复杂等挑战，影响中文纳入法国国民教育体系的可持续发展。李宝贵、庄瑶瑶（2021）指出，意大利的中文教学在欧洲处于领先地位，中文纳入意大利国民教育体系的主要动力源自政府和教育机构的通力合作。意大利高中的中文教学发挥了承上启下的重要作用，成为中文教学发展的核心动能。但意大利现阶段的中文师资储备尚无法应对在中学、小学同时推进中文课程。接下来应将"一带一路"沿线国家作为重点区域推动将中文纳入国民教育体系，培养更多高水平的"中文+"复合型人才。李宝贵、吴晓文（2021）指出，东南亚地区共有七个国家正式将中文纳入国民教育体系，是全球中文纳入比例较高的地区，中文纳入东南亚国家国民教育体系是对象国拉力因素和我国推力因素共同作用的结果。

郭晶（2021）首次提出国际中文教育本土化发展指数模型，用于动态评价世界各国中文教育的本土化发展程度和变化情况。根据该指数体系的框架结构和算法，可计算出各年度各国各区域中文教育发展各个单项维度指标的本土化发展指数，进而获得国际中文教育在某年度的本土化发展指数，既可纵向监测评估其本土化发展进程，为推进中文教育在海外本土化水平提供政策依据，亦可为开展国别区域的横向比较提供便利，有助于借鉴他国的本土化发展经验。指数模型由3个一级维度指标和4个二级单项指标组成：一级指标包括中文教育政策本土化发展指数、中文师资本土化发展指数和中文教学资源本土化发展指数；二级指标包括法律和政令中的中文教育本土化发展指数、中文教师本土化发展指数和中文教材本土化发展指数。

（三）"中文+职业教育"发展模式

教育项目研究组（2021）指出，有效衔接中外教育办学标准和技术产业标准，兼顾国际中文教育和职业技术教育的特性属性，打造"中文+职业技能"教育模式，是提升我国产业技能标准国际适应性的现实需要。推动构建"中文+职业技能"教育高质量新体系是国际中文教育和职业教育与时代同行，与国际接轨过程中开展的一项积极探索和实践，有助于提升我国教育对外开放水平，对进一步推动"一带一路"建设落到实处，加快构建人类命运共同体具有重要现实意义。

耿虎、马晨（2021）指出，"一带一路"的推进实施极大地激发了"中文+"教育兴起和发展。合作共赢的"一带一路"为各国带来了新机遇，中文教育资源的职业导向需求日益明显，"中文+"复合型人才的需求量激增，从单纯的中文学习进而拓展基于中文学习的复合型人才培养，已是国际中文教育充满生机活力的重要发展方向。"中文+"教育是国际中文教育的重要组成部分，来华留学与赴外办学是国际中文教育开展的两大通道，"中文+"教育也应坚持"请进来"与"走出去"并行。

余波（2021）认为，"语言文化+职业技术教育"特色化办学模式应是孔子学院未来提高办学层次和水平的有效模式，孔子学院培养的人才应该服务于当地企业，为支柱产业、特需行业培养专门中文人才，并加强本土中文教师的培养。

李宝贵、吴晓文（2021）强调发展"职业汉语"教育是推进中文教育与传播在东南亚地区的深度覆盖的关键举措。温秋敏（2021）介绍，泰国孔敬大学孔子学院推出"中泰高铁汉语培训项目"是一个典型的"中文+职业教育"成功案例，项目培养了大量复合型技术人才；通过"中文+职业"的项目培训，当地的铁路员工不仅掌握了相关的铁路中文，而且具备了与铁路相关的职业技术。

赵杨（2021）则指出，专门用途中文始于20世纪80年代，到目前有商务中文、科技中文等。专门用途中文由于增加了专业或职业这一维度，教学中涉及的关系更复杂，无论是课程内容还是教师，都存在很大挑战。

（四）国际中文教育标准体系建设

刘英林（2021）强调促进《国际中文教育中文水平等级标准》的应用。李宝贵、刘家宁（2021）建议根据国际中文教育发展总体规划和海外各国中文教育的实际情况，制定有针对性的国别化中文师资队伍标准、中文教材标准、学习标准、课程标准以及考试大纲等，强化区域化的教师培养、教材开发、教法研究等核心能力建设，充分发挥制度和标准体系的规范、引领和保障作用。王添森（2021）、庞晖等（2021）开展中文教师教学能力和胜任力研究，强调国际中文教师在成为"教的专家"之前首先要成为"学的专家"，应努力培养自己高尚的人格和信念、良好的跨文化理解和沟通能力、应对跨文化教学的困难和挑战的能力，具备自觉反思和自我修正意识，给教师标准制定带来参考。王祖嫘等（2021）强调教学标准应与国际对接，在研究分析了加拿大、澳大利亚、瑞典和新加坡等主要发达国家的中文教学标准体系后，作者指出中国标准在体现中文特性方面具有突出优势，可以为海外国别标准提供有力支撑；在推动中国标准国际对接的过程中，应采用灵活多元的策略，在充分研究国别标准的基础上，找准切入点，形成优势互补。

（五）国际中文教育资源体系建设

赵金铭（2021）提出"国际中文教育资源体系"的内容架构。该体系建设必须体现中文特点，突出中文特色。资源体系包括两方面：中文知识体系，是为"体"；中文赋能体系，是为"用"。中文赋能体系，又包含两方面内容：一是教师的语言技能训练方法体系赋能，二是学习者习得与认知能力养成体系赋能。

多位学者强调国际中文教育资源建设的科技赋能和智能化发展。刘旭（2021）指出，我们正走进一个科技革命主导的中文国际传播的新时代。王春辉（2021）认为，应抓住当前在线教育的风口，建造线上资源的新基建，包括分层分类的在线教学及管理资源、多语种高精度的在线中外文翻译系统等；要加快数字化建设,包括内容数字化、教学数字化和管理数字化;要坚持统筹协调、应用牵引、安全可控、依法依规,加强技术创新、应用创新、模式创新,全面构建国际中文教育数据共享安全制度体系、管理体系、技术防护体系,打破部门信息壁垒,推动数据共享对接更加精准顺畅,提升法治化、制度化、标准化水平。李宝贵、刘家宁(2021)指出,国际中文教育应积极借助云计算、大数据、人工智能等现代科技的进步,实现现代智慧教育技术与国际中文教育的有机融合,构建智能化的中文学习环境,让学习者获得沉浸式的学习体验,在寓教于乐的智慧教育环境中,潜移默化地提升中文水平。一方面,要依托大数据精准掌握海外中文学习者的情况,实现教学内容与方法的量身定做;另一方面,要实现资源推送智能化,围绕学习者自身条件和发展的需要,汇聚整合教学资源,推送有针对性的学习资料和辅导课程,实现学习者个性化成长。

(六)风险规避防范评估化解体系构建

李宝贵、刘家宁(2021)指出,后疫情时代,国际教育市场机遇与风险并存,强化语言安全风险防控机制是当前尤为重要的任务。因此,将国际中文教育提升到国家安全的高度统一规划、统一部署,并建立国际中文教育安全风险管理清单制度,是新时期中国扩大教育对外开放的客观需要,也是国际通行做法,这将成为更加有效预防和化解教育领域安全风险的重要举措。

朱瑞平(2021)认为,我们对于中文国际传播风险的认知、甄别、预测、防范和转化等方面研究远远不够,加速建立中文国际传播风险预警、规避、缓解以及转化有效机制,应提升到战略高度上来考量。规避中文国际传播风险,应从传播者、传播途径与方式、传播内容、传播受众和传播效果五个方面展开,应采取科技赋能、文化赋值、交流赋情和发展赋新的内涵式发展策略。化解中文国际传播风险,应进行化整为零的弱传播,应以民心相通为要务,应认清传播扩散性的利弊,应通过"以文会友"加深国际友谊,应提高民间媒体话语权。

刘旭(2021)构建了包含2个一级指标、8个二级指标和39个三级指标的中文国际传播风险评估指标体系,并指出,构建科学合理、切实有效的中文国际传播风险评估体系,旨在为中文国际传播风险建立预警系统,从而降低风险概率,消减风险后果,为中文国际传播事业保驾护航。其中,2个一级指标包括传播变量、管控机制，8个二级指标包括传播环境、传播主体、传播受众、传播内容、传播媒介、传播效益、传播战略目标、修订与沟通。

尹春梅（2021）提出中文国际传播的影响要素体系并进行内部指标界定，以推动中文国际传播宏观、中观、微观影响要素的定性与定量研究，使建立中文国际传播影响要素数据库成为可能，为深入开展中文传播区域国别风险对策研究奠定基础。

结　语

2021年本领域的研究在危机意识、风险意识、问题导向等方面特点突出。很多研究，既有理论价值，又有资政价值和实践意义。同时，也还有不少方面有待进一步深入，特别是在"中文国际传播"的内涵显然超出中文教学／中文二语教学／中文祖语教学的情况下，在党和国家高度重视我国国际传播能力建设的背景下，加强传播学视角下的研究，推动语言学、教育学与传播学之间的合作互动与跨学科研究，势在必行。百年未有之大变局起于以中国为代表的新兴市场经济体崛起所带来的世界格局变化，一个新的、稳定的国际格局将因更强大的中国而出现。时至今日，人类发展所依赖的技术环境和经济政治环境都发生了深刻变化。毋庸置疑，中文国际传播是中国与世界友好互动和文明交流互鉴的重要桥梁。面对百年变局，中文国际传播需要保持定力，以自身的高质量发展迎接挑战，同时抓住机遇促进更高质量发展。

（于东兴　张日培）

【本年度研究文献】

［1］高玉娟，庄瑶瑶，李宝贵.孔子学院建设的理念演进、实践成效与发展路向［J］.辽宁师范大学学报（社会科学版），2021，44（03）：101—109.

［2］耿虎，马晨."一带一路""中文+"教育发展探析［J］.闽南师范大学学报（哲学社会科学版），2021，35（01）：117—124.

［3］郭晶.国际中文教育本土化发展指数构建研究［J］.民族教育研究，2021，32（03）：161—167.

［4］郭晶，吴应辉.大变局下汉语国际传播的国际政治风险、机遇与战略调整［J］.云南师范大学学报（哲学社会科学版），2021，53（01）：46—53.

［5］侯颖.基于"讲好中国故事"的国际中文教育浅析［J］.继续教育研究，2021（06）：120—123.

［6］教育项目研究组.构建"中文＋职业技能"教育高质量发展新体系［J］.中国职业技术教育，2021（12）：119—123.

［7］李宝贵，李辉.中文国际传播能力的内涵、要素及提升策略［J］.语言文字应用，2021（02）：2—15.

［8］李宝贵，刘家宁.新时代国际中文教育的转型向度、现实挑战及因应对策［J］.世界汉语教学，2021，35（01）：3—13.

［9］李宝贵，魏禹擎.中文纳入法国国民教育体系现状、动因、挑战与对策［J］.天津师范大学学报（社会科学版），2021（03）：7—15.

［10］李宝贵，吴晓文.中文纳入东南亚国家国民教育体系动因机制与推进策略［J］.辽宁大学学报（哲学社会科学版），2021，49（01）：130—139.

［11］李宝贵，庄瑶瑶.新时代孔子学院建设的守正与创新［J］.东北师大学报（哲学社会科学版），2021（03）：115—120.

［12］李泉.论汉语国际化规划［J］.辽宁大学学报（哲学社会科学版），2021a，49（01）：121—129+2.

［13］李泉.再论汉语国际化规划［J］.语言教育，2021b，9（04）：77—84.

［14］李宇明.世界汉语与汉语世界［J］.中山大学学报（社会科学版），2021，61（03）：65—76.

［15］刘海涛.国家安全视域下的语言问题［J］.中国外语，2021，18（06）：9—16.

［16］刘晗.中国参与国际中文教育治理的挑战与应对［J］.世界教育信息，2021，34（07）：26—30.

［17］刘旭.汉语国际传播风险评估体系构建刍议［J］.云南师范大学学报（哲学社会科学版），2021，53（01）：62—69.

［18］刘英林.《国际中文教育中文水平等级标准》的研制与应用［J］.国际汉语教学研究，2021（01）：6—8.

［19］庞晖，李惠文，黄秀秀.美国中小学优秀中文教师胜任特征［J］.国际汉语教学研究，2021（02）：72—79+88.

［20］钱俊希，安宁.全球文化转变的理论背景与方法论框架——兼论中国文化的跨国实践［J］.地理研究，2021，40（11）：3103—3117.

［21］孙宜学.后疫情时代国际中文教育发展的四个关键着力点［EB/OL］.中国社会科学网，2021. http://news.cssn.cn/zx/bwyc/202111/t20211110_5373520.shtml.

［22］王陈欣.法国中文教材对中国形象构建的研究［J］.云南师范大学学报（对外汉语教学与研究版），2021，19（06）：49—55.

［23］王春辉.历史大变局下的国际中文教育——语言与国家治理的视角［J］.云南师范大学学报（哲学社会科学版），2021，53（02）：50—63.

［24］王海峰.国际中文教育的国际化与本土化［J］.汉字文化，2021（09）：1—6.

［25］王辉.新冠疫情影响下的国际中文教育：问题与对策［J］.语言教学与研究，2021（04）：11—22.

［26］王添淼.国际中文教师教学能力再探——成为"学的专家"［J］.东北师大学报（哲学社会科学版），2021（06）：150—155.

［27］王祖嫘，何洪霞，李晓露，等.世界主要发达国家中文教学标准研究报告［J］.国际中文教育（中英文），2021，6（04）：42—51.

［28］温秋敏.基于泰国"中文＋职业技术"需求的应对策略研究［J］.教育观察，2021，10（42）：66—68.

［29］尹春梅.汉语国际传播影响要素研究范式探讨［J］.东北师大学报（哲学社会科学版），2021（03）：121—130.

［30］余波.国际中文教育转型背景下孔子学院的发展思路［J］.决策与信息，2021（06）：83—89.

［31］张发钧.育新机、开新局，推动孔子学院转型升级、创新发展［J］.世界教育信息，2021，34（06）：33—37.

［32］张耀军，焦思盈.疫情常态化下中文国际教育须求新求变［J］.世界知识，2021（05）：70.

［33］赵金铭.如何建设国际中文教育资源体系［J］.语言战略研究，2021，6（06）：1.

［34］赵杨."自我"与"他者"视角下的国际中文教育主体间性研究［J］.民族教育研究，2021，32（05）：170—176.

[35]朱瑞平.论汉语国际传播的风险规避策略[J].云南师范大学学报(哲学社会科学版),2021,53(01):54—61.

【以往参考文献】

[1]朱锋.近期学界关于"百年未有之大变局"研究综述[J].人民论坛·学术前沿,2019(07):6—12.

海外华语传承的主体、机制与方略

分布在全球近200个国家和地区的数千万华侨华人将中文带到了世界各地。中文在海外华人社区称为华语或华文。在世界百年未有之大变局背景下，重视并发展海外华文教育，推动海外华语传承，是促进中文国际传播、推动国际中文事业持续稳健发展的重要路径。海外华语传承具有正当性、外部性、在地化、低龄化等独特优势，拥有丰富的人力资源和教育资源，并已形成丰富的实践经验和大量的成功范例。在华语本体、华语资源、华文教育、华人社会（以下简称华社）语言生活研究的基础上，近年来"传承"成为新的研究热点。以下从海外华语传承的主体、机制、方略三个方面综述2021年的相关研究情况。

一 传承主体

华语传承主体包括学习者和推动者。前者主要指海外的华侨华人新生代，后者包括社区老一辈以及家长、教师（林瑀欢2021）。

（一）学习者的动机与认同

主体的能动性是影响华语传承的关键因素，其主要表现为华语学习者的动机及认同。郭熙、林瑀欢（2021）将国际中文教育分为三类：国内的"对外汉语教学"、海外的"国际中文教学"、海外的"华文教育"。其中海外华文教育的对象主要是华人社会中学龄和学龄前的华侨华人子弟，其学习特点、学习动机、语言背景、社会文化心理、发展路径、语言学习需求等与非华人存在较大差异，其内部的差异性也较大，需细加考察。对于非华人学习者而言，中文具有明显的工具导向性，以交际为先。对于华侨华人子弟而言，华语作为祖语，有时其象征意义大于实际应用意义，认同功能是首位的。将华文教育与汉语作为外语教学等同起来，很可能伤害华侨华人传承华语的积极性。

1. 东南亚华侨华人新生代的动机与认同

东南亚是最大的华侨华人聚居地，华语传承历史悠久，华文教育体系完备，华校及师生数量众多。通过对缅甸、柬埔寨、菲律宾、印度尼西亚、马来西亚诸国新生代华语传承情况的调研，可以看出作为华语传承主体的新生代学习者具有如下特点。

一是各国各地区新生代学习者的动机多元，华语能力各异。李春风（2021）调查缅甸华语传承情况后指出，受访华人青少年八成以上华语能力良好，其学习华语的主要动机是显性的经济需求和隐性的族群认同，他们在经济利益的驱动下学习华语，并在学习华语的过程中建构起族群认同。刘慧（2021a）对柬埔寨乌廊地区华人家庭华语传承情况的实地调查显示，受访子女均就读或曾就读于当地华校。子女的华语和英语能力较父辈有明显提升，汉语方言能力较父辈有明显下降。子女传承华语最强烈的动机是内在动机，即"对华语学习很感兴趣"；其次是工具性动机，即"为了以后找到好工作"。而家长最强烈的动机是工具性动机，即"让孩子有更多的工作机会"；其次为体现华族认同和华语忠诚的象征性动机，即"华人应该学习华语"。代帆（2021）对菲律宾大马尼拉地区的实地调查显示，该地新生代华人的华语及闽南语水平较上一代有明显提升，当地华文教育的成效正在显现。菲律宾华文教育中心主任黄端铭表示，菲律宾华人社会长期致力于通过"输血计划"和"造血计划"改善菲律宾的华文教育师资和教学水平，同时中国大陆的经济发展也极大提升了华文的经济价值，如今菲律宾华人学习华文的环境已大为改观。韦九报（2021a）对日本华侨华人学习者的调查显示，学习动机影响华语传承。调查对象华语水平整体为中等，学习动机整体积极。由于受访学习者年龄尚小，对工具性动机认识尚不足。除了工具性动机外的其他动机均与其华语水平显著相关。其中学习者及相关层面的"融合动机""自我效能""焦虑""家人附属"是影响华语传承的显著相关因素和显著预测因素，而学习情景层面的"课程""教师""群体"因素均为影响华语传承的显著相关但非显著预测因素。

二是新生代普遍具备包括华族认同和所在国认同在内的多元认同。华族认同包括对华族语言、文化、身份的认同，与华语学习、华语能力、华语态度等要素的关系密切。随着代际传承的增加，新生代对所在国的认同较父辈明显增强，但学过华语及华语能力较好的新生代，仍保持较强的华族身份认同及语言文化认同。张小倩（2021）实地考察了印尼爪哇岛雅加达、泗水、万隆、三宝垄等四个城市的新生代的华语学习和华族认同，指出印尼当前兴盛的华文教育与新生代族群身份认同及文化认同之间具有正相关关系。多数新生代受访者学习华文的动机既有经济利益驱动下的工具性动机，也有华族身份及文化认同所带来的象征性动机。逾半数的新生代受访者表示学习华文对保持华人身份认同而言非常重要。刘慧（2021a）对柬埔寨乌廊地区的考察显示，受访新生代对待柬埔寨语和华语的态度都很积极，同时具备柬埔寨语忠诚和华语忠诚。大部分新生代体现出复合性身份认同，其对柬埔寨公民的身份认同感较父辈明显增强；对华族的身份认同感较父辈有所下降，但也维持在较高水平，逾八成的新生代都认可或优先认可自己的华人身份。代帆（2021）指出，菲律宾马尼拉华人的族群身份认同受华语能力、年龄等因素的影响。华语能力一般的受访者比华文差或较差的受访者更倾向于认同华人身份。45岁以上的受访者比12—17岁的受访者更倾向于认同华人身份。李培毓等（2021）的调查显示，马来西亚新生代中，具备包括华族认同及马来西亚认同在内的多元认同的受访者比例最高。新生代华语能力较强，且明显强于马来语能力。他们具有明显的华族意识，对中华文化和华族身份的认同度均较高，且二者具有中度正相关关系，其对马来西亚的身份认同感高于对马来西亚文化的认同。李春风（2021）指出，缅甸新生代和老一代华人的族群语言认同模式的差异较为明显。新生代的华语认同主要由经济利益驱动，并借此建构族群认同，其认同呈现复杂性、矛盾性、不稳定性等特点。新生代对待华语、缅甸语、英语的学习态度都较积极，他们在保持华族特征的同时，已逐渐融入所在国文化、社会生活和世界发展潮流。

2. 欧美华侨华人新生代的动机与认同

华语在欧美国家的影响力有限，中华文化与欧美文化差异较大，欧美国家的华语传承与东南亚地区存在差异。

曹贤文（2021）对美国新泽西州爱迪生地区和大普林斯顿地区中国新移民子女华语传承的调查结果显示，在美出生的年轻华二代多数出现中文转用英文的现象，但是其中文的听说读写四项技能在不同程度得以保持。华二代认为学习中文的意义主要包括：有助于和中国亲友交流、有助于理解中国文化、方便在中国旅行。可见其中文学习动机以情感性及文化性动机为主，重视中文的沟通外功能，即家庭成员情感交流和文化认同作用。

荷兰是中国新移民相对集中的欧洲国家之一。李明欢（2021）比较了1998年和2019年基于同一问卷但相隔21年的两次调研所得数据，结果显示，目前荷兰中文学校的生源构成普遍低龄化，中国移民后代的比例不断增加。华裔青少年的中文学习动机中位居前三的是父母要求、个人前途、族群认同，这三项动机相互关联：族群认同和未来前途是父母亲要求孩子学习中文的"理由"，孩子遵从父母要求坚持在课余时间学习中文，也就在潜移默化中融入了对于自身族群的认同和对自身前途的规划。其中，幼儿学习者最重要的动机是"父母的要求"。青少年学习者最重要的动机是"中国人应该学中文"和"希望看懂中文影视"，可见流行文化对青少年中文学习具有积极且显著的影响。此外，中国的高速发展及"一带一路"建设对中欧经贸往来的助力，也是荷兰华侨华人传承中文、开展华文教育的重要推动力。

（二）推动者的重视与坚守

海外华语传承的推动者主要是社区老一辈以及家长、教师。郭熙、林瑀欢（2021）指出，华语在海外的传承历经百年，打破了西方第三代语言转用论，靠的是历代华人艰苦卓绝的斗争和奉献精神，广大华侨华人对中华语言文化认同的强烈追求不可能也不应该简单与非华裔群体归为同类。

华文教育界及华社的老一辈领导人筚路蓝缕、鞠躬尽瘁，在华语传承中起到了率先垂范和中流砥柱的作用。董鹏程等（2021）在开展华语传承口述史的访谈中，海外华教及华社前辈领袖董鹏程、郭全强、符福金、马立平等均表达了对中华语言文化的强烈认同，也谈到了海外华语传承的艰难及坚守的决心。柬埔寨柬华理事总会会长方侨生（2021）表示，柬华理事总会作为柬埔寨最大的华社组织，全力支持华文教育事业发展，将持续拨款办学、培养本地华文师资、提高教师待遇。此外还将筹办柬华理工大学，并为退休华文教师和华社工作人员提供养老保障。

海外华人家长对华语及中华文化传承的重视程度普遍较高，家庭是母语传承最初的摇篮和最后的堡垒。刘慧（2021a）调查发现，柬埔寨乌廊的受访华人家长既联合华人社团、华校、补习班等机构，为子女华语学习提供专业指导，又发动家庭成员积极参与，为子女营造族群语言使用的家庭环境。代帆（2021）调查发现，在菲律宾大马尼拉地区，以华语为家庭语言的受访者比华语不是家庭语言的受访者的华族身份认同感更强。张小倩（2021）研究指出，印尼爪哇地区的部分新生代学习者将家庭传承的传统华族文化习俗与华校讲授的系统丰富的中华文化知识融会贯通，强化了对华族语言和文化的认同。韦九报（2021b）调查发现，日本的受访华人家长非常重视子女的华语学习，他们将华校视为子女接受整体成长教育的地方，而不仅仅是传承中华语言文化的场所；家长希望华校提高华语教学难度、增加中华文化课程，希望子女在校内多说华语。

海外华文教师的来源广泛，构成多元。徐敏（2021）指出，海外华文教师师资主要由外派教师和海外本土教师构成，这种多元化的构成在一定程度上保障了海外华文师资的数量，但也使海外华文教师的专业程度呈现国别化差异。李欣（2021）经过调查发现，英国本土华文教师的受教育程度高，专业主要为汉语国际教育及文史专业，适合从事华文教育工作；教师绝大多数为女性，新手老师和兼职老师较多，主要任职于周末中文学校，教学对象多为华裔小学生。付梦芸（2021）指出，缅甸本土华文教师以华裔为主，其受教育程度、专业素养、教学水平、职业化程度均有待提高；教师对华语及中华文化知识的掌握水平较低，多采用传统的讲授法；女性教师及兼职教师占比较高。王智新（2021）指出，日本的华文教育师资力量仍然薄弱，本土老一代华文教师年龄偏大，汉语方言口音较为明显，汉语知识、教学理论及教学法的素养较为欠缺；新生代华文教师均有专科及以上学历，华语能力较好，但是教学经验和教学效果有待提升。

海外华文教师作为"三教"的核心要素，在新冠肺炎疫情期间发挥的作用更为关键。胡蓝兮（2021）指出，线上华文教学对教师的网络运用能力、课件制作能力、课堂管理能力、教学统筹能力等都提出了更高要求。海外华文教师积极参加线上师资培训，创新线上教学模式，优化教学方法，与家长合作探索教学监督辅导的方式，努力保证生源和教学质量的稳定。

二 传承机制

华语传承具有族群性、自主性、代际性等特点。其主要存在于华社内部，华侨华人充分发挥主观能动性，积极整合族群内外资源，华校、家庭、社区、社团、媒体等形成"华语传承联盟",让子孙后代能够掌握华语,了解并认同中华文化。

(一)华社的自我赋能

华语传承的本质是海外华侨华人保持族群语言文化的行为,是维护族群成员母语使用权、母语教育权的体现。刘慧(2021a)指出,华侨华人在海外诸国多属少数族群。少数族群语言保持因使用人口、社会地位、使用范围等因素的影响,常面临困境。除运用法律手段保障族群语的使用权之外,最重要的是要保证族群语扎根于社区和家庭。从海外实地调研情况来看,华语传承成功的关键在于华社的自我赋能与活态传承。曹云华(2020)基于全球化、区域化与本土化视野考察东南亚华文教育体系并指出,华文教育要真正能够在一个国家扎根,最重要的还是依靠当地华侨华人自己的力量。

(二)多元路径的协同作用

华语传承实施的路径多、范围广,协同作用明显,华社的构成要素如家庭、华校、社区、社团、媒体等均积极传承华语。

在马来西亚,姚敏(2021)指出,马来西亚是公认的海外华语传承典范,虽经数代传承,马来西亚华人仍保持着相当高的华语水平。随着华人的观念由落叶归根转变为落地生根,当地华人社会的发展也日臻成熟,在社会活动、公共服务、华文传媒、捐资兴学、语言景观等诸多方面,都对华语传承发挥着独特且重要的作用。作为华人社会组成要素,华人家庭是华语传承的基础,华语社区是华语生活的实体,华文学校为新生代的华语学习提供了保证。三者都发挥着重要的作用,共同构成了"三角"关系,互为依存、相互促进。近年来,马来西亚华语已出现由族内传承向族际传播发展的趋势。在语言功能空间方面,马来西亚华语传承占据了语言的最后营垒即家庭和宗教场所、语言的保护层即民俗活动和社区交际、语言的理性传承层即华文教育、语言活力层即大众传媒和社区语言运用这四大空间。如果华语可以努力成为马来西亚的工作语言,则会进入权威语言层,从而占据语言竞争的所有功能空间,形成华语传承助力华语传播、华语传播带动华语传承的良性循环,为马来西亚华语保持和应用提供不竭的动力。

在印尼，张小倩（2021）指出，印尼政府曾于20世纪禁止华族传承族群语言长达30多年之久，2001年印尼教育部将华文纳入国民教育体系，允许该国公民学习华族的语言文化，华人社团数量由1998年的约200个增长至2010年的1000多个。社团将筹资兴办华文教育视为复兴族群文化的重要任务，由社团直接兴办或支持的三语学校和补习班如雨后春笋般涌现，建立起"三语幼儿园—三语小学—三语中学—中文大学"的完整华文教育体系。在华人社团的支持和帮助下，中国政府于2004年派遣汉语教师志愿者赴印尼支教。此外，老一辈印尼华人多保留了阅读华文报刊的习惯，新生代及其家庭通过卫星电视和新媒体收看中国的大陆、香港、台湾和新加坡等地的华语节目，提升了华语听说能力。

在柬埔寨，刘慧（2021a）对华人老移民的调研显示，华人家庭、华人社团、华文学校形成"华语传承联盟"，努力实现华语在日常语境中的使用，共同维持华语的活力和韧力，在华语传承中起着留根育苗的重要作用。家庭作为语言传承的基站，是海外华侨华人维持族群语言活力、传承族群语言文化的重要场所，具体作用包括"观念影响、资源引入、监督管理"三方面。柬埔寨华校作为培养华族青少年传承华族语言文化的专业机构，可以推动华语在家庭、社区等环境下的活态传承，也能实现华人青少年接受增益式的双语教育，即在掌握柬埔寨语的同时也能传承华语。柬埔寨华人社团是华人家庭和华校传承华语的指挥部和坚强后盾。柬华总会与各分会把建设华校、发展华文教育事业作为主要任务，还与中国海外交流协会、国务院侨办等部门合作，共同推进华校建设、师资培训、教材编写等事业的发展。

在美国、荷兰等欧美国家，周末中文学校在新移民华二代的华语传承中发挥显著作用。此外，家长的坚持、子女的认同、家庭环境、华语媒体等因素也十分关键，不可或缺。李明欢（2021）指出，荷兰的中文学校数量不多，年幼的华裔学童往返中文学校都需要父母接送，父母对子女学习中文的重视程度是低幼年龄学童能否坚持中文学习的关键所在；而且近年来荷兰华人就业范围由餐饮服务业向经管及技术领域拓展，家长素质的提升也有助于中文的传承。曹贤文（2021）指出，近年来美国华人新移民家庭更加重视中文作为传承语的学习，更加关注中文学习的深度和质量，几乎所有的祖父母都用中文跟孙辈交流，绝大多数父母经常用中文与子女交流并辅导其中文学习，受访华人家庭通过庆祝春节等方式让子女了解并传承中华传统文化。

三 传承方略

海外华侨华人是全球化时代跨国流动的重要群体，其传承华语既有内在动力和外在机遇，也面临自愿放弃和外部打压。借力海外华语传承，推动国际中文教育发展，服务国家民族大业，方能凝聚文化之魂，实现强国之梦，把中华民族伟大复兴的历史伟业向前推进。

（一）明确分工，加强统筹

郭熙、林瑀欢（2021）指出，"国际中文教育"作为统摄概念，实际上是一个包含不同学科、支持多路径发展的庞大事业，从宏观上可分为国际中文传播和海外华语传承，二者在方向、目的、动因、路径方面均有不同，不能混淆。从发生作用的方向来看，传播发生在共时层面，在族群、国家之间；而传承发生在历时层面，在族群内部、代际之间。从目的来看，对外汉语作为一种横向传播，重在扩大中文的使用范围、使用人数以及影响力，旨在"让美丽中文走向世界"；华文教育是纵向传承，重在延续族裔身份认同、文化认同以及维持语言使用，旨在实现"中华民族'魂''根''梦'的薪火相传"。从动因来看，国家的软硬实力对语言的传播和传承都有重大影响。分而视之，语言传播的动因在于语言产生的交际价值和经济价值；而语言传承方面，除了交际、经济价值外，还有重要的文化认同和身份价值。对比发展路径，在华留学生群体可能获得目标语环境的支持，对其余非华裔群体来说，课堂教育是主要的传播手段；而华语传承的路径则丰富得多，家庭和社区都可为其提供支持。从学术层面来看，国内的对外汉语教学、海外的国际中文教学、海外华文教育分属不同学科，其研究对象、研究内容以及理论方法也不尽相同。由此可见，国际中文传播和海外华语传承联系紧密、相辅相成，构成了国际中文教育事业的一体两翼。今后应重视二者的学科分工与事业统筹，明确分工才能发挥最大合力。中文传播可以依托各华人社区华语传承形成的基础，进一步扩大中文的使用范围和人数，而中文横向传播的成果也能为海外华人的祖语传承带来新的动力。海外华语传承与国际中文传播协同发展，能更好地助力中华语言文化走向世界。

（二）重视华文教育，关注新生代

华文教育是华语传承的核心，新生代是华语传承的主体，也是未来所在国和华社经济参与、政治参与、文化参与的中坚力量。刘慧（2021c）指出，华文教育事业应重点关注新生代，增强其对祖（籍）国的身份认同和中华语言文化认同。近年来随着中国经济实力的增强和国际影响力的提升，一方面，新生代接受系统华文教育的比例和数量逐年增加。新媒体的普及推动华语流行文化全球传播，也成为新生代学习华语和使用华语的动力。另一方面，随着海外华侨华人由"落叶归根"向"落地生根"的转变，新生代对待华语传承的态度较之祖辈和父辈而言更为复杂多元。新生代的身份认同及语言文化认同兼具族群性、本土性、全球性等特点，他们对待华语的态度既有工具性认同，也有情感性认同，随着代际的传承，工具性认同可能会继续增强。接受过系统华文教育的新生代大多同时具备所在国语言文化忠诚和华族语言文化忠诚，而未接受过华文教育的新生代受所在国语言政策及世界语言格局的影响，多数已转用当地主流语言、英语及其他语言。因此，大力发展海外华文教育事业，使新生代熟练掌握祖（籍）国语言文化，形成包括祖（籍）国身份认同及中华语言文化的认同在内的多元认同，是华语传承的核心任务。

在疫情常态化的挑战下，海外华文教育既要进一步实现"标准化、正规化、专业化"，也要积极做好"互联网+"的教学和师资培训。于晓（2021）指出，疫情的发生加快了海外华校变革的步伐，以互联网为代表的信息技术应用正在改变华文教育的教学理念和模式，学校的作用会更加偏重教学的组织和教学资源的二次开发。海外华文教育在体现公益性和讲情怀的同时，也要关注商业性、产业化的大发展方向。此外，海外华文教育应与对外汉语教学相融合，实现资源共享。

（三）夯实本体研究，建设数据库

华语是汉语的域外变体，对华语的语音、词汇、语法等进行考察分析，有助于我们提升站位、拓宽视野，全面深入地了解汉语的历时特点和共时面貌，加深对全球华语生活主体多元新局面的认识。近年来华语本体研究从历时及共时层面关注华语口语和书面语的特点，将海外华语与域内汉语加以比较，使二者的面貌及特征呈现更为清晰,在此基础上华语的多元语言观也逐步形成。李计伟、刘燕婧(2021)采用"纵横交错"的研究方法,纵向考察新加坡及马来西亚华文文学中华语的历时层面特点,横向对比同时期现代汉语的相关特点,为研究现代汉语百年变化提供观察视角,并归纳出影响海外华语变异的主要因素,即中国不同时期的语言政策,东南亚多元语言文化环境,华侨华人的方言背景、祖语认同以及学习方式的差异等。刁晏斌(2021)基于全球华语学的视角和框架,指出华语研究的三种观念——祖语观、资源观、历时观——已经形成。华语的原祖语是 20 世纪前半叶的早期国语,当今华语的重要特点来源于其作为祖语所具有的保守性,其变异性来源于祖语学习及习得的不完全性。华语及华语研究成果都是资源,可用于华语及相关研究。华语所处海外多语环境使其发展演变特征比普通话更为丰富,值得深入挖掘。华语研究的历时观强调要考察华语的共时状况和历时语料的特点,应在对比分析华语与普通话的基础上,建立起华语研究差异与融合并重的双翼模式。该文也指出,当前的华语研究仍处于起步阶段,学界对其认识不足、重视不够,今后应在华语研究实践中不断总结规律并使之系统化,增强华语研究的理论意识。

华语及相关资源数据库建设势在必行。郭熙等(2020)指出,目前海外华侨华人华语资源的相关信息极度匮乏,世界各地的华人、华校、学习者数量及类型,华侨华人对祖(籍)国在华语传承方面的诉求,都缺少可靠的数据。华语及相关信息数据库建设能在一定程度上解决上述问题。刘慧(2021b)提出华侨华人华语基本信息资源数据库的建设方案,该数据库包括"华侨华人人口、华语相关语言政策规划及华语使用、华语机构"三个子库,对于顺应信息时代需求、掌握海外华社发展动态、服务国家战略、开展相关研究均具有学术价值和实践意义。

深入调研海外华人社区,深化理论思考。刘慧(2021b)指出,未来华语传承研究要重视两点:一是深入海外华人社区进行田野调查,考察当地的社会环境、华人的语言意识、语言实践及认同情况;二是采用跨学科的理论方法,分析语言及社会环境等各类因素对华语传承的影响,从理论层面归纳海外华侨华人族群语言传承的特点及规律,为世界少数族群祖语保持及文化传承贡献海外华语界的力量。祝晓宏(2021)指出,目前海外华社缺乏强有力的语言规划机构,今后应加强华语声望提升、华语标准传播、华语产品开发等研究,做好各区域华语的协调和服务工作。未来华语研究应着力于扩大华语研究学术共同体,全面调查海外华社语言生活，建设开发各类华语资源平台。

（四）依托祖（籍）国，深化民间交流

华语传承的路径多元、要素众多，是海外华社和祖（籍）国共同关注的事业。刘慧（2021c）指出，华社三宝（华文教育、华文媒体、华人社团）、华人家庭、社区等都是华语传承的重要组成部分。祖（籍）国除了组织"三教"专题的培训并提供相关服务之外，还应组织华侨华人家长、媒体及社团成员参与华语传承培训。整合华语传承的关键要素，充分发挥华社成员的积极性，使其更好地形成合力，继续发挥协同传承的作用。

国家有关部门和机构在深化民间交流方面积极探索实践，取得良好成效。刘慧（2021c）介绍了中国华文教育基金会、暨南大学等机构的实践举措。自疫情暴发以来，中国华文教育基金会针对海外华校教师开展网上培训，面向海外华裔学生开发网络课程，形式生动、内容丰富，体现出科学性、系统性、针对性、互动性、趣味性等特点。基金会还利用网络开展新形式的中华文化体验活动，如举办海外华校网络春晚、华裔青少年华语朗诵大赛、绘画比赛等活动，吸引了大量海外华裔青少年参加，增强了其对祖（籍）国语言文化的认同和热爱。暨南大学倡导成立"全球华校联盟"，秉持"关心海外、关注需求、主动服务、积极创新"的理念，为海外华校编写修订华文教材，针对海外华语传承的主体及推动者开设大量线上培训课程及讲座，对于提升华校管理水平、增强华文教师教学及研究能力、激发华裔青少年华语学习动机具有积极作用。

（五）筑牢统一战线，服务民族复兴

贾益民（2021）指出，华语不仅属于全球华侨华人，也是所在国乃至全世界人民共享的语言资源和文化财富。华文教育的根本目的就是服务于中华民族伟大复兴、服务于华侨华人经济社会的发展、服务于住在国华人社会融入主流、服务于世界和平稳定发展。海外广大华侨华人是中华语言文化传承传播的核心力量，他们在抗日战争、新中国成立、改革开放等各个时期均为祖（籍）国做出了不可磨灭的贡献。近年来他们积极参与"一带一路"倡议实施，推动所在国与祖（籍）国在经贸、文化、科技等领域的往来，在构建人类命运共同体、维护世界繁荣稳定发展等方面发挥着桥梁纽带的作用。今后无论是在事业发展还是学术研究领域，都要重视以海外华侨华人为主体的中华语言文化的传承传播,将其作为统一战线的重要内容,通过语言文化的纽带使全球中华儿女情意相通、团结互助。如《中共中央关于党的百年奋斗重大成就和历史经验的决议》所言:坚持统一战线。团结就是力量。形成海内外全体中华儿女心往一处想、劲往一处使的生动局面,就一定能够汇聚起实现中华民族伟大复兴的磅礴伟力。

结　语

习近平总书记2014年在会见第七届世界华侨华人社团联谊大会代表时指出,"团结统一的中华民族是海内外中华儿女共同的根,博大精深的中华文化是海内外中华儿女共同的魂,实现中华民族伟大复兴是海内外中华儿女共同的梦"。海外华语传承对铸牢中华民族共同体意识、实现中华民族伟大复兴意义重大。本年度研究成果围绕传承主体、机制、方略等内容,指出海外华语传承具有主体能动、动机及途径多元等特点。应借力海外华语传承,冲破西方反华势力围堵,克服疫情带来的消极影响,实现国际中文教育的可持续发展。今后的研究应继续深入海外进行实地调研,在此基础上归纳海外华语传承的内部规律和外部影响因素。此外,还应调研移民海外的中国少数民族的祖语传承,他们也是中华民族共同体不可或缺的组成部分。

（刘慧）

【本年度研究文献】

[1]曹贤文.美国新泽西州华二代华语传承调查研究[J].语言战略研究,2021,6(04):44—55.

[2]代帆.融合与维持:菲律宾华人的认同——基于在菲律宾马尼拉的田野调查[J].世界民族,2021(03):59—73.

[3]刁晏斌.论华语"三观"[J].励耘语言学刊,2021(01):266—283。

[4]董鹏程,郭全强,林源瑞,等."海外华语传承"多人谈[J].语言战略研究,2021,6(04):79—85.

[5]方侨生.柬华理事总会方侨生会长新春贺词[N].柬华日报,2021-02-11(01)。

[6] 付梦芸.缅甸本土化华文教师专业发展的实证研究[R].华侨华人研究报告（2021）.北京：社会科学文献出版社，2021：21—40.

[7] 郭熙，林瑀欢.明确"国际中文教育"的内涵和外延[N].中国社会科学报，2021-03-16（A03）.

[8] 胡蓝兮.全球抗疫背景下国际中文教育面临的"危"与"机"[J].世界华文教学，2021（01）：35—49.

[9] 贾益民.全球疫情下华文教学的应对策略[J].世界华文教学，2021（01）：6—8.

[10] 李春风.缅甸华人母语认同代际差异及成因[J].八桂侨刊，2021（01）：21—28.

[11] 李计伟，刘燕婧.新马华语史的一个断面——以《蕉风》（1955—1970）为语料的考察[J].Global Chinese，2021（01）：205—224.

[12] 李明欢.延续与变化：荷兰中文教育追踪调研数据比较分析[J].华侨华人历史研究，2021（03）：34—44.

[13] 李培毓，王博文，李恩惠.马来西亚新生代华人双重文化认同调查报告[R].华侨华人研究报告（2021）.北京：社会科学文献出版社，2021：88—126.

[14] 李欣.英国本土华文教师工作满意度调查[R].华侨华人研究报告（2021）.北京：社会科学文献出版社，2021：1—20.

[15] 林瑀欢.海外华语传承研究综述[J].语言战略研究，2021，6（04）：65—78.

[16] 刘慧.柬埔寨华人家庭语言规划与华语传承调查研究[J].语言战略研究，2021a，6（04）：29—43.

[17] 刘慧.华侨华人华语基本信息资源数据库建设及应用研究[J].华文教学与研究，2021b（04）：62—69.

[18] 刘慧.东南亚华族新生代多语能力与文化认同调查报告[R]."东南亚华族新生代多语能力与文化认同调查演进"课题结项研讨会.广州：暨南大学，2021c-12-17.

[19] 王智新.在日华人华侨教育的现状，问题与思考[J].湖北民族大学学报（哲学社会科学版），2021，39（01）：127—138.

[20] 韦九报.祖语水平保持的影响因素研究——以在日华裔青少年为例

[J].语言文字应用,2021a(04):131—142.

[21] 韦九报.日本华裔生祖语传承个案研究[J].华文教学与研究,2021b(04):86—95.

[22] 徐敏.从传统到多元：海外华文教育研究的发展变化[J].云南社会主义学院学报,2021,23(01):85—91.

[23] 姚敏.马来西亚华人社会、华语社区与华语传承[J].语言战略研究,2021,6(04):11—18.

[24] 于晓.海外华文教育的商业性与市场化趋势[J].世界华文教学,2021(01):28—31.

[25] 张小倩.教育促进认同：印尼爪哇华校的实地考察[J].八桂侨刊,2021(03):20—34.

[26] 祝晓宏.近十余年来的华语研究：回顾与前瞻[J].语言文字应用,2021(02):137—144.

【以往研究文献】

[1] 曹云华.全球化、区域化与本土化视野下的东南亚华文教育[J].八桂侨刊,2020(01):3—14.

[2] 郭熙,刘慧,李计伟.论海外华语资源的抢救性整理和保护[J].云南师范大学学报(哲学社会科学版),2020,52(02):55—64.

第二部分

论点摘编

语言文字事业发展方略

【编者按】2020年10月以来，全国语言文字会议的召开、《国务院办公厅关于全面加强新时代语言文字工作的意见》（以下简称《意见》）的正式发布、国家语委"十四五"科研工作会议的召开等，不断在学界引发强烈反响，推动"语言文字事业发展方略"成为2021年语言政策研究的重要热点。相关研究聚焦"新时代"和"高质量"两大关键词，探讨语言文字事业面临的新形势，对标党和国家对语言文字事业的新要求，就语言文字事业开拓创新和高质量发展的路径、方略等提出一系列思考与建议。

国办《意见》将语言文字事业提升到新高度

国务院办公厅印发《意见》，是我国语言文字事业发展中的一件大事。《意见》将语言文字事业提升到一个新高度，认为"语言文字事业具有基础性、全局性、社会性和全民性特点，事关国民素质提高和人的全面发展，事关历史文化传承和经济社会发展，事关国家统一和民族团结，是国家综合实力的重要支撑，在党和国家工作大局中具有重要地位和作用"。这种认识既是历史经验的总结，也是在中华民族命运共同体构建、数字经济时代到来的新形势下富有远见的思考。正因语言文字事业之于国家和人民如此重要，故而需要全方位、全口径地制定国家语言发展规划，将国家通用语言文字推广普及、民族语文教育、外语教育、国际中文教育等统一规划。《意见》就国家通用语言文字普及与提高做出部署，强调根据需求科学制定语言文字规范标准，重视和谐语言生活构建、语言经济发展和语言服务能力提升，注重发挥语言文字在传承弘扬中华文化中的作用，要求提升中文的国际地位，要求完善事业发展保障体系。2050年，我国将建成社会主义现代化强国。语言文字事业在实现强国目标的过程中该如何发挥作用？《意见》对此做出了部署。现代化强国将有什么样的语言能力和语言生活？《意见》对此进行了展望。面对由互联网、物联网、人工智能和数字经济构成的信息世界,面对中华民族命运共同体和人类命运共同体的构建,中国的语言文字事业将再创辉煌!

——李宇明.我国语言文字事业发展中的一件大事[N].中国教育报,
2021-12-01(06).

国办《意见》开启语言文字事业发展新征程

在举国上下认真学习贯彻党的十九届六中全会精神之际,国务院办公厅印发《意见》。这对于语言文字工作战线深入学习贯彻党的十九届六中全会精神,开启语言文字事业第二个百年发展新征程,具有重要意义。《意见》站在党和国家发展大局来认识和定位语言文字事业的性质、地位、功能和作用,从战略和全局的角度论述了新中国成立以来,特别是党的十八大以来我国语言文字事业取得的历史性成就,分析了当前面临的形势和存在的问题,具有战略性和前瞻性。《意见》对语言文字事业的性质、地位、功能、作用、历史成就和面临的问题等进行了概括和阐述,同时提出了新时代语言文字工作的指导思想、基本原则和主要目标,对重点任务及保障措施等进行了全面系统的部署,具有系统性和针对性。《意见》对语言文字事业的地位、作用和功能定位有了新论述,对语言文字工作的指导思想和基本原则有了新表述,统筹中期和长期、兼顾定量和定性制订了工作目标,在继承的基础上确定了新的推普方针,聚焦国家、社会以及广大人民群众对语言文字工作的新需求确定了重点任务,具有时代性和创新性。

——姚喜双.全面开启语言文字事业发展新征程[N].中国教育报,
2021-12-01(06).

构建语言文字事业大格局

社会发展进入一个新的发展阶段,经济社会发展需要更好的语言服务,科技创新需要语言文字事业多层面的支持,国家安全需要深化国家通用语言文字推广和全面的语言建设,文化自信需要充分利用语言文字资源,国际发展和人类命运共同体构建需要语言文字发挥搭桥通心作用,国家治理现代化需要语言文字治理协力……因此,语言文字事业需要与时俱进、开拓发展,站在新的历史高度，聚焦建设社会主义现代化强国、实现中华民族伟大复兴的宏伟目标和构建人类命运共同体的需要，进行谋划和布局，着力构建符合新时代要求的语言文字事业大格局，更加全面地高质量地发挥语言文字的基础保障作用和服务功能。

要拓展语言文字事业口径，构建语言文字事业大格局。由于语言功能的不断拓展和社会语言需求的日益增多，语言文字工作需要进一步向语言文字应用领域和交叉领域纵深发展，全视角关注国家发展和人民生活中的各种语言需求，全口径规划语言文字事业建设，全面发展语言文字事业，全方位服务经济社会发展和大众生活，更好地发挥语言文字事业的基础性、全局性和保障性作用。设定更高的标准和发展目标，全面发展国家语言能力。强化统一领导和统筹力度，增强合力。延伸事业视角，发挥社会功能，突破领域局限，助力领域发展。激发事业动能，精准服务国家战略。

要拓展事业视野，有机统筹两个大局。我国过去一个时期的语言文字工作，主要着眼于内需。改革开放以来，国际交往频繁，国家间相互依赖程度加深，通信、交通和网络等技术飞速发展，语言国情也发生了巨大变化，许多语言问题越来越多地受到国际因素的影响，而很多国际问题也与国内问题相关联，"一带一路"建设的推进和人类命运共同体的构建，国际权益的维护和国际责任的担当，也赋予语言文字事业更多任务。因此，需要国家语言文字事业规划和建设提高站位，强化国际意识和全球视野，统筹国内和国际两个大局，进一步做大做强语言文字事业，以满足国家在海内外的语言需求和世界的相关语言需求。

——赵世举.我国语言文字事业开拓发展的策略及路径[J].语言文字应用，2021（01）：8—15.

新时代语言文字事业有五大着力点

今后一段时期，语言文字事业要怎么发展，需要认真谋划，其中起码要关注五个方面：第一，抓好国家语言能力建设（包括语种能力和获取话语权能力），积极参与国际语言生活治理，为铸牢中华民族共同体意识、构建人类命运共同体服务；第二，要以语言文字的规范化、标准化、信息化建设为工作核心，重视中国语言文字标准的国际化，重视服务以5G和语言智能为代表的国家信息化；第三，在继续做好语保工程的基础上，争取立项开展"语言国情普查"工程和"'一带一路'语言资源调研"工程；第四，组建"国家语言服务团"，做好突发公共事件和国家安全的"语言应急"工作；第五，在"大语言观"工作理念指导下，进一步完善语言文字工作的法制、体制和机制，特别是争取修订《国家通用语言文字法》，使其更好适应新时代的国家发展。

——李宇明.新世纪20年的中国语言规划[J].北华大学学报（社会科学版），2021，22（01）：21—30+150.

新时代外语教育要担当三大新使命

新时代，中国在加速走近世界舞台的中央，立足中华民族伟大复兴战略全局和世界百年未有之大变局，中国外语教育须树立新理念，构建新格局，勇担新使命，具体包括以下几个方面。

第一，扎根中国不忘本来，超越学科边界之争，为党育人、为国育才。我们要超越外国语言文学到底是学语言还是学文化、是做比较还是搞翻译、是做语言文学还是做国别研究之争，要超越学科内外的界限，回望来时之路，回到本来，回到初心，切实回应现实发展需要，助力探求强国富民之路，为党育人、为国育才，培养担当民族复兴大任的时代新人。历史地看，学科是人类认识世界和改造世界过程中积累的知识和方法体系，是过程和结果，不应被当作认知和实践不得逾越的出发点，不应成为认识世界、解决问题的障碍，更不应变成调解学科利益关系的内卷循环。

第二，世界眼光，吸收外来，超越东方、西方之争，胸怀天下，学贯中外。中国外语教育一方面要做好中华悠久传统文化知识的系统性、创造性转化和创新性发展，向世界讲述和贡献更多的中国知识和智慧；另一方面，要坚持外为中用，兼收并蓄，融通各方知识资源。此外，要大力提升全民外语能力和由此养成的跨文化行为能力，为增强"大国公民"素养做贡献。

第三，全球话语，面向未来，超越人文、工具之争，脚踏实地，守正创新。面向未来，构建中国话语体系任重道远，外语教育要充分认识到对外学术话语能力与中国快速发展和越来越重要的全球政治经济影响力不相称。这要求外语教育提升全球话语能力，超越人文、工具之争，在跨学科研究中探索语言规律，构建语言科学的中国学派。

——姜锋.建党百年与中国外语教育新使命[J].中国外语，2021，18（04）：4—7.

加强语言学科建设和学术研究

语言学科是语言文字事业发展的学术保障，语言人才是语言文字事业发展的核心条件。语言功能的拓展和社会语言需求的多样化，催生了诸多新的语言学科分支和交叉研究领域。但语言学科在我国学科管理体系中的学科地位与实际发展不相称，尚未成为独立的一级学科，制约了语言学科的发展和语言学科社会功能的发挥，这一状况亟待改变。语言学科自身也需要更新学术观念，树立全面语言观，增强使命感和担当精神，与时俱进，以"新文科"建设为契机，全面建设与时代发展相适应的语言学科。在语言人才培养和供给方面，存在语言人才不适用、有用的人才不够用、急需的人才无人可用、个别专业的人才无用武之地等问题，适应新的语言需求的人才尤为匮乏。例如与高新技术相关的语言应用人才、复合型语言人才——"语言+专业"型人才（扎实的语言基础"+"某种专业技能的复合型人才）、语言应用研究及教学人才、国家发展和安全需要的非通用语种人才等。要解决这些问题，应当提升语言学科地位，大力扶持新兴语言学科和交叉学科，加大语言应用学科专业建设力度，改革优化语言人才培养体系。

语言文字事业发展离不开学术支撑，事业发展需要学术先行。面对新的形势，需要深入研究语言本体、语言功能、语言格局，研究语言生活中出现的新情况、新问题，以及语言文字事业服务国家经济社会发展的新方略，不断推进语言文字理论发展和应用创新。特别需要加强的是：第一，针对各种社会语言需求和现实问题的语言应用研究。这是当代科技创新、经济发展、文化传承、社会进步的基础性迫切需求，也是全面提升国家语言能力的重要条件。例如，需要研究服务信息技术和人工智能等科技创新的语言理论、语言技术和语言资源；研究语言经济和语言产业的发展路径；研究服务国家安全的语言保障；研究我国应对世界新形势、推进国际发展的语言需求和中华语言文化传承传播及创新发展的新方略和新路径；研究国家话语策略；研究大众语言生活新需求及语言服务举措等。第二，服务语言文字事业发展的方略研究。例如研究国家语言文字战略规划、国家语言能力发展途径、语言教育改革举措、语言生活治理方略、语言服务体系构建、语言文字事业基础建设、港澳台语言文字和全球华语协调策略,以及相关决策咨询等。

由于传统学术观念的影响和现实评价体系的局限等原因,语言应用研究相对滞后,研究者不多,成果有限,还不能满足社会需求,甚至已经制约相关领域的发展,迫切需要国家统筹布局,并大力推动。建议通过观念引导、制度创新、政策扶持、队伍培养、平台搭建、专项研究基金设置等具体举措,切实加强语言应用重点领域、新兴领域和交叉领域的研究及学科建设,激励学术创新、理论建设和"政产学研用"协同,促进科研质量和应用水平的进一步提升。加强国家语委科研机构和国家语言文字推广基地建设,打造高水平新型语言文字智库,为国家语言文字事业的科学决策民主决策提供学术保障。

——赵世举.我国语言文字事业开拓发展的策略及路径[J].语言文字应用,2021(01):8—15.

推进语言文字科研事业国际化发展

进入新时代,中国日益走近世界舞台的中央,这要求语言文字科研事业走国际化发展道路,在准确把握国际发展趋势和自身定位的前提下,统筹考虑和综合运用国际国内资源与规则,以全球眼光谋划中国发展,为全球进步提出中国方案,做出中国贡献。具体而言,语言文字科研事业的国际化发展面临三项任务。

第一,完整了解世界语言文字研究的传统和成果。中国的语言学家要站在国际学术发展的前沿,做出更多富有创新性、引领性的研究成果,就必须完整了解世界语言学的传统和成果(包括非英语发表的成果),关注不同国家和地区、不同时代的研究传统,方能使我国语言学者获得更全面的学术滋养,形成更深邃的学术洞察力。

第二,全面了解世界语言生活发展的实态和趋势。需要有更多的中国学者关注世界、走出国门,尤其要走进田野,用自己的眼睛观察和记录世界语言的发展与应用,在真实的现场发现语言生活的规律和趋势、发现新的问题和线索。只有这样,我们才能更准确地理解和把握国内外语言生活的特点和规律,为国家语言决策提供更加客观、科学的智力支持。

第三,系统构建关于世界语言的知识体系。我们特别需要构建起自己关于世界语言的知识体系,包括语言作为知识、工具、方法的系统知识。和一些历

史上的全球性大国相比，我国对世界语言的掌握和研究还很不够，对语言作为工具和方法的认知尚缺少世界领先的原创性成果，在支撑经济、社会、科技发展方面的表现还不尽如人意。我国迫切需要立足世界语言发展大局，系统构建关于世界语言的知识体系。

——赵蓉晖.深入推进语言文字科研事业国际化发展［N］.中国教育报，2021-11-10（06）.

打造高水平国家语委研究型基地

自2004年以来，国家语委研究型基地布局设点不断完善，机构数量稳步增长，研究方向涵盖语言学多个细分领域。各机构以开展服务事业发展的理论研究、各细分领域的基础和应用研究、问题导向的决策咨询研究为主要任务，基本适应、较好对接了新时代事业发展的需求。根据国家语委"十四五"科研工作会议精神，为了进一步打造高水平研究型基地，更好服务保障新时代语言文字事业高质量发展，还需做好以下四方面工作：一是坚持特色发展。聚焦各自优势领域，进一步凝练研究方向，加强学科建设，强化学科交叉，汇聚学科队伍，做强学科平台，不断推出学术精品。二是加强能力建设。把握学术前沿，提升对各自领域重大问题的研究能力和话语建构能力。进一步完善传播平台建设，进一步加强国际交流与合作，进一步推动标志性研究成果外译、提升传播能力。三是加强队伍建设。充分发挥"带头人"作用，培养各方向专业领军人才，坚持高层次、专业化、创新型人才导向，着力打造高水平学术团队。四是优化运行机制。建立健全学术咨询与决策、成果转化、运行保障、评价激励机制，激发创新活力，提高服务决策质量和效率。

——张日培.努力打造高水平国家语委研究型基地［N］.中国教育报，2021-11-10（06）.

（栏目主持：杜宜阳）

语言文字规范标准建设

【编者按】2021 年语言文字规范标准建设研究取得积极进展。《语言规范理论探索》《汉语缩略规范研究》《汉语国际教育轻声词标准研究》《语言文字规范手册》和《现代汉语常用词表》(第 2 版)等一批论著出版,我国语言文字标准国际化方略及路径研究、基础教育汉字分级标准研究、机器合成语音(普通话)评测标准研究、服务国家出版物规范管理的语言文字标准精细化和系统化研究、外国专名汉译用字的歧异与规范历史研究等一批国家语委科研项目获批立项。学界就新时代汉语规范观、异形词整理、字母词规范、语言文字规范标准推广应用等发表一系列研究论文,提出相关资政建议,本栏目摘编介绍其中的代表性研究发现与观点。

在全球化视野下推进汉语研究

汉语研究的全球化视野,是汉语研究的一大发展趋势,把普通话、台湾"国语"、海外华语、海内外方言、地域普通话、民族普通话、传统汉字文化圈的汉语汉字问题、汉学、中国学、作为外语的汉语、国际社会的汉语等,尽收眼底。这种由大陆到港澳台地区、由本土到海外、由母语到二语(甚至三语)、由一隅到全球的视域扩展,使得观察汉语的参照系也在发生改变,涉及的语言现象、语言关系、语言问题也空前繁复。

汉语研究的全球化视野,提出了许多新的学术问题,比如:1. "以汉语为第一语言的群体的共同语"和"以汉语为第二语言的群体的语际通用语"的关系,即民族共同语与语际共通语的关系;2. 民族共同语和语际共通语的层次问题,比如地域普通话、民族普通话,是否还有"国别普通话";3. 民族共同语的分化与协调问题,比如普通话、台湾"国语"、海外华语之间的关系;4. 民族共同语的变体该如何确定、如何称说的问题;5. 华语与海外方言的关系问题;6. 汉语的各种二语学习状况;等等。

这些问题的提出，使人们看到了视野扩大的新需求，比如需要补充各华语变体的研究资料，整合思想观念，加强各方汉语研究者之间的交流合作等。研究视野扩大不仅有重大学术意义，也有改进汉语生活的重要现实意义。例如：华人共同语的协调，海外华人母语维持中处理好华语与方言的关系，通过汉语外语角色理论明确汉语国际教育当前的着力点和努力方向，利用汉学、中国学和汉字文化圈发展汉语国际教育，关注国际组织、国际会议、国际大公司、国际大都市、国际学术刊物的语言问题，促进汉语在国际社会的应用等。

世界汉语、大华语（Global Chinese）的研究是在全球英语（Global English）研究的背景下开展起来的。但世界汉语的情况与全球英语的情况有共同点，也有很多不同点，特别是在"语言认同"上有更多的语言故事。其实，不只是汉语和英语，法语、西班牙语、俄语、德语、阿拉伯语、日语等，也都需要"全球化"的研究视野。如果像研究全球英语、大华语一样，用"世界眼光"来看待全世界的法语、西班牙语、俄语、德语、阿拉伯语、日语等各种语言，将会推进世界语言学发展到一个新高度，推进世界语言生活发展到一个新水平。

——李宇明.世界汉语与汉语世界［J］.中山大学学报（社会科学版），2021，61（03）：65—76.

汉语规范要建立当代观和全球观

改革开放以来的汉语可称为"当代汉语"。与现代汉语相比，当代汉语有许多不同的特点。例如语音上的新现象，如"新闻［v-］""拜拜"中的浊声母，造词法上的字母词、音译外来词，词类的转化使用，新生句式等。同时，普通话和方言双语人已占全国人口的大多数。

在当代汉语阶段，汉语国际化的历史进程大大加快，且由于海外各地华人的民系结构及语言种类结构的变化，海外各地都有普通话替代粤方言、闽方言、客家话等成为强势语言，并进一步成为海外华人社区共同语的倾向。世界各地华语的差异也逐渐缩小，有互相融合的趋势。根据"中文各地共时语料库"、《21世纪华语新词语词典》和《全球华语新词语词典》所做的定量分析显示，中国北京、上海、香港、澳门、台北和新加坡六地的新词中，"各地通用"的新词占36.5%，比只通行于一地或两地的占比都高。

普通话越来越强势，方言向普通话靠拢，方言的原有特征减弱、使用频率骤降，不同方言趋同，方言的地理界线渐趋模糊，这种种现象都显示出汉语正在经历急剧的变化。研究汉语和制定语言政策、语言规范标准的视野也应该更加开阔，应扩大到全球各地的汉语及其方言。今后的汉语研究须有当代观和全球观。

——游汝杰.汉语研究的当代观和全球观［J］.语言战略研究，2021，6（03）：86—96.

将方言字及域外汉字纳入文字规划内容

语言文字规范，既要筛选恰当的语言成分，也应纳入合理的文字形式。在"大华语"等开放、宽松、包容的语言观获得普遍认可的背景下，我们的语言规划工作也在发生相应的转变。作为全球华人共享的书写符号，汉字绝不能缺席于这一理念变革的学术思潮。然而，目前文字规范工作对方言字的忽视与新时期的语言观显得格格不入。该现状不仅给方言区的民众带来交际的不便，而且在本质上更是体现出对多地华人母语和母文字的不公正对待，不利于汉语的国际化、信息化，也导致学术研究缺失了一处极富价值的宝藏。因此，我们必须顺应时代发展的潮流，适时树立起具有包容性的"大汉字"观念，将方言字及域外汉字置于文字规划的视野之中，正视、承认它们的存在，给予它们本应拥有的合法地位，并在此基础上，依据体系性、稳定性和可理解性三项标准加以适当规范。只有在语音、词汇、语法及文字上获得了尊重，海内外华人才算真正完整地享有对自己母语的使用权，而我们在全球华人社区构建和谐共融的语言生态、推动汉语快速国际化的愿景才能顺利实现。

——董思聪，侯兴泉，徐杰."大汉字"观念与方言字规范［J］.长江学术，2021（01）：112—120.

异形词整理要充分考虑形义一致理据

整理异形词的主要原则有通用性原则、理据性原则和系统性原则。理据性原则可分为语源理据和形义一致理据，其中形义一致理据又可以分为直接形义一致理据和间接形义一致理据。形义一致理据的权重高于语源理据，直接形义一致理据的权重高于间接形义一致理据，应该选取符合权重高的理据的词形作为推荐词形，但由于异形词的复杂性，同时也要考虑通用性原则。

我们可以对词频高却不符合形义一致理据，而词频低却符合形义一致理据的异形词进行深入的研究，找出其中的原因，但作为规范性的文件不急于确定推荐词形。对难以选取推荐词形的异形词暂时搁置是一种策略，这主要基于以下三点考虑：第一，对难以处理的异形词采取搁置的办法，符合"积极稳妥、循序渐进、区别对待、分批整理"的工作方针。第二，词频是动态的，随着时间的推移和统计范围的变化而在不断地变化，而理据则是相对稳定的，一般不会轻易变化。第三，对于难以处理的异形词，可由辞书做引导，不急于定性，不认为只有其中的一个词形规范、其他的词形不规范，允许不同的词形并存并用；这样通过竞争，符合形义一致理据的词形，其词频就会越来越高，逐渐淘汰不符合形义一致理据的词形，那时我们再进行推荐词形的选取就会水到渠成，这样所选取的推荐词形也易于推广和执行。

异形词整理是词汇规范中的一项重要工作，而且也是一项繁难的工作，涉及多方面的因素。不过在异形词整理的工作中要时刻牢记，整理异形词是为了选取出便于理解、记忆和使用的词形，符合形义一致理据的词形能满足这一目的，所以在异形词整理中要充分考虑形义一致理据，同时也要参考词频。这样选取出的推荐词形才更稳妥，才更易于为大众所接受，才能经得起时间的考验。

——王迎春，谭景春.谈谈异形词整理中的理据性原则［J］.语言文字应用，2021（04）：123—131.

规范政务微博中的字母词使用

政务微博语料库收录语料约2.75亿字次，其中带字母单位占语料总词种数的4.16%，频次占语料总频次的1.08%。与报纸和广播电视相比，字母词在政务微博中有滥用的趋势。通过分析发现，典型字母词是字母词使用的主体，尤其是外文缩略形式字母词，词种数占典型字母词词种数的85.8%，频次占典型字母词频次的88.9%，是政务微博中的主要使用形式。在使用频次方面，中央机构政务微博在同类型字母词的使用上频次明显低于省份和城市政务微博。在领域分布方面，政务微博中字母词主要分布在科技和经贸领域，这与科技、经贸领域专业词汇多，又与国际接轨等不无关系。

政务微博中字母词的使用存在一些不符合规范的地方，如没有注明中文含义、中文中间随意夹杂使用字母词、字母词本身写法混乱等。

规范政务微博中字母词的使用，需要做好以下工作：第一，加强对新媒体中字母词的使用调查研究。第二，充分发挥主流媒体的示范作用，强化规范意识。主流媒体在使用字母词时应该格外慎重，能不用尽量不用，不得不用的最好同时注明中文含义，避免中文外文夹杂的表达方式。第三，继续加强对语言文字的规范使用管理，不断优化管理策略。

——邹煜，邹沫佳，滕永林，等.政务微博中字母词使用状况调查研究[J].语言文字应用，2021（02）：55—65.

进一步加强广播语言规范体系建设

2020年是中国人民广播创建80周年。80年来，中国人民广播语言规范发展经历了萌芽期（1940—1949年）、奠基期（1949—1966年）、曲折期（1966—1976年）、恢复期（1976—1989年）、发展期（1990—1999年）和成型期（2000年至今）六个阶段。在萌芽期，党中央发布多项文件对广播语言的语音、语法、文本等内容进行规范，此时的播音语态表现为语调高扬。在奠基期，国家加强对普通话的普及，对广播语言规范的要求集中在语音和用词规范，播音语态延续激情高昂。曲折期的广播语言规范由演进跌入低谷，播音语态表现为"假、平、空"。恢复期进一步确立普通话在广播语言中的地位，并细化了汉语拼音使用、地名读音等规范要求，播音语态为降调。在发展期，相关部委继续出台文件规范广播语言，对广播语言规范的标准提出评价方法，广播语言规范体系初步成型。成型期的广播事业迎来了蓬勃发展的鼎盛时期，广播语言规范体系建设也逐渐成型。发展期和成型期的播音语态是生活化，从"播""说"结合，到"聊""侃"互动，更加灵活、自然。

80年间广播语言规范经历了巨大发展，基础体系已较为完善，但广播语言规范工作仍处于传统广播向立体广播体系的过渡时期，发展水平不足以匹配媒介发展现状。作为媒介，需要履行引导大众建立正确价值观、传播正确思想的职责。广播语言规范发展的滞后，给一些投机主义者以可乘之机。广播语言规范体系作为现代媒介传播的重要组成部分，对广播事业的发展起着极为重要的引导作用，相关部门、广播从业人员、专家学者应该高度关注，共同推进其对新媒介环境的适应与发展。

——袁伟，文俊.中国人民广播语言规范发展80年［J］.中国广播电视学刊，2021（01）：26—29.

创新语言文字规范标准传播模式

当前我国国家通用语言文字规范标准体系日臻完善，但在应用中仍存在教学缺资源、教考缺范围、认识不对等、反馈不畅通、地区不平衡等问题。应采取有效措施，创新国家通用语言文字规范标准的传播模式。第一，树立"产品意识"，建设普惠易用的资源型规范标准产品。第二，转换话语方式，通过新媒体传播正确的规范标准知识和观念。第三，联合基教部门，制定适用于语文教育的规范标准教学考试内容指南。第四，探索激励机制，举办促进基础教育界积极自主学习传播规范标准的活动。第五，拓展沟通渠道，保障政府学界同规范标准教学应用领域的常规化交流。

——徐欣路.创新传播模式，提升国家通用语言文字规范标准的社会应用水平［R］.国家语委专家建议，2021（03）.

维护我国在国际标准领域的语言主权

语言文字国际标准关涉国家语言主权，应予以高度重视。建议从以下四个方面着力，提升我国在国际标准领域维护国家语言主权的能力：第一，建立多部门共同参与的常态化工作机制，协调统一事关国家主权、统一和安全的语言政策口径，定期沟通交流各领域相关信息，综合我国外交政策、民族政策、语言政策、标准化政策等，研究决定、部署推动我国参与语言文字国际标准化工作的重大事项。第二，尽快将蒙古文、藏文、维吾尔文等传统通用少数民族文字的罗马字母转写标准研制提上议事日程，组织力量集中攻关，消除不必要的学术争论，积极主动制定相关国家标准，为提交国际标准做好充分准备。第三，培养储备专门人才，打造一支由语言学专家、语言政策专家、标准化专家等共同组成的专业化、常态化工作团队；培养、锻炼一批语言学和标准化理论功底扎实，熟悉国际标准准入机制和国际标准制修订程序，具备良好外语能力和沟通技能的专业人才，并推动他们进入国际标准化组织的各个专家组，承担相关工作任务，推动中国语言文字相关国际标准的制修订。第四，加强对国际标准领域语言政策问题的专门研究，跟踪观测语言文字国际标准领域动向，及时发现语言政策问题，跟进提出应对方案；梳理和比较主要国家语言文字国际标准，深入研究技术标准与语言政策关系处理的理论与方略，深入探讨与国外专家进行有效沟通的话语策略；逐步建立语言文字国际标准领域重大突发事件的预警和应急机制。

——张天伟.关于在国际标准领域维护好国家语言主权的思考与建议［R］.国家语委专家建议，2021（04）.

融媒体汉语学习词典应以用户为中心

当前，在媒介融合时代背景下，"词典—用户"融合互动观和"以用户为中心"的编纂原则成为融媒体辞书的核心特征。但是，目前的研究虽然突出了"以用户为中心"的靶向机制和编纂原则，真正实践的成果尚不明显。而且所谓的"以用户为中心"，多数还是站在辞书编纂者的角度去代劳和评测，缺乏基于真实使用实践的用户反馈数据作为支撑。同时，从大型自我式辞书编纂实践（非他人编纂）出发，立足于辞书编纂前—编纂后、出版前—出版后、使用前—使用后的全程无缝式"词典—用户"融合互动框架研究也较为稀缺。笔者认为，基于实证主义和融合互动观，结合自我式编纂实践，应积极进行词典和用户的全程无缝式互动融合研究，落实"用户—词典"的长效全程性互动优化实践及反馈机制，以此实现"用户视角"和融媒体词典编纂实践的深度融合和双向互动，力争让"以用户为中心"不再是一种口号、一个理论，而是一个深度落地的实践举措。要紧紧围绕着词典用户，坚持"词典—用户"双边视角，研究"词典—用户"双边互动框架，探索双边结构要素的互动耦合规律。在此基础上，总结归纳基于融媒体的"词典—用户"深度融合状态的汉语学习词典应具备的特征，全面梳理、全程规划"词典—用户"双边优化机制和迭代路线，最终构建融媒体汉语学习词典与用户互动融合及优化机制的理论框架和实践范式。

——王兴隆，亢世勇.新时代融媒体汉语学习词典的融合特征及其优化路径——以《当代汉语学习词典》为例［J］.语言文字应用，2021（04）：132—141.

《国际中文教育中文水平等级标准》"新"在哪里

《国际中文教育中文水平等级标准》(以下简称《等级标准》)的"新"体现在与时俱进,它把握住了国际中文教育的三个重大转变,即:发展战略的转变,从对外汉语教学向全方位的汉语国际推广转变;工作重心的转变,从"请进来"学习汉语向大力发展"走出去"教汉语转变;推广理念的转变,从专业汉语教学向大众化、普及化、应用型教学转变。

《等级标准》的"新"还体现在它突出的创新点上。第一,基础坚实可靠。研制依据包括数十亿字、有代表性的动态语料库和有针对性的词典、词表、字表。第二,它通盘考虑了等级划分、等级水平和等级测试的完整性、均衡性及今后的长远发展,建立了一套"三等九级"的水平评价体系。第三,立足于汉语自身特点,首创汉语音节、汉字、词汇、语法并行的"四维基准"新模式。第四,严格贯彻国家的语文规范标准,用规范的国家通用语言教二语学习者。第五,创新国际中文教育的新理念、新路径,加速中文的国际化、大众化和规范化进程。

为推广应用好《等级标准》,有关部门需组织编纂新的学习型词典。这部词典应以学习汉语的外国人士为服务对象,以助力《等级标准》的推行为目的,为各国民众学习汉语和参加汉语水平考试提供有力的支持;应以《等级标准》和"三等九级""四维基准"为依据,贯彻落实中国作为汉语母语国有关语言文字规范的各项标准,突出规范性、针对性和应用性原则;应分别服务于不同等级的学习者,内容做到有分有合;应尽力避免和克服现有对外汉语学习型词典的普遍倾向与不足,尤其是在初等和中等分册注意只收释《等级标准》词表中所列该词词性的常用义项。另外,应充分发挥《等级标准》中所选汉字的作用,通过汉字帮助学习者更好地理解汉语复合词的整体词义的作用,尽快地扩大学习者应掌握的词汇量。

——李行健.一部全新的立足汉语特点的国家等级标准——谈《国际中文教育中文水平等级标准》的研制与应用[J].国际汉语教学研究,2021(01):8—11.

《国际中文教育中文水平等级标准》"特"在哪里

与美国的"5C"标准相比,《国际中文教育中文水平等级标准》(以下简称《等级标准》)具有明显的特点和优势。美国外语教学委员会制定的外语教学标准,包括交际(Communication)、文化(Cultures)、连接(Connections)、比较(Comparisons)、社区(Communities)五个方面,简称"5C"标准。"5C"标准是以语用为导向的能力标准,出台以来对美国的外语教学发挥了极大的指导作用,但同时也受到一些教师和语言教育工作者的批评。因为这一标准尽管对语言能力有详尽的描述,但缺少对实现这些能力所需的语言本体的明确指标。中文教师在实施贯彻该标准的过程中会遇到很多困难。《等级标准》则弥补了这一缺陷。《等级标准》充分考虑了不同水平等级的学生所需的语言成分,具有科学性,也具有可操作性。例如《等级标准》对初等和中等所要求的语言成分有非常严密的定性描述和定量分析;《等级标准》引领音节整体教学,强调整体合读与直呼,在不同的等级清晰地规定了音节的等级标准;《等级标准》还对汉语音节、语素和汉字的关系有非常清晰的理解和呈现。这为我们今后制定出既符合当地国情和教学实际,又能够为交际能力、语言能力的界定提供具体指标的语言教学大纲提供了可能。

——刘乐宁.美国外语教学委员会外语教学标准与《国际中文教育中文水平等级标准》的互鉴和互补[J].国际汉语教学研究,2021(01):16—17.

《国际中文教育中文水平等级标准》如何应用

构建以汉语为中心、为主导的《国际中文教育中文水平等级标准》(以下简称《等级标准》)新框架、新体系,并在新形势下善加应用,是汉语国际教育学科与国际中文教育事业实现高质量内涵式发展的中心任务之一。《等级标准》源自1988年的《汉语水平等级标准和等级大纲(试行)》,是几代人用30多年的摸索、积累、创新,根据自身理念和思路开辟的一条新路。《等级标准》的核心内容体现在两个方面:一是"三等九级"的国际化新框架,指初等一至三级、中等四至六级、高等七至九级;二是"四维基准"的国际化新体系、新规则,指音节、汉字、词汇、语法，每一级别都对应不同的量化指标。《等级标准》兼容并包，提出了两个5%的概念——替换5%和加减5%，根据本土的需要，在每一等、每一级里都允许有两个5%的灵活掌握区间。同时，《等级标准》也关注与公认的国际语言标准的有效衔接。

《等级标准》发布后，当务之急有两个：第一，在《等级标准》引领下，重点开发国家级HSK3.0版。第二，在《等级标准》指引下，尽快开发国际中文教育国家级的计算机辅助汉语水平口语考试（HSKK），特别是普及化水平的"多维平衡语言材料和自动评测系统"。此外，还应开发新时期国际中文教育的课程标准和课程大纲，然后在此基础上进行新的课程开发和教材编写。

——刘英林.《国际中文教育中文水平等级标准》的研制与应用［J］.国际汉语教学研究，2021（01）：6—8.

（栏目主持：徐欣路 李桂梅）

语言资源科学保护

【编者按】新世纪以来，科学保护语言资源成为我国语言政策的重要方面。2021年，我国语言资源科学保护事业深入推进，《国务院办公厅关于全面加强新时代语言文字工作的意见》将"保护开发语言资源"列为新时代语言文字工作的重要任务，提出明确要求、做出具体部署；国家语委召开中国语言资源保护工程建设推进会，在高质量完成一期建设的基础上启动工程二期建设。相关理论和实践研究也持续受到学界关注，国家社科、国家语委等科研基金批准10多项相关课题立项，中国知网等学术平台收录30余篇包含关键词为"语言资源保护"或"语保"的研究论文，第六届中国语言资源国际学术研讨会会议论文集《语言资源》（第三辑）出版，《光明日报》推出"语保工程"专栏文章。这些研究涉及语言资源开发管理与应用、濒危语言分类保护、方言文化保护传承等话题，在语言资源科学保护的理念、原则、方略等方面提出一系列新思考、新建言。

有效利用才是对语言资源的最好保护

语言是一种特殊的社会现象，其产生、发展、消亡均与社会紧密相连，而社会的交际需求是语言存续的原动力。随着社会的不断发展，方言和民族语言的使用范围缩小、使用人数减少已经不可避免。因此，语保工程的基础工作就是在语言消失前对其进行录像、录音、记录、整理。但若是将耗费大量人力、物力收集到的语言资源存入博物馆束之高阁，不但无法科学保护国家语言资源，更不能实现语保工程传承中华优秀传统文化、促进民族团结的初衷。因此，有效开发利用才是对语言资源的最好保护。只有拓展更为广阔的语言使用空间，才能持续保持语言的旺盛生命力；只有将语言资源与文化复兴和科技进步等发展方向有机融合，才能不断激发语言的活力。语言资源如何加强跨部门、跨学科协同创新，如何助力中华民族优秀传统文化的传承发展，如何适应新一轮科技革命的要求，如何在教育、科技、文化、经济、危机应急处理等诸多领域发挥更重要的作用，将成为语言保护工作后续的重大课题。

语保工程的开展意义重大。它不但培养了专业的语言研究人才队伍，唤醒了民众保护语言多样性的意识，激发了人们关注方言的热情，也在世界上树立了语言保护的表率。它使大量原始语言材料得以收集整理，许多濒临消失的语言和方言得以保存，留住了许多人的乡音乡愁，为我国文化的多样性传承提供了坚实的语言基础。同时，语保工程获取的语言资源在有效开发利用下，能够为国家通用语言文字的推广、语言文化研究、文学文艺创作、人机互动对话、机器翻译等多个领域的应用奠定坚实基础，能够让静态的方言保护成果鲜活起来，使方言和民族语言再次焕发生机。

——司罗红.通过开发利用保护语言资源［N］.中国社会科学报，2021-06-08（A03）.

语言资源的开发路径要多元化

中国语言资源保护工程正面临如何开展语言资源开发应用等后续任务，需要科学的顶层规划，并确定合理有效的实施方案。

第一，社会化。社会化是语保工程的重要定位之一。社会效益在语保工程一期初露其一举多功之实效。今后在社会化的理念之下，语保工程可以用多种开放的方式，吸引更多母语人和热衷于语言资源保护及开发应用的社会人士关注并参与到语保工作中来。

第二，智能化。语言资源的开发利用应共享现代科技和互联网带来的各种便利条件和先进手段。如通过新媒体、手机软件等助力语言资源的开发利用；编撰各种音像同步、图文声并茂、多语言对照的教材、数字词典、手机词典等；开放目标语言的数字化信息及音视频资料，为需求方提供各种服务；构建内容涵盖民族学、人类学、语言学、宗教学、教育学、文化学、旅游学等多行业的领域知识图谱，实现多领域、多学科知识的多维度关联与信息共享，满足相关领域的不同需求；开展诸如自然语言理解、人工智能、智慧系统建设等特定语言服务产品的研发，其成果也将反哺少数民族语言资源的开发应用事业。

第三，国际化。语保工程的实施，为更好地促进构建人类命运共同体和中华民族共同体做出了特殊贡献。我国是保护非物质文化遗产、促进人类文化多样性国际公约签约国之一，理应在维护语言文化多样性方面走在前列，并占据应有的领地，争取国际舞台及学术研究的话语权。我们在所获得语言资源保护基础上进行的开发应用，将为我国培育和储备更多适应现代化建设的多语言人才，也将服务于国家经济强国、文化强国、"互联网+"战略。

——丁石庆.语言资源的多元化开发路径［N］.光明日报，2021-05-03（05）.

不同活力等级的语言要采取不同的保护措施

语言保护措施主要有三类：语言保存、语言保持和语言推广。语言的活力等级可以分为七个：安全的语言，稳定但受到威胁的语言，受到侵蚀的语言，濒临危险的语言，严重危险的语言，濒临灭绝的语言，灭绝的语言。位于等级2到等级6的语言都应该在语言保护的范围之内，至少需要采取必要的措施加以保存。

等级2到等级4三类语言都需要保存和保持，只是侧重点不同。其中，相对稳定的语言其重点在保持。例如，可通过深入考察并传播本族群语言所负载的文化、历史，激发本族群人民尤其是年青一代对语言文化传承的积极性与主动性，提升他们对本族群的认同感与归属感。而濒临危险的语言应该重点采取保存措施。例如，完整、科学、系统地调查和描写该族群的实际语言面貌，重点记录活态语料，包括但不限于依附本族群语言所传播的民族歌曲、神话传说、长篇叙事诗、风俗习惯、宗教活动等；同时，可充分利用多媒体介质、数字化手段对这些语料加以整理、归档。

等级5和等级6两类语言已处于危险甚至要灭绝的状态，主要应采取保存措施。尤其是濒临灭绝的语言，更应强调其保存在时间上的紧迫性，一定要及时采取抢救性保存，穷尽搜集该族群的现有语料，持续性监察这些语言的使用状况，与发音人保持联系，及时补充新的材料。通过这种抢录措施，可减缓其濒危速度，为将来的语言恢复打下尽可能坚实的基础。

需要注意的是，以上七个等级主要是根据语言的交际功能划分出来的，但对语言的文化功能和思维功能考虑不够。一方面，语言是文化的载体，许多族群内部特有的故事、传说、诗歌、戏剧等都以语言为载体来传承和表达；尤其是那些无文字语言，其承载的传统民族文化尤其珍贵，一旦失去就可能造成无法挽回的损失。另一方面，语言可以直接体现出语言使用者的思维方式以及语言使用者对客观世界的认知，而语言走向濒危化的道路，其所反映的思维方式必然受到程度不等的负面影响。所以，语言现状等级的评估还应考虑到语言的文化功能和思维功能，从而更加全面地反映语言的现实状况，以便于有针对性地采取相应的保护措施，尽可能最大限度地保持人类语言多样性，促进自然生态多样性与人文生态多样性的健康和谐发展。

——李大勤，林鑫，王韵佳.语言生态的多样性及语保措施制定的针对性——以我国藏东南语言或方言为例［C］//张世方.语言资源（第三辑）.北京：语文出版社，2021：10—23.

方言在影视剧中的语言形象不宜标签化

语言形象的塑造传播必须以维护国家通用语言文字的主体地位为前提，以"必要时使用""适度使用"为原则指导方言文艺创作，要避免出现滥用方言的现象。在此基础上，从利于保护传承方言文化的角度来看，应避免方言在影视剧中的语言形象被过度标签化。

方言在影视剧中的语言形象不应刻意地与某一社会身份相关联。影视剧中方言使用者多为男性农民或其他从事体力工作者，文化水平普遍不高。这虽一定程度上反映了当下部分方言使用者的社会特征，但不宜以偏概全，将其简单等同于语言生活中方言使用场景的全貌。特别是当某一方言品种与人物的社会特征形成紧密关联时，易于加深受众对方言及其所属地域的刻板印象，如作为反面形象的"无业游民"多为西南官话使用者，"农民"多为中原官话或东北官话使用者等。影视剧传播力越大，形象越生动，刻板印象就会越深刻，若由此引发对某一方言和方言文化产生偏见，这显然不利于受众形成正确的语言态度和语言生活观，更不利于对方言文化的保护传承。

方言影视剧拥有广阔的创作空间，不应过度娱乐化。"喜剧"常被作为方言影视剧的标签。诚然，方言在艺术创作上易于产生幽默诙谐的效果，但若方言文艺创作始终浅层次地屈从于搞笑的目的，必然会导致本就处于弱势地位的方言在艺术中的生存地位和价值受到质疑。在近两年最受观众喜爱的方言影视剧里，《我和我的祖国》《我和我的家乡》《八佰》《金刚川》为带有正剧色彩的主旋律题材的电影；《山海情》《装台》等电视剧虽有欢快轻松的情节，但也不是无厘头式的喜剧。这说明了方言影视剧完全可以摆脱过度娱乐化的模式。

应积极探索并鼓励多样化的方言开发应用，在方言的语言形象塑造和传播上，要注意避免以方言为噱头，传播庸俗、低俗、媚俗的内容或"人设"，避免将方言在影视剧中的语言形象打上"土气""恶俗""低级趣味""粗鄙丑陋"等负面标签，应通过影视剧塑造和传播高端、典雅、古朴、文化气息浓郁的语言形象，展示方言背后蕴含的悠久历史、深厚文化和丰富民俗，让方言在大力弘扬中华文化等方面发挥其独特作用。

——王莉宁，潘莹莹.影视剧中方言的语言形象研究[J].语言战略研究，2021, 6（06）: 85—96.

加强方言民俗词语调查研究

我国是方言大国，也是民俗文化大国。方言民俗词语能够涵盖生活的每个角落，是可资调查研究的资料宝库。方言民俗词语调查研究基于田野调查，落脚点则是民俗文化的阐释。其研究对象是具体地区的民俗词汇系统，承载该区域的民俗文化，地域特征鲜明。方言民俗词语本身就是一种语言民俗，更是各地民俗文化的优质载体，是解读民俗文化的关键钥匙之一。系统开展方言民俗词语调查研究，有利于保护、发掘民俗文化，于方言保护也不无裨益。

民俗文化在流传过程中会发生消减，以至于变异、消失，相关方言民俗词语也会退出生活。在城镇化速度加快、传统农业社会逐步式微的大背景下，不少方言民俗词语和相关民俗事象已经消失或面临消失，及时调查整理方言民俗词语并通过它抢救、发隐民俗文化意义重大，时不我待。

方言民俗词语的演变和民俗活动相比具有滞后性，发隐民俗文化，这些词语是最可靠的线索之一。如通过"开秧门"这个方言民俗词，可以重新了解安徽绩溪的某种生产旧俗；通过"站牛"词例，可以了解山东枣庄地区已经消失的"养站牛"旧俗。鲁西南地区有很多游艺类民俗早已消失，但是去古未远，也可以顺着方言民俗词语线索追踪相应民俗活动。发隐不光可以针对旧词，也包括新词，例如"开发区"这一新兴方言民俗词。然而随着城镇化和新农村建设进程的加快，有的地区已经重新规划农村社区，建设楼房小区，"开发区"不久或将成为"过眼云烟"。如果想完整呈现当时当地的农村养老民俗细节，"开发区"作为最好的证据必须发掘出来。

——王祥，孙剑艺.关于方言民俗词语调查研究定位的思考[J].民俗研究，2021（01）: 133—143.

保护传承方言文化亟须做好三项工作

一是方言研究和应用的基础建设。以浙江为例，方言研究成果丰硕，但由于缺乏总体规划和集体行动，一些基础性、整体性、综合性的工作一直处于空白状态，这会不利于学术研究和社会应用的发展。特别是，随着越来越多的社会大众参与到方言文化保护传承的行列中来，他们迫切需要了解本领域的基本情况，迫切需要易学易用的技术工具。因此，基础建设是一项绕不开的带有瓶颈性的工作，必须下决心、下力气做好。具体包括浙江方言字典、浙江方言注音方案、浙江方音字汇、浙江方言词汇、浙江方言词典、浙江省方言地图集、浙江方言语料集、浙江方言文化资源库以及浙江方言文献库和查询系统等九项工作。

二是濒危方言和地方口头文化的抢救保存。除了常规的、统一的保存保护工作以外，急需对濒危方言、地方口头文化开展专门的抢救性调查保存工作。为了更好地做好方言文化保护传承工作，除了全面记录方言本体面貌以外，还必须通过高质量的音像摄录记录保存，并进行方言学的文字和音标转写，以给后世留下当地方言文化的真实面貌和实态情景。具体包括浙江省濒危方言志、方言文学音像典藏、方言文艺音像典藏和地方文化口述等四项工作。

三是方言文化产品的开发应用。对于方言文化而言，最好的保护传承是使用，是在使用中保护、在使用中传承。如果方言有更大的使用空间，有更多的人在更多的场合和时间去使用它，将能不治而愈、不保而保。具体包括方言文化读本、方言文化教材、方言文化纪录片、方言文化博物馆、方言文化活动以及其他文化科技产品等六项工作。

——曹志耘.论浙江方言文化的保护传承[J].浙江社会科学，2021（02）：118—124.

少数民族语言资源保护要科学分类精确管理

2015—2020年的少数民族语言调查工作在整体布点上还存在很多盲区，个别语族的人才梯队还比较缺乏，需要在后续工作中及时查漏补缺。对中国的少数民族语言资源，应强化语言的资源属性，增强民族地区人民群众的语言资源观念,在对现有语言资源进行科学分类的基础上,既要有所"保存",也要有所"保护"。

科学分类是关键。随着各民族不断交往和城镇化进程,语言的保持和传承在较大程度上开始受到影响。可以说,中国少数民族语言的现状较之60多年前已经发生了明显的变化,"资源"观念更加深入人心,从"资源"的角度重新对语言现状进行科学分类已势在必行。综合语保工程语料数据来看,中国少数民族语言资源主要分为丰厚型、局部丰厚型、萎缩型、濒危型、极度濒危型等类型。深入探究这些不同类型的语言资源及其特征,厘清其中的异同,不仅可以为精准保护提供可靠的参考依据,还可以让保护工作切实有效、有的放矢。

精确管理是保证。一是建立语言资源信息网络系统,实施动态管理,确保保护政策制定的针对性和可行性,使资源信息真实、可靠、有用。二是明确保护事权,真正实现一对一的精准保护,整合专业力量,解决突出问题。三是搭建意见反馈平台,让使用者和管理者直接对话,使保护措施真正有效地落到实处。

——朱德康.少数民族语言资源的精准保护问题——基于"语保工程"活态数据库的考察[J].民族语文,2021(03):107—112.

正确认识语言适应与语言发展

语言适应的过程可以看作社会语言环境与人类语言选择之间的相互作用过程,是为了达到交际意图而做出的适应或改变,这是一个动态过程。在我国,少数民族聚居区形成的"双语格局"也是语言适应的一种。语言适应也是语言渐变的过程,因此,贵琼语语言系统的大部分结构还是保持相对稳定的。同时,现代经济社会的飞速发展,伴随着人口流动的加速,为贵琼人接触新事物、接受新知识提供了条件,也使得贵琼人产生了更加强烈的学习国家通用语言文字的愿望和需求。贵琼语适应社会发展发生了显著的变化。

中华民族是一个不可分割的共同体,各民族在语言、文化上互相影响、互相适应,是各民族共同发展的坚实基础。在历史上,贵琼人为了适应以汉族为主体的多民族"谁也离不开谁"的社会生活,早就有学习、使用汉语的要求,少数掌握汉语的人,在经济和社会地位上均占有一定优势。各民族语言互相影响、互相吸收成分丰富自己是语言适应的具体表现。在新中国成立前,民族不平等、社会发展落后等因素导致贵琼人的语言适应和发展受到了严重阻碍。在新中国良好的社会环境下，贵琼人的语言适应顺利发展，实现了国家通用语言和贵琼语的双语兼用，带来了经济、文化、教育等多方面的巨大发展。从单语到双语，从文盲遍地到九年义务教育普及，从生活贫困到生活富裕，这样深刻的变化与贵琼人语言能力的提高是分不开的。实践证明，实现双语生活是受到少数民族同胞欢迎的。

贵琼语语言生活的巨大变化说明，语言的功能定位是由社会的需要决定的，既不能夸大也不能缩小，必须对号入座。语言的适应需要有社会条件和社会动力，其中语言所发挥的功能价值起着关键作用。所以必须加强对语言的功能研究，从语言教育、文化、生活等各方面以及铸牢中华民族共同体意识发展的需要来认识语言功能的特点及其演变。

——戴庆厦，杨晓燕.语言适应与语言发展——以贵琼语的变化为例［J］.语言文字应用，2021（03）：50—57.

发挥边境语言的"睦邻戍边"作用

边境语言的作用可以概括为"兴边睦邻、戍边护疆"。边境人员交往、经贸交流、通婚成家、文化教育、应急服务等，都离不开边境语言的参与，边境语言是架设在边界上的"语言睦邻桥"。发挥好边境语言作用，必须制定科学的边境语言规划。

第一，深入调查研究，了解边境语言状况。对边境语言进行详细取样调查，建立边境语言文字的知识库和数据库。调动汉语、少数民族语言、外语及其他有关学科的学者，大力开展边境语言研究，弄清其谱系关系、类型学特征及语言功能的发挥状况，要把语言与使用这种语言的群众结合起来研究，建立语言文化数据库，弄清边民的历史、现状及语言生活状况。

第二，做好边境语言规范。首先是语言的名称规范。语言名称一般与其民族的名称一致，有时同一民族的名称在不同国家有不同叫法，有些族群在不同的国家有不同的归属，族称及归属的不同，就会带来语言命名的问题。语言名称同民族名称一样，不仅有本族自称，还有外族他称，同时还有名称的书写问题。其次，有文字的边境语言还有文字规范问题。文字规范牵涉三个方面：文字名称、文字形体或字母表的选定、正字法。其中正字法也包括人名、地名及其他专有名词的拼写（书写）问题。语言名称规范和文字规范的基本原则是遵从语言规律、尊重本民族的意愿和文化传统、有利于中华民族共同体的构建和边疆发展，特别是要谨慎处理跨境语言问题。

第三，发挥边境语言的社会作用。边境语言是边民的重要交际工具，也是边民生活与发展的文化凭借，同时也是边疆地区对外交流凭借和展示中国的窗口。利用边境语言办好媒体，包括平面媒体、有声媒体、网络媒体和融媒体；利用边境语言发展文化艺术，包括民间故事、歌谣、戏曲、旅游文化、影视等；利用边境语言发展卫生教育、健康生活教育、农牧科技教育、护边睦邻教育等。国家通用语言在边疆语言生活中起主导作用，但也不能忽视边境语言特殊的社会作用。

第四，研发边境语言的现代信息技术。现代信息技术主要是网络语言通信和语言智能技术，因此也可以称为现代语言技术。边境语言的现代信息技术，包括与边境语言相关的各种数据库建设、软件开发、移动应用程序（APP）的应用等。这些技术既可以用于巡边、缉毒、反恐、卫星导航等领域，也可以用来兴边睦邻。

——李宇明.边境语言的"睦邻戍边"作用［N］.中国社会科学报，2021-07-09（A04）.

（栏目主持：覃业位）

语言服务

【编者按】 2021年语言服务研究受到更多关注,形势喜人。《国务院办公厅关于全面加强新时代语言文字工作的意见》将"切实增强国家语言文字服务能力"列为新时代语言文字工作的重点任务之一,教育部批准有关学位授予单位依托"外国语言文学"一级学科自主设置"国际语言服务"二级学科,商务部等七部门印发关于组织申报语言服务出口基地的通知,国家社科、国家语委立项资助应急语言服务研究和老年语言服务研究,《语言服务研究·第一卷》《语言产业研究·第3卷》《京津冀协同发展语言服务调查报告》等出版,多家学术期刊推出"语言服务"类专栏或专题,年内发表的相关研究论文多达200余篇。语言服务学科地位的确立和相关政策的出台是实践发展的需要,也是学术研究价值的体现。从论文的研究内容看,语言服务理论、语言翻译、语言服务行业、应急语言服务等是年度研究热点,关注技术应用、强调融合发展、重视人才培养和强化理论建设是年度特点。

我国要从语言服务大国迈向语言服务强国

从市场规模和增长速度看,我国已经是名副其实的语言服务大国,但还远没有迈入语言服务强国行列。主要反映在三个方面:一是语言服务标准化水平较低;二是语言服务产业集聚能力和产业基地建设水平还十分低下;三是语言服务学科尚未建立。

要实现从语言服务大国向语言服务强国的转变,需提升语言服务的国际化水平,加快制定一批与国际标准接轨的语言服务国家标准,争取在国际语言服务标准的制定和修改工作中占据主导地位;需加快推进语言服务的产业化进程,积极拓展资本市场融资渠道,多渠道募集资金或者引进有实力的战略合作者,通过资源整合、延伸产业链、发挥资产效能等方式来优化产业结构;需加快建设语言服务学科,高校要转变观念、抢抓机遇、乘势而上,以国家重大需求和社会经济发展为导向,提高人才培养适切性,培育外语学科新文科的增长点。

——王立非.从语言服务大国迈向语言服务强国——再论语言服务、语言服务学科、语言服务人才[J].北京第二外国语学院学报,2021,43(01):3—11.

加强语言服务标准化建设

全国各行各业均将标准化工作作为推动本行业规范发展的重要基础工程。我国语言服务行业标准应加强基础性研究,制定中长期规划,研发出适合中国国情的语言服务标准化体系,促进我国语言服务行业和人才培养的健康与可持续发展。国际语言服务标准化工作起步于1947年,具有以下特点:涉及范围广,管理统一;体系比较完善;标准制定流程严谨,定期复审并更新;标准的考核指标细化程度高,可实施性强,可用于直接认证。中国语言服务行业形成规模较晚,行业内制定标准的活动大致从21世纪初才开始,有以下特征:与国际对口的国内机构未能和行业紧密结合;集中于满足一些语言服务基本活动的基础要求;标准制定流于形式,缺少更新;标准中设立的指标项目少,缺乏评估依据,可实施性不高,难以用于认证。加强我国语言服务标准化建设:一是要遵循"先易后难、急用先行"原则制定标准,定期更新;二是要参照国际语言服务标准化体系,做好规划,构建完善标准化体系;三是要在制定中国语言服务标准时,增加可评估的量化指标项目;四是要成立对口机构,积极参与国际语言服务标准化事务。

——蒙永业,王校羽,刘智洋.中外语言服务标准化现状分析及建议[J].北京第二外国语学院学报,2021(01):25—36.

以专业化语言服务助力企业"走出去"

经过几十年的建设,我国本土跨国公司已经成为促进投资地社会经济发展、对外传播中国优秀科技和文化成果、构建人类命运共同体的中坚力量。语言是资产,语言是核心竞争力。我国本土跨国公司面临热门投资地语言资源丰富、"一带一路"沿线国家语言状况复杂、关键节点国家语言使用异常繁杂等语言环境。近年来,我国本土跨国公司语言服务需求呈现以下态势:语言服务创意含量迅速提升,企业形象塑造成为语言服务的重要使命,语言服务沿企业文本全球化"价值链"展开，不同"走出去"行业语言服务需求各有侧重，语言服务专业性增强。

专业化的语言服务是解决我国本土跨国公司语言、文化"瓶颈"的制胜之道。第一，高度重视多语种服务能力。我国市场寻求型跨国公司应至少具备使用投资地全部官方语言和通用语言进行语际交流和信息发布的能力，同时力争覆盖主要民族语言。第二，语言服务企业走专业化路线。语言服务企业应努力创新服务模式、优化服务结构，包括：结合市场定位，挖掘自身优势，打造拳头产品；充分利用科技创新成果，依靠技术提高核心能力；语言服务企业与本土跨国公司合作创建新型伙伴关系，不断拓宽业务领域和服务范围。第三，语言服务人才培养以市场为导向。高校应转变思路，积极服务企业"走出去"，增加语种数量，改善外语人才机构，培养"外语+"复合型人才，加强校企合作。第四，健全语言服务业治理的顶层设计。有关部门应该从中华民族伟大复兴的战略高度，以合理规划行业发展、提高服务质量、促进"外部性"建设为抓手，不断增强语言服务业的市场竞争力，支持更多中国企业真正"走出去"。

——王传英，杨靖怡.我国本土跨国公司海外投资语言环境与语言服务业发展[J].中国翻译，2021（04）：106—114+192.

推动语言服务产业的深度融合

语言服务产业融合是全球语言产业在驱动力作用下与技术、服务和信息等相关行业交织、融合从而产生新业态的过程。全球语言服务产业分为互动—延伸型融合、重组—替代型融合和渗透型融合三种模式，呈现全业化、范围化、路径化的演进趋势。当前，中国特色语言服务产业崛起，表现在三个方面：一是产业融合态势积极向上；二是"一体三动"模式推进良好，即以中国语言服务行业发展为主体，通过企业重视研发和更新技术，行业和机构加快与高校产学研推进，国家和管理部门加强应急管理和相关建设等联动模式；三是后疫情时代全速赶超，体现为政策到位、技术赋能、产学研融合。

加快本土语言服务产业深度融合对提升我国综合国力和全球治理能力有重要意义。中国语言服务产业应借助大数据和5G通信技术，以国家总体安全观为抓手，通过顶层设计、技术赋能、产学研融合，加快建设具有中国特色的语言服务产业，为全面增强语言服务产业的产品建设能力、应急服务能力、专业技术能力、风险控制能力和国际传播能力以及为全球语言服务产业生态发展提供现实参考。

——李成静，范武邱.全球语言服务产业融合与演进研究［J］.外语电化教学，2021（05）：55—60+8.

促进人工智能技术在语言服务企业的应用

人工智能（AI）是研究、开发用于模拟、延伸和扩展人的智能的理论、方法、技术及应用系统的技术。人工智能技术的应用促进了语言服务企业产品创新。全球提供机器翻译的译后编辑的语言服务企业比例不断提高，国外机器口译技术已经开始商业应用，国内机器翻译的译后编辑方式已经成为越来越多企业的翻译方式。从我国人工智能技术在语言服务企业的产品应用来看，国内各个产品都集成了多项人工智能技术，它们共同服务于语言服务任务或项目需求。人工智能技术在语言服务企业的产品中已经较为广泛应用。其中，自然语言处理和机器学习是应用广泛的人工智能领域。机器翻译、图像识别、语音识别是语言服务企业产品中应用较多的具体技术。"AI 技术＋流程＋团队"推动语言服务模式变革，改变了语言服务的实施方式、服务能力、翻译行为和管理方式。随着智能化、数字化、自动化的快速发展，更多人工智能技术将在语言服务企业产品中得到应用，推动语言服务行业和企业不断发展进步，提供更智能、更敏捷、更专业的信息服务。

——崔启亮.人工智能在语言服务企业的应用研究［J］.外国语文，2021，37（01）：26—32+73.

智慧城市建设对语言服务提出新要求

智慧城市是当前城市建设和发展的重要趋势。智慧城市建设对城市语言服务和规划提出了新的要求。智慧城市的语言服务更加依靠新技术解决城市语言管理中的问题，以实现相应目标。语言服务效率的高低、覆盖面的大小、技术和智慧化水平的高低，影响着城市居民生活的便捷度和服务的可得性。智慧城市语言服务具有语言服务数据化、计算机中介交流普遍化和人机耦合三大新特征。随着智慧城市建设的深入，语言服务的数字化转型不断发展，智慧导览、云翻译、语言服务机器人等领域已经产生一系列相应的产品和成果，语言数据对于智慧城市建设的重要意义逐步显现。但是，受限于语言人才、行业标准、立法规范等难点，智慧城市的语言服务仍然面临着不少困难。推进智慧城市建设，培养适应智慧城市发展的语言人才，需要强调打破学科壁垒、推动融合发展，创新人才培养方式，建立和完善语料的国家标准或者行业标准，开发具有自主知识产权的工具，出台相应的法律意见。与此同时，应该关注和研究语言服务智慧化过程中的产业转型和由此带来的数字化鸿沟、资源机会不公平、垄断等问题。智慧城市的语言服务研究在重视语言服务技术化的同时，也应该坚守价值评判的人文性，关注城市市民特别是弱势群体的数字化生存处境。

——郭书谏，沈骑.智慧城市建设中的语言服务[J].语言战略研究，2021，6（03）：45—54.

加强国际化城市危机沟通中的语言服务

在新冠肺炎疫情危机中，城市基层管理者和多语翻译志愿者双方发挥能动性，以自下而上的方式推动了危机沟通语言的管理循环，同时也受到了宏观社会结构的深刻影响。在新冠肺炎疫情尚未暴发前，英语单语规范和多语现实的矛盾并不明显，重大突发公共卫生事件使语言矛盾集中爆发。城市基层管理者首先注意到长期存在的英语为中心的单语规范在危机沟通中处于失灵状态，发挥能动性去寻求多语帮助。基层管理者不断更新需求（包括语种需求、内容需求），提供反馈。学生志愿者从自身立场出发评估语言现象，意识到多语翻译的紧迫性后，采取多种策略实施多语翻译。多语翻译行为是多个嵌套、迭代的过程循环。宏观社会结构，包括默认的英语单语规范、中心—边缘对立的宏观话语传播格局、失衡的外语语种结构、英语等同于国际化的语言意识形态等，对危机沟通个体发挥能动性具有深远影响。尽管个体能动性对危机沟通全过程产生了推动作用，但是也应注意到在该过程中缺乏自上而下的系统指导。为此建议：第一，建立制度，保障城市危机沟通语言管理。国际大都市的语言治理规划必须考虑到危机沟通的重要作用和城市本身存在的多语现实。第二，扩大城市多语种能力储备。在宏观外语语种规划方面促进外语教学语种多样化，是未来外语教育应首要关注的问题，这一点尚未引起全社会尤其是城市管理者的重视。第三，匹配个体能动性和基层现实需求。由于自下而上的志愿者提供的危机沟通服务能有效、灵活地满足基层需求,可以建立相关社区基层和高校外语资源的配对机制。

——郑咏滟.新冠疫情中上海危机沟通语言管理过程研究[J].语言战略研究,2021,6(03):14—24.

提升民族地区多语应急服务能力

在大力推广国家通用语言文字的前提下,促进包括少数民族语言在内的多语资源的开发利用,将有助于加强国家语言能力的基础建设,满足中国当代语言生活"多元一体"格局对语言服务多样化所提出的新要求。通过此次新冠肺炎疫情的应急管理工作,可以清楚地看到在突发公共事件中提供必要的语言应急服务,解决语言障碍与语言援助问题是关系到应急管理工作得以及时、高效推进的关键环节。因此,应以民族地区群众的实际需求为导向,构建政府指导、社会参与、多种机制并发的语言应急服务体系。由于民族地区群众的国家通用语言文字水平尚待提高,需进一步从内容、渠道、过程等方面提升面向民族地区的多语应急服务能力,建立常态化与应急性相结合的语言应急服务体系,依据突发公共事件应对行动的阶段性特征规划语言应急的服务内容。同时应意识到,国家语言能力的提升以及多语种语言应急服务体系的建设是一项系统工程,涉及多部门、多学科、多区域的协调组织,未来还需要联合政府部门、科研机构以及公司企业等多方力量,借助现代信息技术的综合应用,开辟多元化、精细化的语言应急服务途径,创新科学化、智能化的服务形式,从整体上完善民族地区公共服务环境,以满足不同语言文字应用能力的公民群体的服务需求。

——石琳.突发公共事件中民族地区的语言应急与公共服务研究——以凉山彝族自治州为例[J].西南民族大学学报(人文社会科学版),2021,42(01):197—204.

全面开展应急语言服务教育

应急语言服务教育的目标起码有四个:第一,使全社会具有应急语言服务意识;第二,使全社会具备应急语言服务的常识与基本能力;第三,应急救援人员具有一定的应急语言服务技能;第四,建立起应急语言服务的专业支撑体系。为完成这四个目标，应当开展五个方面的应急语言服务教育：一是社会应急语言服务教育，二是学校应急语言服务教育，三是应急语言服务团教育，四是应急救援者的应急语言服务培训，五是应急语言服务的专业教育。应急语言服务的实践性很强，应急语言服务教育要充分重视应用性，既要重视利用现代语言技术开展教育，又要重视开展现代语言技术的教育。通过以上所说的五个方面的应急语言教育，假以时日，应急语言服务就可以做到"平时备急，急时不急"。应急语言服务是学术，更是具有浓郁伦理学色彩的事业。它可以减灾避祸、造福于民，也可以在国际领域造福于人类。

——李宇明.序 应急语言服务的教育问题[J].语言服务研究，2021，1：8—13.

构建应急语言服务人才培养体系

应急语言服务人才培养应兼顾国内环境与国外形势，以动态发展的眼光考虑应急语言服务内涵，应势而谋、因时而动、顺势而为，充分考虑应急语言服务多样化、分层次、多方面的实际需求，注重人才培养的系统性、阶段性及差异性，建构全方位、立体化、复合型应急语言服务人才培养模式。具体而言，要实行应急语言服务人才在教育不同阶段的接续培养，明确不同阶段的人才培养重点，在不同层次有针对性、有侧重地完成相关培训内容，力求人才培养模式达到效益最大化。一是中小学阶段实施预备人才培养。应急语言服务要走进校园、走进课堂，成为中小学通识教育的一部分，为更高层次的应急语言服务人才培养奠定基础，注重培养学生除英语外第二外语的习得能力，需重视培养学生的抗压能力、家国情怀及社会责任意识，帮助学生从小树立良好的服务意识和正确的职业道德观。二是高等教育阶段实施精英人才培养。本科阶段主要负责培养应用型人才，一般包含以下几个要件：扎实的语言应用能力、良好的跨文化交际能力、相关专业知识习得和职业素养培训。研究生阶段应当继承本科教育成果，主要培养学术型、高级应用型人才，培养重点为较强的语言转换能力、较高的科研能力和良好的创新思维能力。三是以高等院校和科研院所为基地，以社会培训机构为辅助，常态化培养志愿型应急语言服务人才队伍。

——李迎迎，潘晓彤.应急语言服务人才培养体系建构探究[J].天津外国语大学学报，2021，28（04）：10—19+157.

第二部分 论点摘编

做好应急语言产业战略规划

应急语言产业指的是在突发公共事件的事前预防、事中救援、事后安抚等各个阶段，通过研发各类语言产品，借助现代科技，提供应急语言服务，帮助公众克服交际障碍、消除恐慌、化解危机的语言产业。本次疫情防控暴露出我国应急语言服务建设中的一些短板弱项，应急语言产业规划缺失、产业不健全的问题尤为突出。应抓紧制定应急语言产业规划，完善我国应急语言产业布局，做好应急语言资源储备。一是政策规划。统筹应急语言产业发展，加强语言基础设施建设，出台激励措施，注重语言产品研发，鼓励做强做大语言服务企业。二是术语管理规划。发布术语译写规范标准，建立统一的术语管理查询平台，加强术语教学，培养术语管理人才，官方与民间协同工作，共同维护术语的权威性。三是技术支持规划。推动融媒体综合发展，借助人工智能技术，发展机器翻译，重点研发语音识别与合成、自然语言处理以及人机对话技术，促进传统的语言服务产业升级换代，规划打造一批面向市场、面向客户的语言智能高科技企业，形成产业链，推动语言产业不断向智能化、信息化、自动化迈进。四是行业产业规划。针对本部门、本行业的特点，发展适合本行业的应急语言服务产业，为行业领域储备资源；制定区域应急语言产业发展规划，增强地区抗风险能力；做好本部门员工构成成分调查，储备相应语言资源。五是人力资源规划。包括应急语言服务人才储备规划、应急语言产业人才培养规划和公众应急语言培训规划等。

——滕延江.应急语言产业的战略规划与建设［J］.语言政策与规划研究，2021（02）：20—31.

听障人群应急语言服务需求迫切

听障人群应急语言服务是特殊群体应急语言服务中相对薄弱的一环。研究发现，听障人群的应急语言服务需求总体上较为迫切，听障人群的异质性决定了语言服务需求的多元性，听障人群对现有应急语言服务的满意度有待提升，听障人群应急语言服务需求背后是日常沟通需求。为此，应站在语言权的高度，理解听障人群语言服务需求，将应急语言服务纳入信息无障碍建设框架，确保残障群体对语言应急服务的全面参与，增强残障者自身的沟通能力和心理抗逆力。

——郑璇.听障人群应急语言服务需求调研：基于访谈文本的质性分析［J］.语言政策与规划研究，2021（02）：40—54+122.

促进手语服务行业发展

目前国内手语服务行业还处于起步阶段，仍以小微企业为主，没有较大规模的企业或机构参与，行业内普遍缺乏高端手语翻译人才，还没有建立起完整的手语翻译教育、培训、认证体系，缺少有效的行业监管以及法律保障机制，还无法完全满足听障人群日益增长的语言服务需求。促进我国手语服务行业发展，一是要在国家语言规划框架之下进行充分的政策引导，中国手语服务行业的发展方向很大程度上取决于相关政策导向；二是要加强手语翻译人才的培养，完善手语应用人才的教育模式；三是要探索建立手语翻译资格认证制度和手语翻译行业协会，促进手语服务的规范化和标准化；四是要大力培育和扶持手语服务企业和机构。

——倪兰，唐文妍，和子晴，等.中国手语服务行业现状与发展趋势［J］.语言产业研究，2021，3：111—123.

加强语言服务学科建设

面对5G时代全球语言服务业的快速发展，我们应抓紧设立语言服务学科，以应对未来智能社会的挑战。创新发展语言服务学科，从厘清其学科属性、学科内涵与边界、学科理论体系架构、学科对象、学科方法、学科队伍建设入手，为设置该学科提供政策依据与学理依据。语言服务学科内核是跨语言应用能力，学科目标是培养现代服务业语言应用人才，综合运用语言学、翻译学、计算机科学、社会学、传播学、经济学等多个学科的理论与方法，系统研究和解决翻译应用、企业国际化、全球市场调研、多媒体编创、品牌与软件本地化、语言数据研发、多语种培训、跨语言管理、语言标准化、语言文化贸易和文化传播等领域中的实际问题。高校应为建设语言服务强国培养更多合格的语言服务人才，逐渐从语言人才培养模式转向语言服务人才培养模式。

——王立非.从语言服务大国迈向语言服务强国——再论语言服务、语言服务学科、语言服务人才[J].北京第二外国语学院学报，2021，43（01）：3—11.

（栏目主持：王海兰）

国家语言能力

【编者按】"国家语言能力"是我国语言政策研究的重要话题,作为国家语言能力重要方面的"国家话语能力"近年来尤受关注。2021年相关研究取得新进展,《新中国国家语言能力研究》《罗马尼亚国家语言能力研究》等论著出版,国家治理话语、对外应急话语、翻译研究话语体系构建、语言学话语体系建设等研究在国家社科、国家语委等科研基金获批立项,第二届国家翻译实践与对外话语体系建构高层论坛等学术会议召开。从年内发表的论文看,研究内容主要涉及国家语言能力与个人语言能力的关系统筹、国家话语能力理论、国家话语能力规划与建设方略、国家话语外译传播等议题。

统筹推进国家语言能力建设与个人语言能力提升

个人语言能力是"以言行事"的能力,是用语言完成人生事务的能力,主要体现为"三语层"[①]能力和"三语体"[②]能力。当前要做的是科学引导家庭语言规划,重视国家通用语言文字的学习,且让下一代学好汉语方言和民族母语,避免文化语言层的衰落。同时要注意对第二外语的选择、学习和利用的指导,使第二外语对个人更有价值,也帮助提升国家的语种能力。

国家语言能力是国家处理海内外各种事务所需要的语言能力。其语种能力应为20/200,即能够熟练掌握世界上最为重要的20来种语言以获取最新知识,更好地参与全球治理;能够使用200来种语言向世界讲好"中国故事",为构建人类命运共同体服务。国家语言能力具体表现为领域语言能力,其中行政、外事、军事安全、新闻舆论、科技教育、经济贸易等六大领域的语言能力最为重要。这些领域的语言能力有时会超过200种语言,涉及我国外语教育的薄弱区甚至是盲区,需要采取特殊举措去及时满足。

---

① 指文化层、主用层、发展层。
② 指口语体、一般书面语体、典雅语体。

论点摘编

为提升国家的领域语言能力，获取国内外各领域的话语权，需要深入开展国际国内的一些重要话题的研究。这也要求语言学不仅要研究语言的结构，还要研究话语这一语言的真实存在方式，实现由结构研究向话语研究的转变。从语言学观念上，不仅要把语言看作一个符号系统，更要把语言看作知识库和信息流。

进入人工智能时代，机器翻译等语言信息处理技术突飞猛进，但并不会因此影响对个人和国家的语种要求。就个人而言，外语学习仍具有不可代替的价值，因为外语不完全是工具，外语学习更是为了增强文化素养，且由此可以认识不同的语言世界和文化世界，可以树立科学的语言观和文化观，可以更好地汲取不同文化的营养。而对于国家而言，目前语言智能还不可能代替人来完成国家的语言使命，特别是一些特殊领域的语言使命。同时，作为语言智能时代的个人和国家，倒是必须掌握现代语言技术，具有使用和发展现代语言技术的能力。

公民语言能力是国家语言能力的基础，公民语言能力的发展有利于国家语言的提升；但两者的发展并不完全具有等比例关系。40年来，中国公民的语言能力获得了较大发展，多数人都发展为多言多语人；国家的语言能力也有了一定程度提高，但是差距还相当明显。目前只能开设100来种外语课程，其中多为近年开设，许多语种还未形成现实语言能力，在许多领域，国家的语言能力仍有欠缺。这是因为两种语言能力的发展受制于不同的规律：个人语言能力发展主要受制于语言市场，哪种语言使用者多，人们都去学习哪种语言；国家语言能力的发展不能完全靠语言市场，还要靠"计划经济"，需要用政策调整。这就要求国家必须制定适合的语言政策，做好语言规划，确实保障公民的个人语言能力不断提升，同时保障国家具有处理海内外各种事务的语言能力。

——李宇明.试论个人语言能力和国家语言能力[J].语言文字应用，2021（03）：2—16.

我国国家语言能力尚存短板

中国的国家语言能力指数为0.767，在世界上仅次于美国，居第二位。从整体指数来看，中国国家语言能力与中国的综合国力基本匹配。但是分析各分项能力的数据，可发现中国和美国、英国这两个以英语为主导语言的国家相比，还有不少方面存在差距，需要在语言研究、语言教育、语言产业和学术话语方面加强建设。世界正经历百年未有之大变局，我国在国际上面临政治、经济、文化等各方面的压力，提高自身实力正是应对一切内外问题的根本。在资源有限的情况下，可以优先发展国家语言掌控能力、创造能力、拓展能力。因为从权重指标体系来看，这几个方面对国家语言能力的整体提升有较大帮助，可以快速增强我国的国家实力，更好地维护国家利益。掌控能力包括语言普查数据、语言人才库建设等指标，实际对应着国家对自身语言资源的掌握和运用能力。创造能力包括高校语言教学能力和研究能力两个指标，这是一个国家语言教育水平的集中体现。拓展能力包括影响力和传播力，其三级指标主要面向国际使用和拓展。

——张天伟.国家语言能力指数体系完善与研究实践［J］.语言战略研究，2021，6（05）：12—24.

我国参与国际组织要提升语言能力

为了加强我国的全球治理能力和影响，我们需要大面积地、积极地参与国际组织。但不可否认，中国在众多国际组织的参与度和影响力都还不够理想，具体表现在代表数量少、职位低和分布不均衡以及中文地位低和使用少等方面，这在很大程度上制约着我国在国际组织中话语权和全球治理能力的提升。造成这种现象的一个重要因素是语言（包括母语教育、中文推广和外语能力），可见，语言是我国在国际组织参与过程中遇到的一个挑战，我们需要充分地认识它、科学地研究它和高度地重视它。研究表明，国际组织的参与能力包括语言素养、专业素养和综合素养，语言素养是基础，但三个要素不能脱节发展，而我国就存在这个问题。因此，我们提出了我国国际组织人才培养的三种模式："外语本科+非语言专业研究生"模式（弥补专业素养的不足）、"非语言专业学生+外语（尤其是英语）"模式（弥补语言素养的不足）、"国际组织专业"模式（弥补综合素养的不足）。此外，中国籍国际组织人员要加强中文在国际组织中地位及声望提高的意识，推出鼓励中文使用的具体措施。

——张治国.中国参与国际组织的语言问题研究［J］.云南师范大学学报（哲学社会科学版），2021，53（03）：85—94.

第二部分 论点摘编

国家话语能力关乎国家形象构建

国家话语是话语主体代表国家或者政府机构在处理国内外事务时所产生的言语作品。它包括法律话语、对内事务话语、对外事务话语、媒体话语、宣传话语等。话语主体可以是代表国家的个体，也可以是代表国家的机构。国家话语能力是国家语言能力的重要组成部分，是话语主体处理国内外事务最重要的语言能力，也是构建国家形象的主要语言能力。在处理国内事务中，国家话语能力主要包括对内的语言沟通能力、语言治理能力、语言服务能力、语言应急能力等；在处理国际事务中，主要包括使用国家通用语言文字和多种外国语言文字，在国际社会中的沟通能力、传播能力、话语权的获得能力等。国家话语能力的核心要素是生成能力、传播能力和管理能力。

——苏金智.国家话语的生成传播与管理能力及其提升［J］.云南师范大学学报（哲学社会科学版），2021，53（04）：49—57.

正确看待话语能力和话语权的关系

国家话语能力跟国家话语权有着紧密的关系。一般地说，两者是正相关的关系，能力高了必然获得更多的话语权。国家话语能力是国家软实力的一个重要组成部分。国家话语权一方面需要国家硬实力的支撑，另一方面它也是国家总体实力的外化表现。话语权是衡量国家话语能力高低的重要标志。处理国内外事务国家话语能力的高低关系到国家的兴盛和衰亡。国家话语能力不仅关系到国家的发展和公民的福祉，也关系到人类命运共同体建设的成败；关系到国家通用语言文字在国际上是否能够广泛传播及提高地位，也关系到国内民众和国际社会心目中国家形象的好坏。

毫无疑问，提升国家话语能力，争取更多的国际话语权，是国家的大事，需要认真对待。但是我们也应该清楚地看到，话语功能是有局限性的，也就是说语言的功能是有局限性的。如果过分夸大语言功能，就会走向语言崇拜或者语言迷信的歧路。要正确理解话语功能和话语权，国家话语虽然可以通过国家行为转化为国家权力，对受众产生思想行为等方面的影响，但是如果没有国家法律、行政和一系列言语行为规则的约束，其作用是会大打折扣的。国际话语权之争实质上是国家实力之争，并非只是国家话语能力之争，只有提升国家实力，国家话语权的获取才能有保障。

——苏金智.国家话语的生成传播与管理能力及其提升［J］.云南师范大学学报（哲学社会科学版），2021，53（04）：49—57.

把握国家话语能力提升的主要路径

当前我国国家话语的生成能力旺盛、生成机制基本合理，传播动力强大，管理能力不断增强，国家话语体系正在形成。同时，国家话语的受众群体社会文化背景存在较大差异导致要做到有针对性和得体的难度很大，国家话语的生成能力和传播能力与国家发展需求还不相适应，口头话语生成能力跟书面话语生成能力不平衡，多种话语模式容易产生失控或者错位，应对国家话语生态危机能力不足，国家话语的生成、传播和管理还没有形成一个完善的机制。

提升国家话语能力的路径主要有五个方面：一是把国家话语能力的提升纳入国家战略，挖掘和开发国家语言资源和话语生成能力，开拓国家话语的国际传播渠道，突破国际传播对手的封锁和人为制造的种种障碍；二是开展国家话语案例的批评分析研究，找到存在的具体问题，明确解决问题的方法，进一步健全国家话语管理机制；三是开展国家话语能力跨国比较分析研究，取长补短，明确提升的目标，找到对策；四是抓住母语能力、国家通用语言能力和外语能力三个重要环节，提升个体语言能力，同时提升政府部门工作人员的职业能力，加强国家语言宏观管理，全面提升国家语言能力；五是用文化和谐论应对"文化渗透论""中国威胁论""文明冲突论"，改善国家话语不利的国际环境，消解国家话语生态危机。

——苏金智.国家话语的生成传播与管理能力及其提升［J］.云南师范大学学报（哲学社会科学版），2021，53（04）：49—57.

话语规划是提升国家话语能力的关键

国家话语能力建设是中国语言学对接国家和社会发展战略的新兴领域之一，也是语言规划学科向话语转型发展的重要命题之一。话语规划作为语言规划转型的新领域,是提升国家话语能力的关键。话语规划作为一种特殊的语言规划形式,在话语体系构建中发挥着举足轻重的作用。话语体系并不等同于语言,它是指某一学术、专业领域所使用的话语,具有特定词汇语法特征、结构形式、专业术语以及语言规范,但同时又具有思想指向和价值取向的语言系统。有国外学者将话语作为一种规划类型纳入语言规划领域,认为话语规划是指研究语言表征与形象,并以劝说或是教育方式将意识形态通过话语建构的一种语言规划,是一种以"对话协商、迭代反复或慎重思考"为干预特征的规划实践活动。在对语言规划转型三个阶段进行细致梳理之后,我们认为,国外学者将话语规划归为语言规划的一种特殊类型的提法,并不完全准确。如果仅仅将话语规划作为语言规划的一个下位类型的话,那么,话语规划与语言本体规划或声誉规划是一种并列关系,也就无法统摄本应涵盖的话语本体、地位、教育和技术等诸多方面,更无法构建全面的话语体系。因此,我们认为话语规划是语言规划转型的一个新领域,两者之间不是从属关系,而是递进并列关系。需要指出的是,话语规划并不是一般意义上的话语创造,而是关系到反映国家形象的话语体系创新与构建问题,它主要涉及国家、机构等话语主体通过话语在意识形态层面建立体现国家意志的世界观和形象。因此,话语规划是从国家或是国家机构的战略利益出发,致力于提高国家话语能力,进而提升自身形象的一种规划行为;在实践层面,话语规划更是话语体系构建的动态过程。话语规划不仅将语言作为问题,更将其作为具有思想与价值内涵的表达形式,国家话语体系以话语为中心,需要通过一定的语言来塑造、成形、表达、转换与调适,这样的实践活动即为话语规划,其规划产物就是话语体系。因此,话语规划是国家话语能力建设的途径与机制,而话语体系则是国家话语能力建设的基础与保障。话语规划是构建话语体系的过程,更是提升国家话语能力的关键。基于语言规划理论框架,话语规划的基本内容包括话语本体规划、话语地位规划、话语教育规划、话语声誉规划、话语翻译规划和话语技术规划等六个方面。

——沈骑.语言规划视域下的国家话语能力建设[J].云南师范大学学报(哲学社会科学版),2021,53(04):58—66.

加强国家话语能力建设要在四个维度上发力

在纷繁复杂的世界变局和国内进入新发展阶段的背景下,加强国家话语能力建设迫在眉睫。当前亟须切实解决国家话语建设的深层次问题和可持续问题,可重点从四个维度着力：其一，强化议题设置，从国家发展需求和国际时局出发，主动设置既能体现我国国家意志和利益诉求，又能契合人类共同情感和价值追求、具备国际张力的新议题，掌握话语主动权；其二，注重话语体系建构，围绕重要议题凝练核心思想，创建有机的概念体系，实现对议题内涵和外延的深入解读和全面表述，从而形成蕴含思想体系、理论系统、文化基础、制度保证和目标建构的话语体系；其三，调适话语表达，善用受众的话语求共鸣，善用平易的话语接地气，善用故事性话语入人心，善用多手段表达添魅力；其四，实现话语传播策略的突围，需要研判新形势精准施策，创新传播机制推动全媒合唱，激活"沉默的多数"，培育"在地"传播者，挖掘民间潜能以个体叙事演绎国家故事，利用现代科技优化传播平台和方式手段，强化国际传媒合作，创建国际话语朋友圈。

——赫琳.国家话语能力建设的四个维度［J］.云南师范大学学报（哲学社会科学版），2021，53（04）：39—48.

推动新媒体技术逻辑下的国际传播话语体系升级

国际政治经济格局的变动与新媒介引发的国际舆论场变革，亟待中国国际传播实现逻辑转向与话语体系升级。在新媒体的技术逻辑下，中国国际传播应该从以往的"让中国了解世界、让世界了解中国"的二维逻辑转向"中国看世界""中国向世界报道世界""中国影响世界""建立平衡国际传播秩序和话语权力"等多维视角，这就要求以国家为主体展开国际传播的话语体系升级。第一，直面中国和全球热点议题，突破抽象国家形象塑造，直接面对中国和全球的热点议题勇于发声，给出自主性的"中国方案"和"中国态度"，向国际受众传递中国声音，从而逐步改变不对称的国际舆论格局。第二，立足中国独特文化基因，跳出西方固有话语体系，进行新知识的生产。第三，重视新媒介生态，抓住技术红利，创新国际传播的文本形式。第四，关注个人媒介系统，研究受众心理动机与选择机制，追求平衡的国际传播秩序，进而采取有针对性的精准传播与话语范式，真正将中国声音"传出去"和"传进去"。第五，建构国际舆论场的强势框架，打破西方媒体的冲突框架，参与国际话语权竞争。

——李玉洁.中国国际传播的逻辑转向与话语升级［J］.河南大学学报（社会科学版），2021，61（06）：129—134.

第二部分 论点摘编

加强合作型外交话语研究

国际关系中的外交话语实践根据权力主体间的关系可分为对立型外交话语与合作型外交话语。当前时代背景下倡导对话协商、合作共赢的中国"和合"话语是合作型外交话语的典型代表。长期以来政治外交话语的研究主要关注话语的对立性特征,而对合作型外交话语的研究和系统性解读不足。从认知话语分析的空间概念化视角看,合作型外交话语应呈现与对立型外交话语不同的空间表征形式。分析习近平主席在第75届联合国大会一般性辩论上的讲话可以发现,合作型外交话语空间总体呈现"整体包容"和"外向延展"特征。

在当前深化国际合作、推动共赢发展日渐成为共识的背景下,从理论层面关注国际关系话语实践的合作性特征,从多学科视角阐释其意义建构的过程、目标和价值是促进全球话语体系多元发展的客观要求。今后研究可进一步探究"空间—时间—价值"拓展框架下三维度表征的更多话语识解策略和三维度之间的内在关系;在此基础上对比讨论合作型外交话语与对立型外交话语在三维度表征及话语空间整体特征的差异,从话语空间表征探究两类话语的心理认知过程,共同解释国际关系的外交话语实践,从而更全面地解读新时代的中国致力于合作共赢的"和合"外交话语的特征,为国际关系和国际政治学的相关研究提供语言学理据支撑,以推动国际话语秩序朝着更加公正合理的方向发展。

——马倩,文秋芳.合作型/对立型外交话语的话语空间拓展框架构建
——对 Chilton 话语空间理论的调适 [J].西安外国语大学学报,
2021,29(03):8—12+38.

多维度构建中国优秀文化外译话语体系

在话语主体维度上,须实现文化外译各话语主体之间的有效联动与合作,培养融通中外的文化外译人才,充分发掘译者、传播者、赞助人体系作为"文化使者"的作用,关注受众的多元背景与文化需求,促进中国优秀文化在国际社会的传播、认同与接受,实现文化与文化之间的积极对话。

在话语文本维度上,应重视中国优秀传统文化艺术、中国特色社会主义理

论体系、习近平新时代中国特色社会主义思想以及中国现当代哲学社会科学优秀成果等的外译传播。

在话语表达维度上，要基于生活事实与文化的动态发展进行对话式理解，采用故事化的对外话语叙事方式以及从"他者"出发的话语关怀策略，将中国优秀文化融入特定的故事结构，把握不同受众的文化差异与审美偏好，讲好中国文化故事，让受众乐于倾听中国声音、接纳中华文化，促进中国文化外译话语影响力和话语权不断提升。

在话语语境维度上，首先，要对于本土文化语境予以充分关注，建立民族文化认同感与归属感，以坚定的文化自信和文化自觉推进中国优秀文化外译话语体系建构；其次，要将文化外译置于跨文化交际的语境当中，确立世界眼光，培养跨文化交际能力，坚持开放包容、共建共享的理念，在不同文明交流互鉴中推进中国优秀文化外译话语体系建构，向世界展现一个负责任大国形象；最后，要积极关注网络社会语境以及多模态话语语境，借助精准化的网络传播方式和新媒体技术手段，建构多模态、多渠道、多形式的文化外译话语表达，创新中国优秀文化外译话语传播途径和方式，提高中国优秀文化对外译介效果，在世界文明互鉴中彰显中国文化的独特魅力。

——王建华，张茜.中国优秀文化外译话语体系建构[J].中国人民大学学报，2021，35（03）：164—172.

柔性传播外交话语核心概念

外交话语具有明显的政治色彩。如果采用直截了当的强势传播方式传播，则往往会引起国外受众的反感和抵触。毕竟，我国的政治体制和意识形态与其他国家尤其是西方国家存在很大差异。因此，中国当代外交话语核心概念的对外传播应采取柔性传播的策略。

首先，我们应当挖掘并提炼我国当代外交话语核心概念蕴含的世界性意义，增强我国外交话语与国外受众之间的文化接近性，从而拉近我们与国外受众之间的心理距离。如"人类命运共同体"这一概念的核心价值观是人类利益共存、合作共赢、休戚与共。这些价值观符合人类社会发展的要求，无疑具有世界性意义。应当向国外民众阐明中国当代外交话语核心概念所蕴含的共同价值，激起国外民众对这些话语及其理念的情感认同。

其次，我们可以将当代中国外交话语故事化和案例化，通过讲故事或叙述典型案例的方法，生动形象地向国外受众宣传中国外交思想和外交理念，让国外受众在不知不觉中理解并认同中国当代外交话语核心概念所体现的核心价值观。以"中国梦"这一核心概念为例，可以通过不同阶层的普通人讲述自己奋斗并获得成功的经历来诠释中国梦的内涵，挖掘外国人在中国实现自己梦想的素材来阐明中国梦的世界性意义。此外，还可以围绕中国当代外交话语核心概念所承载的价值观，设计特定文化符号，并凭借该文化符号进行对外传播。2014年，新华社利用微博和微信，设计了"玉兔"这一特定的中国文化符号，向国外受众宣传我国航天登月计划，取得了巨大成功。

最后，我们在翻译中国当代外交话语核心概念时，要尽量避免使用战争隐喻或冲突隐喻，多用中性词语或软性词语。我们对一些外交话语进行了分析，发现有些话语频繁使用战争隐喻和冲突隐喻，如"吹响号角""打赢战役""开辟战场"和"英勇战斗"等。如果将这些词直译成具有战争隐喻或冲突隐喻的词语，会让国外受众觉得我们是好战民族，这有悖于我们一贯奉行的和平发展理念。

——胡开宝，张晨夏.中国当代外交话语核心概念对外传播的现状、
问题与策略［J］.浙江大学学报（人文社会科学版），
2021，51（05）：99—109.

重视语言模因在国际话语权建构中的作用

在第四代战争中，话语作为语言模因，在传统和网络媒体大规模传播，在积极和消极两个方面影响心理和观念：或凝聚人心，强化信念，使民众万众一心，维护国家及其权力，保持社会稳定；或动摇人心，瓦解国民对其国家及其政策的支持，进而破坏国家的政权基础，造成动乱。在适当的框架内，可把语言模因武器化，利用语言模因的双重作用，防止或解决非理性冲突，形成话语权，保障国家安全，摧毁对手国家的话语体系和政治生态。语言模因行动是赢得话语权的行动形式，主要包括语言模因信息行动、语言模因网络行动和语言模因心理行动。信息行动传播核心话语信息，网络行动破坏对手的心理空间，心理行动使媒体达到预期目标。

语言模因行动尚属新概念。无论是语言模因信息行动还是语言模因心理行动，一般都需要设计一个简单清晰、能直击人心的模因主题词，然后通过多角度、多方位推导和多叙事渲染，形成压倒性的话语和舆论优势。语言模因的武

器化能够发挥这一优势。在建构话语权领域，我们需要强化有效传播的能力、培育多元化的传播手段，语言模因武器化就是这样一种手段。要认识语言模因行动，把语言模因作为中国建构话语权的理论依据和方法之一，我们需要具有开放的思维模式、宽阔的视域、灵活的态度，接受新理论、新技术，在国家建构话语权中采纳前沿理论、接受国际最新理论成果和最新思考的结论，研究语言模因强化国际话语权的方式和效果，把语言模因作为中国建构话语权的基本能力之一。

——樊林洲，陈生梅.中国国际话语权的语言模因建构［J］.甘肃社会科学，2021（03）：228—236.

"中国英语"研究与中国话语研究应该相互融合

自改革开放以来，中国的国力和文化软实力都在不断增强，在愈来愈多的对外经济和文化交流中，中国人发出了更多更强的声音，中国话语的存在成为不争的事实，而中国话语在国际舞台上主要是由英语传播的，这样，作为在以英语进行的国际交流中体现中国话语的英语变体"中国英语"也应运而生，得到了国内外学者的关注。

"中国英语"是否有系统的独特特征、规范性的标准，是确定"中国英语"地位的关键因素。但"中国英语"研究的核心一直主要聚焦于语言的词汇、句法、语音等形式和媒介特征。而中国话语的基本特征是意义特征，决定这些意义特征的是使这些意义产生的中国文化、思想、立场、世界观、人生观、价值观、态度等，以及使话语适用于社会交际的情景语境。因此，"中国英语"研究与中国话语研究应该相互融合，形成一体化研究模式，建立从社会文化、情景语境到意义、词汇语法、音系字系的多层次研究框架。

中国话语用英语传播的最佳途径是以最佳方式处理好用英语表达在中国社会文化和情景语境中交流的意义，又要使英语本族语者接受和理解，特别是要乐意接受这对矛盾。这样，在国际交流中体现中国话语的"中国英语"可以定义为：在中国文化与英语国家文化交流和碰撞中产生的、符合英语规范，同时又在汉语文化和思维方式影响下用英语表达满载中国文化特色的、能够被英语本族语者所理解和接受的语言变体。

中国话语及其译文（中国英语）有三个突出特征：对立统一性、动态性和文体独特性。进行中国话语外译中语言模式的研究需要掌握体现中国话语的"中国英语"的基本特征，利用好当今世界有利于"中国英语"发展的大好机遇，探讨提高和优化"中国英语"的路径；同时，利用好"中国英语"这个利器，反击西方污华辱华的言论，为"中国英语"研究的健康发展开辟一条有效路径。

——张德禄，张珂.中国话语外译语言选择模式探索：系统功能视角[J].外语电化教学，2021（05）：18—25+3.

把握外交话语隐喻的翻译策略

隐喻是习近平新时代中国特色大国外交话语体系的重要构成部分，对外交话语的内涵表达和功能实现至关重要。在"政治等效"原则的指导下进行外交话语中隐喻翻译时，译者要深入了解说话者和受众之间的语言文化和政治理念差异，忠实传达原文的价值观和政治内涵；也要与时俱进，把握源语的政治内涵和引申意义，紧贴译入语的发展；还要使用受众所能接受的表达方式，使说话者所表达的和接收者所得到的信息等值，满足"政治性""动态性"和"平衡性"三大特点，实现"政治等效"。就隐喻翻译策略具体而言，在翻译源域相同式隐喻时可以根据隐喻的数量和政治内涵的不同，灵活保留全部或部分隐喻；在翻译源域相异式隐喻时可以采取转换隐喻的策略，谋求"双认同"；在翻译新词式隐喻和旧词新义式隐喻时，要充分考虑受众对隐喻所涉及的中国文化的了解程度，保留隐喻并在需要时添加解释性文字。

——任东升，季秀妹.基于"政治等效"的外交话语隐喻英译策略——以2019年外交部例行记者会发言为例[J].当代外语研究，2021（03）：84—95+113.

构建新风格外交话语的翻译策略

十八大以来我国外交部发言人的话语风格发生了较大转变，显性评价和坦率回应频率增加，与生活话语的互动性增强，巧用中国传统文化元素，注重"同一"修辞策略的使用，多模态、多方位传达外交理念。为了再现这种大国外交话语新风格，译者在翻译过程中可以采取以下策略：一是仔细揣摩原文语义韵，准确传递态度立场，通过关键词的典型搭配词在语境中营造出的积极、消极、中性的语义氛围和语义强度的差别；二是重视译文语境重构，力求再现政治内涵，根据时代背景、国内外政治局势等大语境和原文语篇具体语境，仔细领会和揣摩话语的思想内涵、政治意图和政治色彩，使用要素删减、增加、替代和重组等改适转换方法对译文进行语境重构，以使其政治内涵充分再现；三是多维度进行读者关照，加强译语的穿透力和可达性，充分考虑异国读者的语言习惯、文化认知心理、审美情趣，通过增添、删减、重构等调整将原文以对方熟悉且愿意接受的方式呈现出来；四是适度保留"异质因子"，抓住译文读者求新求异的心理和对陌生感的期待，在译文中适度保留原文中的中国特色文化信息，并通过增译、释译等方式将该信息背后蕴含的思想、历史、人文内涵等一一呈现，以满足国外受众的政治文化信息需求和美学情感诉求，从而推动中国文化的对外传播。

——范武邱，王昱.十八大以来我国外交部发言人话语新风格及翻译策略探析[J]. 外语教学，2021，42（02）：80—85.

（栏目主持：樊小玲）

国际中文教育

【编者按】国际中文教育是中文国际传播的核心路径，是新时代语言文字工作的重要任务，《国务院办公厅关于全面加强新时代语言文字工作的意见》就"加强国际中文教育和服务"提出明确要求和一系列重要举措。国际中文教育不仅包括国外面向当地居民的中文教学，也包括国外面向华人华侨的华文教学和国内面向留学生的对外汉语教学。2021年相关研究成果丰硕，本栏目聚焦宏观层面的战略规划研究，摘编介绍研究论文中的代表性学术观点和思考建言。

国际中文教育是人类命运共同体理念的全球实践

马克思主义视域下语言与共同体的互动关系，奠定了国际中文教育与人类命运共同体的辩证联系。国际中文教育的多元双向语言格局与全球公共产品性两大特征，蕴含着人类命运共同体"共存共在"与"共赢共享"的理念内涵，并具象化呈现于全球实践维度。

"共存共在"是人类命运共同体的最核心的本质内涵之一，为国际中文教育的语言多元双向交流格局奠定了理论基础。国际中文教育作为桥梁与纽带，从不是单向度的灌输与改造，而是创造人们与外部世界更加深入的交流机会；既向外界提供作为国际公共产品的语言教学，更借此汲取借鉴外部文明的先进经验与优秀成果，最终促进人类文明交流与多元文化互鉴。这与人类命运共同体语言多元化的愿景若合一契。国际中文教育在全球范围内的多领域实践，早已超越了单纯出于民族感情的国际推广传播，更非直接针对任何其他语言的竞争较量，而是在旧有国际秩序困局之下构建人类命运共同体这一中国方案的必然产物，直接贡献于人类命运共同体的构建。

国际中文教育所呈现的中文作为通用性公共产品的价值，是人类命运共同体理念"共赢共享"本质内涵的具象化印证。"共赢共享"即各行为主体共同创造、共同享有物质财富与精神财富，这是人类命运共同体的普遍利益旨归。

不断深入推进构建人类命运共同体，必然离不开中文充分发挥全球性公共产品的工具价值，在生产实践、交往互动与利益旨归等各个维度上加持贡献。国际中文教育的效果越理想，中文的交往价值、经济价值与文化价值就会在共同体框架中发挥得越充分，语言作为共同体的一部分对共同体参与构建的意义就会履行得越到位。人类命运共同体"共赢共享"的内涵与实践，使得中文作为全球性公共产品的热度与日俱增。在国际中文教育的众多实践中，特色项目"中文+"进一步延伸了国际中文教育的公共产品功能，一方面积极助力中资企业的海外发展，另一方面更是为当地孔子学院学员与民众提供了更多的就业选择和就业平台，解决了当地社会发展的实际困难，让各国人民能够通过中文媒介进入人类命运共同体的框架之中，共享发展红利，共赢人类未来。

——黄湄.国际中文教育与人类命运共同体的关系[J].学校党建与思想教育，2021（06）：88—90.

合理规划汉语国际化初始阶段的教学目标与策略

结合汉语教学的现状，务实而客观地评估汉语国际化的进程与程度，有助于使我们制订的发展计划更加符合实际，有助于更好地促使汉语国际化有序发展、高效发展。已有研究表明，汉语国际化的水平还很低，正处于普及化走向世界的初始阶段；由于汉语规模化走向世界的时间短，加之语言文字类型的差异等因素，当今世界范围内对汉语学习的畏惧感还相当普遍。如果这两个判断大体符合实际，那就应合理规划汉语国际化初始阶段的教学目标和教学策略，应以"培育和扩大汉语学习市场"为现阶段汉语教学与传播的总目标，千方百计地扩大汉语学习者的基数。为此应确立这样的汉语国际化策略：普及是第一位的，是当下的；提高是第二位的，是后续的。在普遍性存在"汉语难学"观念的情况下，如果一味强调"高标准，严要求"，很可能达不到预期的效果。相反，如果以千方百计地吸引更多的外国人想学汉语、乐学汉语，并能有获得感、有学下去的愿望和兴趣为上策，就不会在意一时的一音一调发不好，一画一字写得不合顺序，这样才能让更多的外国人有持续学习汉语的愿望和信心。

——李泉.论汉语国际化规划[J].辽宁大学学报（哲学社会科学版），2021，49（01）：121—129+2.

第二部分 论点摘编

扭转"汉语难学"的语言形象

所谓的"难学""复杂性高"会造成负面的汉语形象,不利于汉语国际传播,对中国整体形象的构建与传播也可能会带来负面影响,故需要进行汉语声望规划。第一,积极主动地对汉语进行正面的声望规划。如在联合国中文日的基础上推动设立国际中文日,邀请在国际上有一定知名度的影视明星、体育明星等担任中文形象大使,提高汉语的国际认知。挖掘中文国际传播在应对国际减贫、环保、安全等重大问题上的独特作用,发挥国外汉学家、政要、知名企业家等在中文国际声望规划中的辅助作用。第二,开展汉语国际形象调查。如全球媒体中的汉语形象调查,不同年龄段对汉语形象认知的差异调查,未接触过汉语与学习过汉语的人对汉语形象认知的差异调查等。第三,发挥媒体传播作用。媒体应停止"汉语是世界上最难学的语言(之一)"的不实报道,加强关于汉语纳入海外国家国民教育体系等反映汉语新的功能地位的事实的报道,打造适应新时代的汉语形象。同时,应通过自媒体视频、娱乐影视、文学作品、文化演出等多元传播手段,提升汉语的形象价值。第四,加强汉语本体规划。统一异读词、异形词以及专业领域的术语,整理和发布新词语,减少不适合当代语境的古语成分、方言成分、外来成分,避免不必要的繁难与冗杂。

——王辉,沈梦菲.汉语真的难学吗——汉语国际形象研究[J].世界汉语教学,2021,35(03):291—305.

提升汉硕毕业后出国教汉语的意愿

汉语国际教育师资需求主要来自海外,本专业学位点的设置初衷也是为世界各国培养汉语师资。然而,越来越多的汉语国际教育硕士(以下简称汉硕)毕业后不愿意出国长期工作,尤其是不愿去发展中国家,而愿意赴发达国家任教的,又多数缺乏竞争力。要解决这一问题:一是与目的国或国内汉语教学领导机构签订对口培养协议,实施订单式培养;二是加强中外联合培养汉硕;三是调整中外学生结构,大幅扩招外国本土汉硕,并适当减招中国汉硕;四是加强顶层规划,引导各高校明确自身服务的目的国和教育层次,制订各具特色的培养方案,引导开展高质量课程建设,在专项评估、合格评估和水平评估中充分发挥质量把关作用,引导全国的汉硕专业学位点在服务国家重要战略和世界各国汉语教学需求方面培养更多的高质量、具有汉语和中华文化国际传播使命感与责任感、热爱并乐于从事汉语国际教育相关职业的汉语师资。

——吴应辉.专业学位水平评估对汉语国际教育硕士人才培养带来的影响及反思[J].天津师范大学学报(社会科学版),2021(02),10—18.

创新孔子学院的平台功能

新时代的孔子学院建设需拓展平台功能,突破"语言教学和文化传播机构"身份的限制,在核心功能的基础上不断衍生新功能,逐渐成为"一核多元型"综合平台。首先,孔子学院在不断巩固和完善基础功能建设的基础上,努力衍生子功能。在教育功能方面,孔子学院在语言教学的基础上拓展职业教育功能,为用人单位精准培养和输送人才。在文化功能方面,孔子学院秉承传统文化与当代文化并进的传播理念,力求以当地民众喜闻乐见的形式展现真实、立体、全面的"全景中国"。其次,孔子学院顺应时代发展需要,不断提高服务能力,拓展服务领域。一是外交功能。孔子学院积极主动配合国家发展规划,成为我国公共外交的重要组成部分,不断探索创新海外中国语言和文化传播模式,推动中文使用和中国文化体验走进海外民众的日常生活,成为我国海外形象的重要"代言人"。二是经济功能。孔子学院作为非营利性机构,通过定点建院、应需帮扶,积极参与和协助改善所在地的就业环境,增加社会机会,为当地经济增长开辟新空间。"一带一路"建设在沿线国家的稳步发展催生了诸多新产业、新工种和新岗位,沿线国家社会和市场对中文人才的渴求极大地带动了中文教育的发展,中文在沿线各国外语教育中的地位不断提高,在广泛建立孔子学院/课堂协助各地提升中文教学质量的同时,孔子学院/课堂以合作机构为依托,开设了种类多样的职业类中文课程,共同解决沿线国家面临的职业中文人才匮乏的现实问题。

——李宝贵,庄瑶瑶.新时代孔子学院建设的守正与创新[J].东北师大学报(哲学社会科学版),2021(03):115—120.

第二部分 论点摘编

突破孔子学院的舆情困境

要突破当前的西方媒体舆论困境，孔子学院需要在舆论宣传工作上发力，加强多渠道多语种正面宣传，与西方媒体建立平等的对话机制，以下几点非常关键。第一，与国内外宣媒体合作，争取国际新闻话语权。目前孔子学院的正面海外报道主要由中国外宣媒体承担，但效果并不甚理想，建议与外宣媒体展开进一步合作，更加积极主动地推广和介绍自己，争取国际新闻话语权。第二，加强语合中心和基金会多语种网站建设。两个官网目前都只有汉语、英语版，不仅没有西班牙语、法语、日语等非通用语的官网版本，而且英语版中的内容也没有与汉语版内容同步更新。建议参考"法语联盟"，其官网兼有法、英、西三种语言版本，在不同国家还专门设有相应的官网，如"北京法语联盟"（Alliance Française de Pékin）。第三，重视年轻人，加大在国际社交媒体中的宣传力度。目前海外学习汉语的主力军是年轻人，但是目前孔子学院缺乏专门面向年轻人的海外宣传渠道，受国外年轻人欢迎的视频分享平台和社交媒体上都没有"孔子学院"官方账号，可见孔子学院在海外社交媒体平台上的宣传上还有很大的可提升空间；要注意宣传内容的合适性，多采用年轻人喜闻乐见的形式，尽量淡化官方色彩。第四，借助海外华文媒体加强中文形式的舆论宣传。海外华文媒体在讲好"中国故事"方面有着独特的优势，凭借其天然的融通中外的话语体系，成为以海外华人为主要受众的世界各国人民的"中国故事讲述者"。第五，利用名人效应、网红效应带动自身宣传。网红效应不仅能够促进宣传，还能同时宣传美食等中国文化。孔子学院还可以加强对李安、成龙等海内外知名人士的宣传和介绍，利用名人效应进一步提升孔子学院的吸引力和影响力。

——张未然.新形势下孔子学院的舆情困境：特征、原因与对策［J］.现代传播（中国传媒大学学报），2021，43（03）：20—26.

华语社区对华语传承传播具有重要意义

从马来西亚华语传承经验来看，华语社区与华语传承之间存在着必然联系：没有华语传承就难以形成华语社区；同样，没有华语社区也会影响华语传承。

可以说，华语社区最重要的标志就是要有用华语构成的语言生活。马来西亚华人社会成为真正意义上的"华语社区"，就是因为马来西亚华人对华语和"华人"身份的高度认同，并且在华语社区用华语沟通、交际和生活，使当地华语始终保持活力。正是由于华语社区的存在，马来西亚华语才形成了华人家庭、华语社区和华文学校三个稳定的代际间纵向传承渠道。这些都给语言传承以启示：建构语言生活，努力形成言语社区，是一种语言在多语环境下能够上升到更高一级语言竞争层面进行传承的关键所在。

随着科技进步和社会发展，华语社区逐渐发展出超物理空间的特性，不再囿于一地，具备了突破时间和空间局限的能力。这就为华语突破纵向传承，进行跨族裔间的横向传播提供了更多的可能性。如能顺势而为，不断拓宽华语的功能领域，可能会出现传承与传播相互促进的良好互动局面。在马来西亚华语社区打破原有物理空间的趋势之下，可以预见，华语的影响范围会持续扩大，从某一地华语社区走向全球华语社区甚至是更为广阔的空间。随着传播范围的扩大、传播对象的增加，全球华语社区在未来该如何发展，才能顺应这样的形势，助力华语高质量地传承、传播？这或许是全球华语传承研究的下一个重要命题。

——姚敏.马来西亚华人社会、华语社区与华语传承[J].语言战略研究，2021，6（04）：11—18.

散居情况下华人如何传承华语

对美国新泽西州爱迪生地区和大普林斯顿地区中国大陆新移民子女华语传承状况的调查结果显示，虽然这些新移民散居于当地其他族裔中，大多数华二代明显呈现出从中文到英文的转用过程，但是他们的中文并没有丢失，听说读写四项技能在不同程度上得以保持。在这些新移民华二代的华语传承中，周末中文学校发挥了显著作用，华裔家长及其子女的语言态度和家庭环境的影响对华二代的华语传承则发挥着关键作用。调查中发现的一个有趣现象是，所有华二代几乎都用中文跟祖辈交流，说明华人祖孙三代居住的家庭抚养结构有利于华语保持，至少可以延缓华语转用的过程。此外，中国的持续崛起、网络时代的全球联通以及华人和中华文化特有的韧性等，都是新时代海外华语保持的有利因素。特别是互联网联通和网络社交软件与现实生活的深度交融，如果能够将虚拟华语社区有效纳入华语学习和华语保持之中，将可以大大加强华二代与华语社区的联系和互动,起到类似华人传统言语社区唐人街那样的对华语保持所起的重要作用。

观察一下世界各地的情况,依托言语社区的语言互动来维持移民族群语言,传承语保持超过三代的实例比比皆是。从全球华语传承史来看,东南亚华人社区、欧美唐人街和北路东干人聚居社区,通过各自的社区力量形成了华语多代传承的社区模式。当前的问题是,当全球化时代的新华人群体不再结合为传统上的社区,而是散居于当地各族裔之中时,家庭和虚拟社区便成为传承语保持的堡垒。能否借助随中国崛起而日益凸显的中文价值、华裔父母对待中文的积极态度、华二代对华人身份的认同、广泛分布可及的周末中文学校、网络时代便利的虚拟中文社区以及多元语言文化观念等有利因素,在全球华人散居的情况下发展出一种新型"顺外传内"模式,通过双语或多语实践进一步促进海外华语传承,将是全球化时代华语传承研究的重大课题。

——曹贤文,金梅.美国新泽西州华二代华语传承调查研究[J].语言战略研究,2021,6(04):44—55.

优化海外华文教育路径

新冠肺炎疫情冲击下,海外华文教育发生了巨大变化,海外华文教育的对象、载体、空间与技术都需要随之调整。未来,海外华文教育将呈现数字化、全民化、多元化、全程化、全球化、专业化发展趋势。疫情背景下海外华文教育的优化路径有三种。

一是政府层面。我国还没有对全球的华文教育进行统一系统的规划与管理。建议加大海外华文教育评价体系研究,出台教学质量监督评估细则与奖惩政策;加快健全完善规范管理机制建设,为海外华文教育组织发展提供合法性支持;建立海外华校数据库与全球分布图,精准对接海外华文学校,分层分类扶持海外华文学校发展。

二是市场化层面。关注华文教育组织的多功能、多层次、多样化的发展,尽量避免组织生态位泛化与重叠。建议进一步开发华文教育专题APP和网站,汇总学习华文所需要的各类资源,为海外华文学校提供丰富的教学资源保障。同时,构建线上线下互动、海内外联动的教育模式,促进录播课与直播课相结合、音频课与视频课相结合、活动课与理论课相结合,运用人工智能技术与资源平台,实现华文教育课程大规模与个性化定制相结合。

三是社会资源层面。目前,海外华文学校大量聘用当地留学生和兼职教师,师资队伍不稳定,师资培训力度亟须加大。第一,建议引导更多的高校开设华文教育专业,逐渐解决专业华文教育师资紧缺问题。第二,加大华文教师培训。国侨办、华文教育基金会等虽然开设了相关培训班,但还远远不能满足海外华校的师资需求。建议成立海外华文教师培养基地,研发培训课程,定期系统培训师资,建立师资库,实行华文教师持证上岗制度。第三,出台华文教师相关制度保障措施,稳定师资队伍,并给予外派华文教师相应的奖励等。

——谢树华,包含丽.疫情冲击下海外华文教育面临的困境与发展趋势——基于组织生态学视角的分析[J].华侨华人历史研究,2021(02):52—60.

开辟国际中文教育的数智化传播新方式

数智时代,国际中文教育传播路径发生重大改变,数智化在线学习平台成为国际中文教育传播的重要渠道。一方面,利用特定算法实现精准传播。数智化在线学习平台可以通过大数据和人工智能技术,记录用户的基础信息、学习诉求、学习行为和学习兴趣,为其智能推荐最合适的内容。若要实现内容精准推荐,需要满足两个条件:一是技术手段足够成熟,二是资源数量足够丰富。就目前来看,技术手段已然成熟,当前急需的是丰富多样的在线教学资源,这一目标的实现既需要发挥传统主体的主导作用,又需要进一步发掘在线教学机构和在线个体知识创造者的创作潜力。另外,数智化在线学习平台还应该设置热点信息版块,给用户推送一些随机性的内容,从而弥补算法的不足,避免用户受到"信息茧房"的不利影响。另一方面,汇聚流量赢得更广泛用户。数智化在线学习平台依靠高质量内容吸引流量即受众关注量,进而将受众转化为真正的学习者。赢得流量是扩大国际中文教育影响力的重要途径,因此,我们要积极寻求获取流量的方案,如打造教学名师品牌(IP)、制作精良的传播内容、制定科学的内容分发策略等,以促进平台有效运营。鼓励数智技术在国际中文教育场景探索性应用,寻求精细化管理、用户画像、算法模型、智能推荐等领域的突破,从而提高国际中文教育的效率和效益。

——郑东晓,杜敏.数智技术变革国际中文教育生态[N].中国社会科学报,2021-09-25(A04).

来华留学生汉语教育要实现六大转变

第一,由"学汉语"向"用汉语学"转变,发挥汉语在获取专业知识、职业技能和学历学位过程中的"工具"作用,发展"专业汉语""职业汉语"。第二,教学内容由"历史中国"向"现代中国"转变,侧重介绍现代中国和未来中国的内容,如中国的经济、法律、外交,中国改革开放的思想、中国制度、中国道路,再加上一些科学技术内容,如5G等。第三,由"人工教学"向"科技教学"转变,融合"互联网+"和"语言智能+"技术的在线教学应成为汉语教育的重要发展方向。第四,由"课堂"向"课堂内外"转变,应有意识、有计划地把体验学习列入教学中,让学生不仅看、听,更要动手参与、研究和制作。第五,身份由"外宾"向"学生"转变,把留学生真正当作学生来对待,学习上严格要求,生活上减少过度照顾。第六,由"教学"向"教育"转变,来华留学生开始出现低龄化现象,在学生人格成熟、价值观定型的关键期,不仅要关心教学、知识,还应该关心他们的人生、成长。来华留学生培养目标应该是:具有专业知识,学有所成;成为优秀的世界公民,有人类命运共同体意识,有人类同情心;知华友华,是中国发展的同行者、支持者,中国文化的传播者,经贸交往的合作者。

——李宇明,翟艳.来华留学汉语教育70年:回顾与展望[J].
语言教学与研究,2021(04):1—10.

(栏目主持:唐培兰)

语言政策理论与方法

【编者按】2021年语言政策理论研究的主要热点是"语言治理",关于语言政策研究的学科发展、路径方法等问题也有较多讨论。《论语言政策规划》《语言政策与二语习得研究》《语言治理的理论与实践》等论著出版,国家社科、国家语委等科研基金批准"'两个一百年'背景下的语言国情调查与语言规划研究""新时代国家语言治理理论体系建构研究""我国语言文字治理体系现状及创新研究"等重大或重点项目立项,第七届中国语言政策与语言规划学术研讨会等多个学术会议讨论国家和区域语言治理问题,语言政策与规划领域专业期刊和辑刊发表一系列关于语言治理和语言政策学科发展的研究论文。本栏目摘编介绍研究论文中的代表性观点。

语言治理是对语言规划和语言管理的超越

语言政策与规划领域的规划、管理和治理这三个诞生于不同时代和语境的理论构念密切相关又有明显的区别,它们既不相互排斥,也不相互补充。规划、管理和治理有理论认识的超越关系,即管理能丰富并超越规划,治理丰富并超越管理。这三个核心概念对深刻认识语言政策与规划的本质产生了积极作用,语言规划没有产生普适性理论或模式,语言管理理论弥补了这一遗憾,语言治理的理论和模式尚待进一步探索和完善。

虽然一般认为语言规划是少数人发起、大多数人被动参与的社会文化活动,语言管理是政府自上而下对社会进行管理,语言治理要求大多数人主动参与、自上而下与自下而上良性互动,但是语言治理必须有语言规划和语言管理作为构成要素。语言规划、语言管理和语言治理都可以改造成分层进行的活动或过程,因此,可以有个人/家庭/机构/社区/国家语言规划等,也可能有个人/家庭/机构/社区/国家语言管理或语言治理。多层级、多主体的语言规划或管理本质上超越了传统意义上的规划和管理,演变为政府主导、社会参与的语言治理。语言治理对于语言规划和管理而言,不是排斥,而是拓展和延伸、丰富和兼容。

——戴曼纯.语言政策与规划理论构建:超越规划和管理的语言治理[J].云南师范大学学报(哲学社会科学版),2021,53(02):29—38.

从学科建构的视角开展语言治理研究

语言治理研究是语言政策与规划研究在中国的新发展,它的异军突起是时代背景、历史积淀、现实需求、学科发展等因素综合作用的结果,是国内和国际学界的互动融合、顺势而为。语言治理至少涵盖相辅相成的几个方面:语言文字本身的治理、语言文字生活的治理、语言文字工作的治理、语言治理助力国家治理。语言治理研究就是针对上述几个方面的理论和实践探索。当前中国的语言治理研究主要聚焦以下论题:语言治理的内涵与外延、国家语言能力、领域语言治理研究(网络语言治理、语言扶贫、应急语言、国际中文教育等)、全球语言治理、语言治理与国家安全、法治社会的语言治理、智慧城市与语言治理等。从学科发展的角度来看,未来的中国语言治理研究有必要在以下一些论题上重点着墨:厘清术语关系,明晰研究取向,分步骤、分主体、分领域研究,进行学科视角的建构。作为语言政策与规划在中国的新发展阶段,语言治理研究带来的不仅仅是研究视角和研究对象的演变,更是一系列研究理念(国家治理观、语言治理观、整体观和系统论等)、研究行为(分步骤的、分主体的、分领域的等)和研究规范(研究方法、写作范式、交叉学科等)的变革。面对百年未有之大变局,语言治理研究的未来大有可为。

——王春辉.学科建构视角下的语言治理研究[J].陕西师范大学学报(哲学社会科学版),2021,50(06):155—163.

加强全球语言治理研究

在世界百年未有之大变局下,全球语言治理既是全球治理的任务与目标之一,也是实现全球治理的重要手段。中国语言学研究者应参与并推动全球语言治理研究。第一,强化多维治理主体研究。全球语言治理研究要求突破以单一国家为主体的治理范畴,形成国际组织、地区组织、民族国家、跨国公司、

社区团体五位一体的多维主体。要聚焦多维主体的语言治理机制与决策过程研究，剖析中国参与国际组织的语言挑战和优势，从而为扩大中文在国际组织影响力提供决策依据。要加强对多维治理主体隐性语言治理行为的研究。要重视对多维主体的互动性与能动性研究。第二，拓展多种治理领域研究。全球语言治理的基本领域主要为政治领域的通用语研究和语言教育规划，随着全球化的深入，语言在全球治理各领域的作用不容忽视，尤其以互联网空间语言治理和国际学术领域语言治理问题最具代表性，呈现出语言竞争的多源超域特征。一方面，语言治理是互联网全球治理的一项基础工程，又是网络空间中国话语传播的有效途径，以抖音、微博等超语实践为主要形式的多模态话语已经成为中国话语国际传播的一大亮点。另一方面，国际学术领域的知识生产与传播也离不开语言载体。我国学者应逐步关注英语对于中国学术生态的影响，特别是科学研究国际传播中的语言问题，提高中国学术国际话语权。第三，增强多样治理类型研究。首先，跨语际和跨文化语境下的多语资讯传播对语言声誉治理和翻译治理提出了新的要求。其次，全球语言治理需要加强国家话语治理。国家话语治理应以话语安全为基础，并通过建立融通中外话语体系的话语资源库，构建全球话语共同体，从而从话语层面提升国际传播能力，提升中国话语的说服力和影响力，服务于中国参与全球治理大局。最后，语言智能技术助力全球语言治理将是大势所趋，也是国家语言能力建设的新领域。

——沈骑.全球语言治理研究的范式变迁与基本任务[J].语言文字应用，2021（03）：30—40.

语言治理要统筹好语言的工具价值和内在价值

语言不只是交际的工具，也是文化的容器、身份的象征、知识的载体、心智的窗口、思维的手段和国家的资源。语言安全要解决的是国家的"软件"问题。相比"硬"问题，"软"问题更隐秘，解决起来需要的时间更长，也更难。随着"一带一路"倡议的开展和"人类命运共同体"理念的提出，语言规划（治理）的目标、对象也有了新的变化，需要从新的全球治理体系出发，在更为广阔的国际环境和更为错综复杂的国际关系中考虑和平衡人、语言以及社会之间的关系。语言治理不仅要顺势而为，也要与时俱进、因时而变，更要注意隐规则的作用，不能认为有了一些法规与条文，就可以高枕无忧。语言的本体安全固然重要，但从国家安全的角度看，更应该防范的是在工具的外衣下暗藏的那些想改变软件运行模式的恶意行为。教育在国家意识的构建中扮演着不可替代的角色，也是国家机器的软件系统安全平稳运行的保障。

我们对濒危语言不能只关注其内在价值，而忽视其工具价值，因为失去交际功能的语言已不再是人的语言，其内在价值也难以脱离人而存在。对外来的强势语言，我们不能认为它只有工具价值，而忽视其内在价值。忽略强势语言的内在价值，可能是在和平时期通过语言引发的国家安全的最大隐患，有可能导致国家文化安全问题和国家精神的丧失。我国语言安全领域亟待解决的问题可能是，要处理好语言的工具价值与内在价值的关系，防范和抵制不良文化的影响，逐步增强国家的语言文化整体实力和竞争力。

我们正处于新时代"百年未有之大变局"中，上一次的百年变局，是中国人的觉醒年代；这一次的百年变局，是中国人的腾飞时代。一百年前的觉醒年代，语言曾经扮演过重要的角色；一百年后的今天，人类的发展同样离不开语言。如何与时俱进，直面人类社会史无前例的语言超级多样性引发的种种问题，是摆在语言学家面前的迫切任务。从国家安全的角度看，"安全第一、警钟长鸣、防微杜渐、防患于未然"的前提是，我们需要深入探究与语言文化相关的影响国家安全的因素及规律，以更好地服务于国家安全战略的制定与实施。

——刘海涛.国家安全视域下的语言问题［J］.中国外语，2021，18（06）：1+10—16.

媒体语言治理要统筹各方力量

未来媒体语言治理要统筹各方力量，使政府、社会、公众形成治理共同体，加强各主体之间的督促、衔接和协调，实现媒体语言治理的资源整合和力量融合。第一，重视政府的权威主导地位。政府权威在整体的政策网络中始终应占主导地位，媒体语言治理需要政府机关权威的行政和法律手段。政策主体需要掌握新时代媒体语言的新功能、新特点、新规律，加快完善政策机制，提高立法效率，尽量缓解法律法规的滞后性。政府部门要加快制定相关标准，并在主流媒体行业和范围内执行，发挥其良好的示范作用。同时，语言研究和管理部门要及时发布媒体语言文字的使用状况、扩大媒体语言政策及规范的知晓度。

第二，发挥行业治理的优越性。在媒体领域，行业与协会的监督对媒体语言文字发展更"近距离"，在掌握媒体语言文字使用的情况及其发展的规律等方面，行业监管相对更直接和精准，因此，提高主流媒体从业人员的语言实际应用水平，充分发挥其语言表率及示范作用就很关键。一方面，传统媒体转型的同时还应保持其在语言文字规范化方面的榜样示范作用；另一方面，要充分重视政务新媒体的示范效应。同时，网络技术监管部门要通过技术筛选、过滤、屏蔽等手段，及时制止网络语言文字的不良行为。第三，完善公共参与机制。新媒体时代，人民群众既是媒体的受众，也可能是媒体信息传播的参与者。相对宽松的信息审核机制使得网络信息发布的门槛较低，从来源把控的难度较大。人民群众是凝聚共识最重要的主体，要引导公众关注媒体语言生活，通过参与语言治理实践，能提升社会整体的语言规范意识，逐步完善公共参与机制，形成全民关心媒体语言生活、共同维护媒体语言健康和谐发展的良好氛围。

——陈丽湘.政策网络视域下的媒体语言治理初探[J].中国广播电视学刊，2021（06）：39—43.

城市语言治理应围绕三个维度展开

作为国家语言治理体系的重要组成部分，城市语言治理规划的研究有利于解决我国城镇化发展过程中出现的各类语言问题。治理视角的城市语言规划，其目标是确保语言使用符合城市的需求，能够与社会的发展、城市的建设协调统一，和谐共处。城市语言治理规划观坚持"立足事实、以人为本"的原则，最大限度地将语言生活的语言使用者纳入语言规划的主体阵营中来。该原则有助于实现语言使用者（居民）、语言治理与社会发展的良性互动。

城市语言治理规划的实施过程是围绕问题、理论和治理三个维度来开展的。问题维度的事实数据，有利于发现具体的问题和需求，将规划方式从硬性规定为主导转向以事实数据为主导。理论维度有助于分辨哪些问题属于城市语言治理的对象，避免不分轻重全部囊括进来的武断做法。治理维度，在制定相应的治理对策时，强调具体化，强调一事一议，确保对策的执行力度。这三个维度紧密相连，互相补充，是不可分割的整体。问题维度获取的真实语料，在经过理论维度的概括提炼之后，规律和总体特征才能凸显，从而才能更好地为治理维度提供参考和依据。当治理维度层面找到具体的治理对策之后，仍要返回到问题维度，接受多元主体的检验和反馈。这个循环互动的实施过程主要是为了确保城市语言治理规划是以语言生活中多元主体的真实需求为基础，从而保证治理能够真正发挥作用。最终，经城市语言治理规划检验过的对策方法，如果效果突出，还可以为国家治理层面提供参考。

——王玲.城市语言治理规划观的基本内涵及实施过程[J].云南师范大学学报（哲学社会科学版），2021，53（06）：42—50.

做好城市语言规划

语言是城市规划的重要内容。其一，政府的工作语言、公关语言和大众交际构成了城市基本的语言信息交际状况，以国家通用语言为主导的"多言多语制"是其基本的语言面貌。其二，地方语言文化、语言景观、语言艺术在丰富城市文化生活、打造城市文化名片、塑造城市文化风韵、陶冶城市文化精神方面起着关键作用。其三，语言产业是城市经济的重要组成部分，特别是在数据成为生产要素的新时代，语言数据在新基建、"泛在语言智能"、智慧城市建设中发挥着重要作用。其四，语言服务是城市管理、城市服务的重要部分，也是为市民提供的重要公共产品，特别是以信息沟通、语言抚慰和语情监测为主要内容的应急语言服务，事关城市应对公共突发事件的能力，应当引起足够重视，解决好应急语言服务的法制、体制、机制问题。

城市语言规划需要加强以下几点：保护、开发本埠的语言文化，合理规划语言景观，弘扬发展语言艺术，通过语言文化来打造城市的文化名片、塑造城市的文化风韵；大力发展语言产业，特别是语言数据产业，促进新基建的"智能化"，建立"泛在语言智能"理念，推进城市数字经济发展；特别要重视城市的应急语言服务，增强城市应对自然灾害、事故灾难、公共卫生事件和社会安全事件的能力。

城市语言规划的基础是城市语言能力。城市语言能力是以国家通用语言为主导的"多言多语"能力。在语言服务、语言艺术、语言产业、应急语言服务等领域，城市语言规划工作会涉及更多的语言与方言，因此需要建立语言资源的理念，充分发挥语言数据在经济领域、文化领域、教育领域等的重要作用。城市要具备与城市发展相适应的语言能力，关键是要有语言人才、语言信息设置、先进的语言技术和适用的语言技术产品。而要在城市运行中把语言能力发挥出来，还需要城市管理者具有语言意识，具有科学配置语言资源的能力，这种意识和能力是需要通过法律法规来保障的。因此，在城市规划的有关制度中，应有语言规划的内容。

——李宇明.城市语言规划问题［J］.同济大学学报（社会科学版），2021，32（01）：104—112.

语言政策研究的不同路径应当互补

基于"自上而下"与"自下而上"两种观察角度，本研究重点分析了语言政策研究中的"何事""何时""何因""何人""何路径"等五个问题。在探讨过程中，本研究主要关注国外语言政策中的实证研究，分析了这些研究中不同的研究范式和方法。我们发现，60年来国外语言政策研究的视角、范式和方法等都发生了显著的变化，研究者对微观语言政策的研究兴趣也逐渐兴起。笔者认为国外的语言政策研究可以为国内语言政策研究体系的发展和完善提供以下借鉴。

首先，因为上述五个问题之间密切相关，未来的语言政策研究需要同时涉及这些问题，而不是只关注其中的某一个方面。例如，对"何因"和"何路径"的探讨不能否定"何事"的价值。我们并不认为描述性研究就缺乏贡献和价值。相反，我们认为对缺乏研究关注的国家和地区，特别是对那些被忽视的国家和地区的语言规划和语言政策的现状进行探索意义重大。这方面的研究有助于开阔语言政策研究者的视野，并进一步加深人们对于世界语言政策多样化现象的理解。

其次，流行的研究范式、方法或路径不能否定其他范式、方法或路径的价值和意义。例如，即使关注语言政策制定和实施的动态过程，研究者也不能否定以语言政策内容、文本或话语为导向的研究方法。在分析这些理据时，语言政策研究者不能把任何"稳定的宏观社会过程"都视为理所当然，而是需要将语言政策制定机构的理据和解释视为具有争议性的话语文本，并通过批判性话语分析的视角来解构这些理据和解释。

最后，近年来语言政策研究领域出现一股关注"研究与应用""观察与行动""批判与推动"的新浪潮，其中许多研究方法，尤其是话语方法，只关注解构知识而非建构知识。因此，研究者对语言政策的参与和共同建构将成为非常有意义的研究话题。不过，这个问题在国内似乎并不被称为问题，因为国内的语言政策研究者和语言政策制定之间通常存在一个"旋转门"的机制，它使得国内有关语言政策的研究对语言政策的制定有更大的影响力。例如，中国语言生活"白、绿、蓝、黄"皮书系列为中国语言政策的制定提供了重要参考。鉴于此，相关经验的探究和分享也将对国外日渐兴起的语言政策实践研究大有裨益。

——高雪松，康铭浩.国外语言政策研究的问题和路径[J].语言文字应用，2021（01）：16—27.

语言政策研究要注重问题驱动和学科交叉

语言政策与规划学科在国外已经发展了60多年，对该学科的起源和演化起到重要影响的文献主要来源于语言学与社会学领域，其中习得规划和本体规范方面最为重要。早期的研究注重本体规划、地位规划，以自上而下的政府行为为主；20世纪90年代以来的研究理论性加强，更注重多层面互动，研究趋向于多元化、微观化和复杂化。通过对国外研究的历时发展梳理，反观我国语言政策的理论和实践研究，可以从中得出一些可资借鉴的经验。

首先，语言政策研究领域与社会生活密切相关，应当坚持以问题研究为导向。问题驱动方式既是国外语言政策研究的主流，也是我国语言政策研究的特色，在以后的研究中可以坚持并强化，让语言政策研究真正与国家实际需求、社会语言生活结合起来。

其次，学术研究和对策研究并重，形成中国特色的语言政策研究范式。中国的语言政策研究未来要在世界获得更大的影响，需要重点关注自身的理论建设，学术研究和对策研究并重，结合中国的研究实践，形成有中国特色的理论、方法和研究范式。

最后，在实践驱动的基础上，加强交叉研究。要抓住社会发展和学科交叉融合的机遇，不断扩展国内的语言政策研究范围，尤其要借助人工智能、信息技术和大数据资源，采取多样化的研究方法，使我国的语言政策研究水平得到进一步提升。

——陈练文，李信.基于文献计量的语言政策与规划学科溯源与热点研究[J].语言文字应用，2021（02）：43—54.

引入经济学方法有助于语言政策研究走向深入

语言经济学从个人、国家和社会三个层面分析研究语言的经济属性及其相关问题,使得语言与经济和社会的关系更加清晰,通过量化的方法可以有效地厘清变量之间的关系,评估语言政策及其经济和社会效应,极大地丰富和拓展了人们对语言与经济、社会关系的认识及理解。尽管经济学为语言研究注入了新的活力,但也有其局限性。一方面,经济学过于强调数量方法,然而这种方法并非适用于所有语言问题,特别是在语言本体研究领域,语言经济学并无优势而言;另一方面,经济学家对于语言的了解远不及语言学家透彻。

语言是人类行为中最重要的变量之一,语言问题研究中引入和借鉴经济学方法有助于相关研究的推进,也有利于学科交叉与繁荣。由于语言政策和规划的主要目的是透过语言问题调整人与人之间以及社会之间关系,其本质上是政治、经济和社会的,从这个意义上讲,语言政策和规划为语言学家、经济学家和其他学科的社会科学家提供了一个可能的共同研究领域。缺乏语言与经济关系研究,语言学研究是不完整的;不吸收借鉴语言学科的研究和实践成果,经济学家也不能真正理解语言与社会经济的关系。我们期待经济学和语言学的跨学科对话能够更加深入、持久,不单是推动相关学科的发展,更重要的是增进我们对语言及其在社会中的作用的理解。

——刘国辉,张卫国.语言经济学研究的方法及其实践路径[J].语言文字应用,2021(03):41—49.

(栏目主持:庞超伟)

区域国别语言政策

【编者按】2021年,区域国别语言政策研究取得新进展。《公平视角下欧盟多语化语言政策研究》《"一带一路"视域下斯拉夫国家语言文化及发展战略研究》《从文化苦旅到凤凰涅槃:日本汉字问题与语言政策研究》《罗马尼亚国家语言能力研究》《世界语言生活状况报告(2021)》等一系列论著出版,相关论文的研究对象覆盖20多个国家和地区,内容主要涉及多元语境下的语言教育、语言在国家建构中的作用、语言服务等议题。本栏目摘编介绍相关论文的代表性研究。

罗马尼亚大力推动国家通用语的国际拓展

罗马尼亚通过保护和推广国家通用语言来维护自身民族特性以及欧洲文化多样性。依照发展需要和未来发展目标,该国高度重视罗马尼亚语(以下简称罗语)国际拓展工作,尤其关注罗裔侨民的母语教育问题,以期增强其对母语、民族和国家的认同感,进而借助教育、科研和传媒机构提升罗语在全球的影响力和传播力。我国的国家通用语言国际拓展,虽然在目标定位、覆盖范围、资源投入等方面与罗马尼亚迥异,但罗马尼亚的一些具体做法亦可参鉴学习。第一,将本国通用语言的国际拓展对象加以整合,实现资源的有效配置。罗语国际拓展主要为满足两类需求:一是罗裔侨民的母语学习需求,二是非罗裔外国人的外语学习需求。两者虽有区别,但也有诸多共通之处,很多教学资源可以共享。第二,罗语国际拓展的主体构成多样,职能各异,但目标一致。各相关机构自上而下地紧密合作,既能通过资源共享降低罗语国际推广的成本,又能从文化、宗教等维度丰富罗语教学的层次,赋予其更为深刻的人文内涵,从而吸引更多的潜在学习者。第三,要充分认识目标国家在语言事务上的关切和需求,积极推动双边交流与合作,联合开展教学项目。在"一带一路"建设中,投资国与被投资国的语言人才会双向流动,内外联通,语言教育资源亦是如此。

如果我们能够充分重视这些诉求，积极引进对象国师资，不但有望解决我国非通用语种教育资源匮乏的问题，而且可以凸显文化交流对等性，使抹黑汉语国际推广工作、将其污蔑为"文化扩张"的谣言不攻自破。

——董希骁.国家语言能力视阈下的罗马尼亚通用语言国际拓展[J].外语研究，2021，38（01）：42—48.

马来西亚语言政策受英语影响不断波动

马来西亚60多年来的语言政策可谓波动不断，其变化主要是围绕英语的地位和功能，尤其是英语在教育领域的作用展开的。其英语教数理政策的失败原因主要是政策制定者忽略了马来西亚诸多民族语言的内在价值。这项为期九年的教育语言政策反映了不同利益集团的语言价值观。马来西亚教育部是这项政策的主要策划者、执行者，代表了国家利益。国家推行用英语教数学和科学的政策，显然是看到了英语的外在价值，即英语在外交发展和商业运行中的重要作用。部分学生家长也支持政府的这项决策，认为英语能为孩子创造更美好的未来，他们看重的是英语的实用性和工具性。既然英语是颇具价值的语言，为什么推广英语的教育语言政策却会受阻呢？究其原因，主要是有关单位在执行政策之时，忽视了各民族维护其民族语言的决心。无论是主体民族马来人，还是少数民族如华人、印度人，都觉得英语的推广威胁到了其母语的地位。英语在马来西亚较高的声望对马来语的国语地位是一种潜在的威胁，而英语用作华文小学和泰米尔文小学的部分教学媒介语是对母语教育的一种破坏。2012年之后，马来西亚的教育语言政策调整为"巩固马来语，强化英语"。在小学阶段仍然维持母语教学（包括数理科）；在中学阶段，学校可以自主选择使用英语或者马来语教授数学和科学科目。这样的调整基本上兼顾了英语的外在价值和各民族语言的内在价值，避免了因语言问题而引发的冲突，是目前比较合适的解决之道。马来西亚的语言规划经验带给我们的启示是：如果充分利用语言资源，发挥其内在和外在价值，那么不仅会带来实际的经济效益，而且还会促进民族团结、国家稳定，于民于国不无裨益。

——王晓梅.多语背景下的马来西亚语言规划历程与思考[J].语言战略研究，2021，6（02）：76—85.

印度的语言民族主义阻碍了其民族整合与社会发展

语言在民族身份认同中具有识别、构建和强化作用，对民族国家具有统一和分裂双重作用。表面上看，印度的语言问题并非迫在眉睫，但却深层次地阻碍着印度民族意识的整合、国家管理体系的运作，并导致印度社会的两极化和碎片化。语言问题的背后是不和谐的族群关系，语言之间的冲突所反映的也是族群之间的冲突。印地语语言民族主义的目标是使印地语成为印度的国语，成为占统治地位的全国通用语，它既反对与英语的平起平坐，也反对各种地方语言的挑战。但在各地方语言和英语的联合阵线面前，它却难以实现自己的目标，只能做出无奈的让步和妥协，违心地实行三语政策。而在印地语的地位面前，其他地方语言群体只能联合自保，同时又与外来的英语结成同盟，对印地语的攻势进行顽强抵抗，三语政策是他们所乐于采取的策略。英语是殖民统治带来的语言，现在却成了各地方语言抵抗印地语的工具；再加上英语在全球化进程中的重要性，使英语在所有印度语言中的强势地位也已合法化。现在，三语模式看上去还算稳定，这也意味着印度的多语制语言政策或仍将长期存在，印地语的国语化之路仍然十分漫长。语言问题深层次制约着印度的发展，如果得不到妥善解决，仍将是印度崛起进程中的一大羁绊。

——肖宪，毕媛媛.印度的语言政策与族群关系[J].思想战线，2021，47（02）：12—20.

美印等国的外语教育政策各有特色

我国是一个人口众多、地域发展不平衡的多民族、多语言发展中大国，有自己独特的国情，但是在有些方面也可以与美国、印度等国家进行比较。参照国外经验，结合我国实际问题，是我国外语教育政策调整的必要途径。我国在发展提升外语教育的过程中应借鉴其他国家的成功经验或独特做法，警惕其错误和教训，帮助国家更好地提升外语能力，服务国家战略发展。一是学习借鉴印度的教育技术路线，加强教育技术研究，助力教育公平和语言扶贫。二是学习借鉴美国的关键语言战略，完善外语教育治理体系，提升关键语言能力。三是学习借鉴德国的多元化外语教育思想，保护外语资源，推动外语教育多元化发展。四是学习借鉴巴西的精英外语人才培养模式，培养高端复合型外语人才，提升国家外语能力。

——张天伟.国外外语教育政策及其启示[J].中国外语，2021，18（04）：19—25.

以色列成功开展对外来移民的希伯来语教育

以色列针对外来移民实施的希伯来语教育的成功，彰显了来自国家层面的语言规划对推动国家不同历史时期的政治、经济发展所起到的至关重要的作用。不同于世界上绝大多数国家的通用语，希伯来语在近两千年的时间里没有以其作为母语的人群。以色列国成立后，政府通过推行强大的希伯来语教育政策和支持手段，使大批母语背景各异、希伯来语能力参差不齐的移民在短短几年内掌握了希伯来语的一般交际能力，成功融入新国家。如果说希伯来语的复活是人类语言史上的奇迹，那么以色列的希伯来语教育则是语言教育史上的壮举，其中国家的整体规划和微观指南起到了至关重要的作用。这提示着在第二语言或外语教育中（如作为全球性语言之一的英语），国家层面的布局可以发挥更大的威力。中国英语教育的历史不短，英语教学在基础教育阶段的延续性仅次于语文和数学，并且学生的母语背景高度一致（普通话），然而中国成年人的英语能力并不尽如人意。进一步优化国家层面的外语教育规划和教学指南，使其更有效地促进中国普通民众的外语实际应用能力，对于发展中国新经济、弘扬中华文明、展现真实的中国都具有积极意义。当然，除以色列外，任何国家都不可能像以色列普及希伯来语那样进行第二语言教育。不过，以色列国家层面的语言教育规划所能发挥的重要作用，则是值得其他国家教育部门借鉴的。此外，在实践层面，以色列希伯来语教育有三点值得我们在第二语言教育中借鉴：一是重视日常应用与游戏对第二语言早期发展的促进作用，二是制定基于科学的第二语言读写教育方案，三是注重培养儿童的元语言意识。以色列希伯来语教育中的重视实际应用、科学指导实践、关注早期发展和教师角色等鲜明特点对第二语言教育具有普遍性的借鉴意义。

——安娜·古列维奇，尹莉.以色列外来移民希伯来语教育的实践和意义[J].语言战略研究，2021，6（05）：60—68.

第二部分 论点摘编

高校外语教育规划研究与实践存在明显国际差异

西方国家宏观外语教育政策一般只涵盖外语课程标准和测试标准，高校拥有较大自主权，其微观外语教育政策在内容与目标上不一定与国家宏观政策一致；而东亚国家宏观外语教育政策一般比较全面且具强制性，高校往往注重对宏观政策的执行。受语言政策研究范式的影响，西方研究比较关注"人"，即不同层面政策相关主体的语言信念、语言实践及其产生的主观能动作用，未来的研究会更深入地探索高校外语教育政策形成与实施过程，不同政策主体的主观能动作用及其与语言管理的有机结合，如何引导公众的外语认知能力，以及如何从语言管理的角度分析外语教育的方方面面等；在东亚，虽然对宏观政策的分析执行以及重大语言问题的研究仍占主导地位，但在后现代主义的影响下，围绕着不同政策主体的语言信念、态度和主观能动性的微观实证研究也已逐渐兴起。

由于东西方之间存在着巨大的历史进程和文化意识形态差异，我们不能完全照搬西方的语言政策理论来指导中国外语教育规划的实践和研究，但这并不意味着我们不需要学习和借鉴他们的经验。当前中国高校外语教育规划主要存在两个问题：（1）微观层面的实证研究严重匮乏。80%左右的国内文献仍采用自上而下的宏观视角。微观实证研究不仅能够为宏观政策提供真实全面的反馈，而且能够为未来的宏观决策提供可靠的依据。这就要求研究者深入学习和借鉴西方相关研究的理论和方法，"放下身段"去研究微观层面的语言生活与实践。（2）研究者的自身定位有误。由于中文语境中"政策"和"规划"的含义具有自上而下的宏观权威视角，相当一部分研究者虽非政府官员和权威学术团体，却采取自上而下的政策制定者视角，影响了研究的客观性和真实性。在未来的研究中，我们需要深刻认识到，宏观、中观和微观层面的外语教育规划研究是一个整体，研究者作为学术性政策的研究主体，需与决策者角色区别开来，准确定位，才能提升研究的客观性和可信度。语言政策研究者既要有仰望星空的宏大视野，又要加强科学实证的学术素养。

——程京艳.东亚和西方高校外语教育规划的研究与实践[J].语言战略研究，2021，6（02）：14—23.

日本全英文学位项目存在语言冲突与竞争

日本在高等教育领域实施"顶尖全球化大学计划",大学积极开展全英文学位项目,大力扩招留学生。日本全英文学位项目在中观层面实施过程中,不同语言间的冲突与竞争反映了政策意图和政策实施之间的潜在矛盾。从语言意识形态的角度看,非英语国家的英文授课政策"全英文"可能是"唯英文"。全英文学位项目作为语言政策和政治话语,在高等教育国际化、学术自主、权利平衡等方面扮演着重要角色。在国际形势复杂多变的新历史阶段,全英文学位项目的语言规划更需要体现时代性。全英文学位项目不应被理解为绝对英语化的教育,而是在多语共存的背景下以英语作为学术通用语获得学科知识的过程。全英文学位项目需尊重学习者本来的语言背景,并在实施过程中注重本土语言和英语的平衡。日本高等教育的全英文学位项目政策在中观层面的英语化倾向,过度强调了语言作为交际工具的技术性价值,忽略了语言在知识产出,社会阶层流动,个人身份、国家、民族和文化认同等方面的象征性职能。在高等教育国际化的进程中,有着丰富人文历史的亚洲探究如何避免采取趋同化的"盎格鲁-撒克逊"发展模式,需要更多反省和思索。

尽管本研究讨论的是日本高校的语言政策,但是对相似语境下的语言教育政策具有一定的启示。国家在制定语言政策时应关注教育国际化和本土化的平衡。高校作为政策实施的主体可从语言信念、实践和管理三个维度结合本校特色,打破语言障碍,崇尚多语共存,关注潜在人才的语言能力背后代表的国际理解能力或跨文化体验,鼓励跨文化、跨语际的知识产出。同时,高校可结合本校特色,在招生时关注留学生的多语背景,并在项目实施过程中增加留学生教室内外的多语体验,在人才培养上利用其连接国家政策和就业市场的关键性地位,实现知识的蓬勃创新和多元文化的繁荣共生。

——邱译曦,郑咏滟.日本高校全英文学位项目的语言政策和规划[J].语言战略研究,2021,6(02):47—55.

日本推广简易日语是其国家建设的重要考量

日本在谋求对外发展、对内繁荣时,辅以简易日语这一重要语言要素助力国家建设。简易日语的每一阶段规划特征，彰显出日本国家建设的重要考量，即从"政治考量"到"减灾考量"再到"共生考量"的社会现实推进。简易日语的推广与应用充分体现了日本政府和社会的语言意识，在"我者"与"他者"之间探寻一种平衡。在重视国语教育与外语教育的同时，倾向于与其让全民学外语，不如让外国人学日语，进而实现沟通交际的语言规划理念。规划简易日语，以求实现基本信息互换无碍。

就我国而言，面对自然灾害的突发性、伴生性、不完全可规避性等特质，灾害救助涉及"灾前预警、灾中救援、灾后扶持等持续性、制度化的体系"。尤其是在灾前预警和灾中救援中，规范简约化的语言，可以发挥准确、共享功效。灾前预警时，通过规范简约化的语言，提供灾害预警信息，以实现包括方言区和民族地区同胞，以及外籍人士在内的全体民众信息共识。灾中救援时，可以通过规范简约化的语言，实现与受灾群众的互通互信。此外，社会生活中的政策信息，如外国人出入中国的行政手续、税务制度等，或是生活信息如垃圾分类、简介标志等，亦可通过规范简约化的语言，辅助社会生活良好运转。这些方面，日本的简易日语规划可为我国提供现实借鉴。

——王璐.国家建设视阈下的简易日语规划[J].中国语言战略，2021，8（01）：57—65.

（栏目主持：阿衣西仁·居马巴依）

第三部分

学术动态

第三届语言与国家学术研讨会综述

为深入探讨语言对于国家发展和安全的重要作用，以及提升国家语言能力的方略与路径，语言学者先后在北京、武汉召开两届语言与国家学术研讨会，推出了一批标志性成果。当下，国家和社会的语言需求又有许多新变化，语言文字事业如何因应新形势、谋求新发展，更好地服务国家和社会，又是亟待回答的崭新课题。2021年10月27—29日，第三届语言与国家学术研讨会在湖北省襄阳市召开。会议由国家语委中国语情与社会发展研究中心（武汉大学）、湖北文理学院文学与传媒学院和国家语委中国语言资源开发应用中心（商务印书馆）共同主办。来自全国高校、科研院所的特邀著名专家和特邀青年学者，以及其他200多位师生，在现场或线上出席了会议。会议邀请"大语言学"领域及相关领域的专家学者出席，意在从不同视角全面审视语言问题。

会议采取圆桌会议形式，旨在营造一个宽松、自由的交流氛围。围绕"语言与国家"这一重大主题，45名专家学者就各自感兴趣的问题，从多个角度展开热烈讨论，发表诸多真知灼见。

一　语言学学科专业建设和语言教育发展

关于语言学学科专业建设。屈哨兵以新文科建设为逻辑背景，阐释了大语言学科具有跨文学、社会科学、自然科学和涵盖汉语言文字、外国语言文字和少数民族文字的属性，并从中国特色大语言学科的建设价值导向、中国风格大语言学科的人才培养导向、中国气派大语言学科的体系发展融合导向三方面阐述语言学科建设的时代使命。李守奎剖析古文字提升强基计划专业所面临的现实问题，并提出相应对策和建议。徐正考提出要加大复合型外语人才培养力度。

关于语言教育。苏新春从基础教育语文教材入手，阐释如何将国家意志完美融入语文教材，论述语文教材话语体系的形式、内容、特点、意义以及基于国家意志的话语体系理论建构的迫切性。孙茂松提议建立信息处理技术融合支持的、涵盖小中大学的较为完整的语文教学体系。郭熙强调应当从国家语言传播和规划角度做好海外华语教育传承的顶层设计。李佳呼吁不能忘记语言学的"初心"——学好语文、写好文章。

二　语言文字与民族文化传承、民族共同体意识认同

关于语言文字和民族文化传承。黄德宽指出：古文字是上古文明、历史文化的原始记录，是探索中华文化源流演进的直接材料，联系着中华文明的过去、现在和未来；开展古文字研究，对于探索中华文明源流演变规律、阐释中华文化核心精神、提升当代文化自信和文明建设水平，推进世界文明比较互鉴，具有极为深远而重大的意义。李运富重点说明了河南古文字研究与中原文化演进的关系。熊英认为中华民族语言文化多样性与中华文化认同和谐统一是共存共发展的。

关于语言文字和中华民族共同体意识认同。周庆生认为，引出"语言共同体"概念，有助于全面认识通用语言共同体在中华民族共同体中的地位和作用，对铸牢中华民族共同体意识具有重要的学术意义和应用价值；国家通用语言文字是中华民族共同体的特征、基本组成部分，语言共同体是中华民族共同体的新类型。杨亦鸣基于实地调查提出，加强民族地区国家通用语言文字推广普及，对于铸牢中华民族共同体意识具有重要作用。党怀兴追溯了国家通用语言称名的历史沿革。黄行论述了做好传统通用少数民族语言文字和其他民族语言文字分类规划的当下价值。余桂林强调，做好民族语文辞书规划是铸牢中华民族共同体意识的语言根基。

三　语言文字治理和国家治理

首次从区域治理视角探讨"区域语言规划与区域发展"。李宇明从行政区域、跨行政区域、跨国区域三个向度阐释"区域"类型，以西藏、跨省域经济协同发展为例论证区域语言和区域社会发展的关系，即区域发展离不开语言，区域发展规划需要考虑如何解决语言问题、获得语言助力；从理论上提出了区域语言学的研究内容，阐发了区域语言规划的社会价值，具体为调研区域语言

生活状况、研究区域语言生活需求、解决区域语言问题、提升区域语言能力、制定区域语言规划。

网络空间语言治理再次成为热点话题。赵世举根据网络空间"本质上是语言的空间"这一性质和网络不断拓展的功能，指出网络空间的语言规划和治理对于提升国家竞争力至关重要；同时提出网络空间语言治理的主要着力点是网络空间语言规划、语言技术创新、语言资源建设及开发利用、语言生活治理、网络传播力提升等。王建华分析了如何发挥语言在网络社会治理中的作用。

语言生活治理具体问题的研讨异彩纷呈。郑振峰指出，辞书是语言文字规范的重要一环，应该促进辞书更好地发挥语言文字规范作用。法律法规的语言文字使用问题、地名文化与"文化润疆"的多维联系、新媒体背景下行政公文及主流媒体报道中的隐性语言问题、汉语词语40年变化潮流图等也成为与会学者关注的话题。

四 国家语言能力的理论内涵

理论探讨。崔希亮阐述了国家语言能力与国家软实力、国际中文教育三者之间的互动关系——国家语言能力是国家软实力的体现，国家语言对外传播的能力和语言的国际竞争力也是国家语言能力的重要组成部分，国际中文教育恰恰是提升国家语言对外传播能力和语言竞争能力的重要途径。张先亮分析了公民个人语言能力的内涵和层级及其与国家语言能力的关系。王辉认为国家语言治理能力是国家治理能力的有机组成部分和基础支撑。

体系研究。苏金智认为语言能力概念系统，国家语言能力概念系统及其分析工具、评价标准是国家语言能力理论体系的主要构成要素。张天伟分享了国家语言能力指数体系，该体系由语言管理能力、掌控能力、创造能力、开发能力和拓展能力五个方面的指标构成。

个案解读。王立军从汉字字形的优化、繁体字字形标准、简繁对应等汉字应用角度论证了汉字的规范化使用也是国家语言文字能力的重要指标。

五 语言数据与数字经济

随着数字经济的到来，数据成为数字经济的关键要素。如何审视、预判数字经济对语言属性的内生影响和语言数据？王春辉围绕"语言数据安全"提出，国际国内环境日趋复杂，未来的语言文字治理应瞄准国家战略和国家安全，在重点领域重点突破；要进一步强化顶层设计，建立并完善全覆盖全领域的语言文字服务体系。王海兰总结了数字时代语言的新经济属性，即语言能力"触角"延展，语言职业种类更丰富，语言产业业态更多元，语言作用于经济的方式和路径发生了变化，语言对经济的影响向纵深发展，语言对生产关系的调节作用得到显现。

六　新征程上的新使命

李宇明做会议总结。他聚焦"语言与国家"这一主题，从中华民族共同体、人类命运共同体、数字化时代三个层面，纵论社会发展的重大语言需求和语言学者的使命与任务，提出了29个具有前瞻性和启发性的重要研究课题，并逐一阐释。他再次强调，学者应该担当学术责任和社会责任的双重责任，语言学者要关注当今社会语言生活，了解语言国情，深入研究国家和人类发展中遇到的各种语言问题，为国家语言政策与规划的制定建言献策，为国家相关决策提供语言学智慧。

结　语

"两个一百年"的历史交汇点上，人类社会和国际形势又发生了巨大变化，中国特色社会主义现代化建设开启新征程，国家和社会的语言需求也有许多新变化。语言文字事业如何因应新形势、谋求新发展，更好地服务国家战略、社会需求和大众生活，又有了许多亟待回答的崭新课题。此次会议的研讨成果也将从多个层面、多种视角、多条路径积极回应上述课题，汇聚语言学界的智慧和力量，更好地推动我国语言文字事业取得新的更大的发展。

（刘群）

第七届中国语言政策与语言规划学术研讨会综述

2021年11月28日，中国语言学会语言政策与规划专业委员会在线上举办第七届中国语言政策与语言规划学术研讨会。会议由扬州大学人文社科处和外国语学院承办，《语言战略研究》提供支持，另有八家联合承办单位。国内100余名专家学者在线上参加了论坛各项议程，包括一场特邀发言、四场主旨报告、三场名家对话和八个分论坛。1.2万名海内外学人在线观看了会议直播。会议围绕"移动互联时代的语言生活"这一主题，探讨"两个大局"背景下中国语言政策与规划研究工作的开展，主要包括以下议题。

一 移动互联时代的语言生活及研究

戴曼纯指出，移动互联时代的语言具有流动性、便携式、交互性、个性化等特点，都是语言使用者享受到的语言红利。苏新春从网络语言的弹性空间讨论了如何在自由与约束之间把握尺度。郭熙指出海外话语的传承与传播面临的挑战和机遇，阐明科技带来的变化以及政策变化的影响。汪磊探讨了线上"饭圈语言"现象。郑咏滟指出，移动互联时代语言生活的研究要强调范式创新、对象创新、理论创新。王敏和徐大明也指出了当前语言研究在研究对象、研究方法、材料和理念上面临的新形势和新挑战。

二 数字化与语言生活

赵蓉晖指出，数字化改变了大众传媒的本质，也改变了知识构建方式、语言传播媒介和语言应用方式，数字化语言生活也面临挑战和机遇。俞洪亮和何山华指明，大数据技术将会为语言政策研究带来方法创新和理论重构的机遇。

徐月建议，应构建具有层次性、全面性、科学性的敏感词库以助力建设网络生态文明。吴桐和余彤批判性分析了美国主流线上媒体如何恶意呈现负面的中国形象，误导读者。崔惠玲和李嘉欣通过比较指出，韩国和西方线上媒体建构的中国形象有较大差异。朱迪对流行词"带货"词性变化和传播动因进行了分析。董洪杰和陈彦婷发现，直播带货话语呈现出中枢区主导、前屏区参与、后补区信息补给的三维联动模式。曹云和赵球认为流行语"飒"的流行是语音层面、经济学原则以及社会因素综合驱动的结果。张治国对网络空间与语言的关系、网络空间存在的语言安全及其特点进行了分析。

三　线上语言教育

文秋芳和杨佳介绍了新冠肺炎疫情期间国际语言教育机构加大在线教育力度的系列举措，如线上教学模式、第二课堂活动、在线交流平台与师资培训等，呼吁补足我国国际中文在线教育的短板，发挥潜在战略价值，提高中文国际传播能力。王祖嫘发现各国中文教育政策面临着激烈竞争。丁剑仪提出，语言竞争既要靠实力，也要讲策略，要提高经济科技实力，提升汉语的经济文化价值。高莉则提出了一个语言国际传播力的理论体系。战菊指出，混合式教学可丰富学习形态、优化学习过程、提升学习投入、改善学习体验。潘海英则就大学外语线上教学如何满足学习者细化的多样需求进行分析。程京艳认为，大学英语课程的重心会转向英语作为教学媒介语（EMI）课程。周玥伶指出后疫情时期外语专业研究生混合式教学模式的发展方向。郑咏滟和安宁指出，不同个体需要协同努力以促进"小语种"教学的可持续发展。边婷婷和王旻旻指出，教龄、有无线下教学经历、所教班级数量是影响汉语教师线上教学适应性的重要因素。

四　语言政策的国别研究

李宇明指出，构建人类命运共同体的第一步就是要深入世界语言和语言生活，了解世界语言发展走向，多参与处理国际语言事务。中国要重视中文的国际地位和影响力问题，加强对世界语言政策和语言应用的话语权，在世界语言知识和国家语言能力方面快速补课。尹悦认为，中韩学界应加强合作，共同助推东亚汉字文化圈的形成。廖静认为，中文的传播可积极融入阿拉伯国家的多语语言生活，突出工具性价值。栾婷指出，法语主要通过"纲领指导、项目落实"的模式促进法语在国际组织中的地位。王英姿认为，法国主要通过教育援助、传媒手段和经济合作在非洲推广法语。张严秋认为，北马其顿虽经几次规划，但民族冲突和政治冲突依然存在，提供了一个反面案例。赵耀分析，"国际本土语言年"对促进全人类重视语言生态、铸牢世界人民命运共同体起到积极影响。王辉揭示了我国国别区域语言政策研究的现状和发展态势，认为应推动相关研究高质量发展。

五 语言生活治理体系

赵世举指出，未来需要关注网络空间资源建设、网络语言生活治理、网络技术创新、网络空间信息的国际传播力。黄行详细阐述了网络语言与现实语言的关系。张日培从网络语言治理的目标与价值、问题与原则、任务与途径三个方面提出研究构想。程润峰从主体、客体、方式、特性等层面研究语言治理的理论流变。方小兵解读了《联合国系统使用多种语言情况报告》，为中国增加高层次国际公务员和更好地在国际组织中维护语言权利提供参考。和树美发现，北京望京韩国城的双语型韩国人比例较高，语言使用在不同的场域中有明显层级性。马赟鹤发现，望京韩国城内韩国人"隐性隔离"的态度导致该地区韩语标志占比较高。李艳红通过调查辽宁省国家级和省级历史建筑与历史文化街区的语言景观特征、问题，提出语言景观设计建议。

六 应急语言服务

李霞对国内外发表的应急语言领域研究的总体趋势、跨学科性、研究热点领域进行梳理和对比。肖俊敏、张瑜主要回顾了我国应急语言研究的现状。陈练文发现，个人应急语言服务需求受到个体语言能力、社会主导语言状况、言语交际目的等不同维度的影响。刘懿楠发现，国际中文教师的语言应急能力发展不均衡，实践能力明显不足。梁砾文、赵蓉晖梳理我国民航领域的应急事件，建构了一个民航应急语言规划的阐释框架。肖爱玲从宏观、中观、微观三个层面阐释社会不同层面对聋人需求的回应。曹羽菲和丁伊雯指出，智利应急管理体系中的语言服务能充分保障残障人士的防灾救灾权益。李羡阐述了韩国应急语言能力建设及其成效。赵留发现，俄罗斯的应急语言管理呈现多层次、制度化和全方位的特点。

七 语言脱贫

张筠指出，要发挥语言扶贫在乡村振兴中的基础性作用。赫琳和李蔚认为，可从综合语言素质、多语能力、语言资源开发能力和语言服务能力四个维度提升脱贫人口的语言能力。顾军指出当前语言脱贫存在的问题并提出解决之策。李真真结合当地实情，就贫困地区儿童普通话能力提升提出建议。孙浩语发现，少数民族青年的主观能动性能够克服不利于语言保持的客观环境，逆转语言转用的趋势。丁恒馨和汪欣欣探究云南民族地区语言教育政策的发展规律。赵婷婷发现，蒙古语仍会作为当地蒙古族的主要交际语，发挥传承蒙古族文化的功能；蒙古语的使用产生了代际差异；蒙古文的传承不容乐观。

结 语

本次研讨会上，与会学者紧扣移动互联这一时代背景，基于国内、国际语言生活的重大事件、热点问题和重要数据为国内语言治理献计献策，倡议积极参与世界语言生活治理。会议对于中国社会在移动互联时代面临的语言挑战、存在的语言需求、可能的治理策略、潜在的发展机遇等进行了思考与总结。这次会议反映出中国学者勇于承担移动互联时代语言生活研究的历史责任，有助于促进国内学者以党的十九届六中全会精神为指导，深入贯彻落实全国语言文字会议和国家语委"十四五"科研工作会议精神，推动科研工作的高质量发展。

（季小民 何山华）

第七届中国语言产业论坛综述

2021年10月23—24日，由首都师范大学中国语言产业研究院主办、广西民族大学广西中华民族共同体意识研究院承办的第七届中国语言产业论坛在广西民族大学举行，来自全国的近200位专家学者线下、线上参加了论坛的各项议程。论坛以"新时代新经济背景下中国语言产业研究的历史使命"为主题，设主旨报告和两场平行论坛。在主旨报告环节，专家围绕"语言产业研究的理论基础与核心问题""区域语言产业发展的实践探索与理论思考""语言产业在乡村振兴中的功能与实现路径""基于新技术的语言传播及语言教育"等四个议题进行了讨论。

一　语言产业研究的理论基础与核心问题

贺宏志从研究对象、基本范畴、业态分析、政治经济学解读、产业促进、文献计量图示等方面对语言产业研究十年间的发展情况进行了梳理，就语言产业研究的逻辑起点、核心范畴、语言行业标准体系、语言产业数据库建设与经济计量分析、语言产业学交叉学科建设等问题进行了分析阐述。刘朋建从发展目标和主要任务两个方面，对国家语言文字治理的相关政策进行了具体阐述，重点对语言产业如何在国家语言文字事业中发挥更大的效用进行了分析。李艳认为，当前消费升级、消费转型的趋势日趋显现，消费潜力、消费动力不足的问题也不容忽视；语言产业所属的九大业态多属于新经济、新业态，推动了新的生产力、生产关系的形成与发展，为传统产业的转型提供了技术支撑、注入了新的活力，当前要着重分析语言产业相较于其他产业的供需特性。张卫国认为，目前的经济学研究过于强调数量方法，而这种方法并非适用于所有语言问题；缺乏语言与经济关系研究，语言学研究是不完整的；不吸收借鉴语言学科的研究和实践成果，经济学家也不能真正理解语言与社会经济的关系。张维佳指出，语言资源的经济价值是语言在使用过程中体现出的经济效用，从语言研究到语言教育,从语言服务到语言产业,语言对社会经济的贡献度日益增加,语言需求、语言消费、语言产品也持续对语言市场和语言经济产生了促进作用,推动了语言产业的发展。

二 区域语言产业发展的实践探索与理论思考

李宇明结合京津冀首都经济圈、长江经济带、粤港澳大湾区、黄河经济带等跨省域经济协同发展的特点,从交际语言、语言服务、语言产业发展、通过语言来塑造区域文化形象、区域语言文化保护等方面阐述了区域语言规划问题,认为语言学应有新担当,区域语言研究要与区域社会、经济、文化发展相契合。赵世举认为,随着内需日趋旺盛,区域的相互依赖逐步加深,中国—东盟语言社区的中文学习热度不断上升,在中国和东盟国家间区域语言服务和语言产业需求不断增加的背景下,应着力打造区域的通用语,发展语言产业,促进区域间的高效交流。

三 语言产业在乡村振兴中的功能与实现路径

卞成林指出,城市流动人口增加促进了语言交流,但同时也会产生更多的语言问题,必须通过有效的语言治理来解决语言接触、语言交流、语言冲突、语言流失、语言文化安全等语言问题;要科学保护和传承民族语言和方言,要加大国家通用语言文字的推广普及力度、消除城市流动人口的语言交际障碍、降低语言冲突;要加快构建应急语言治理体系,特别要认识到语言应急在民族地区语言治理中的重要性与迫切性,要完善语言辅助服务体系、提升日常生活中的语言服务水平。张景霓对少数民族农民工语言培训等语言产品供给和语言政策制定进行了分析,建议政府主导、多方联动以提高少数民族农民工的语言能力,提高其城市融入意愿和社会认同。刘金林介绍了广西中越边境地区普通话推广普及所取得的成绩及面临的挑战,从数量与质量两个方面进行了分析,认为需加大面向边境地区老年人与跨境婚姻家庭主妇的推普力度,强化提高青少年和中青年群体的普通话技能。

四　基于新技术的语言传播及语言教育

赵蓉晖将本科教育中的"四新"战略与卓越研究生教育改革方略共置于新时代中国转型发展的大背景下，对其共同的理念与目标、不同的内涵与特点进行了阐述，揭示了外语学科研究生教育改革面临的制度瓶颈和原因，提出了集成治理的模式。汪张龙介绍了"全球中文学习平台"的构建背景、定位特色和应用情况，阐释了平台在语言学习方面的技术优势。谢晓明从网络语言产品形态、网络语言产业业态、网络语言职业等方面入手，对网络语言、网络词汇、语篇文案、言语变体等网络语言的生产要素进行了探讨，指出网络语言产业具有在线性、交融性、媒介依赖性与技术依赖性、创新性、精细化与品质化、集群化与个性化等特征。董希骁从学前教育、学龄教育、职业教育、校外教育、高等学校教育等几个方面介绍了罗马尼亚的外语教育模式，对罗马尼亚各类外语培训机构贴近社会需求、提供语言培训产品与服务的做法进行了分析，认为我们在兼顾教育公平的同时，可尝试打破高校学科壁垒、培养复合型多语人才，并且可以考虑将多语学习年龄提前、在职业技术教育层面大力加强多语能力培养等。

（董潇逸　黄鑫媛　郭展眉）

长三角区域一体化
发展中的语言治理学术研讨会综述

为研判长三角区域一体化发展中的语言需求，探讨语言文字服务长三角战略的路径与方略，2021年11月13日，国家语委国家语言文字政策研究中心（上海市教育科学研究院）在沪召开长三角区域一体化发展中的语言治理学术研讨会。25位专家分别发表学术演讲，围绕会议主题，从不同学科领域和理论视角出发，领会国家战略意图、研判当前发展形势、分析主要挑战与问题、探讨方略与对策、深入发掘和提炼新的理论观点与核心概念。研究议题主要涉及以下六个方面。

一 区域一体化高质量发展背景下的语言治理规划

长三角区域一体化发展战略。曾刚从国家战略的高度介绍了长三角区域一体化发展的政策背景，阐释了"一体化"和"高质量"两个关键词的内涵，指出长三角城市协同发展在空间上的"Z"字形态和领域上的不平衡性，提出未来长三角应在制度环境、市场环境和服务环境三个方面着力推动一体化水平提升，尤其要重视建立指标对接、流程相同、要求一样、标准一致的服务环境。

长三角区域语言治理规划与能力。张日培提出，"区域语言治理是有关各方为解决跨省域协调发展或一体化发展遇到的语言问题、呼应相关语言需求而协同合作、同向发力的过程"，并基于长三角区域一体化发展中的语言需求分析，围绕"一体化"和"高质量"两大主题，提出长三角区域语言治理的目标和任务，从语言管理协调化、语言服务同城化、语言监测全域化、语言建设产业化、语言研究协同化、语言人才培养体系化、语言治理体系标准化等七个方面分析了长三角区域语言治理的主要路径。王辉提出，区域语言治理能力是某个区域、省、市、地区等治理区域内公共语言事务的能力的总和，其中包含地方政府、社会组织和个人三个层面。贺宏志、王晖、李敏结合省域语言文字工作推进，强调语言文字工作的区域协同发展要着力探索有效载体和长效机制。

二 比较视野下的区域语言文字发展方略

我国不同区域语言文字发展方略比较。屈哨兵通过比较长三角一体化和大湾区一体化中的语言建设和语言治理，提出未来应加强对区域语言服务能力、国家通用语言使用的覆盖面和覆盖速度、语言赋能区域信息化与一体化发展、语言多样性、社会语言生活和谐度等方面的评估研究，在区域一体化进程中更好地发挥语言建设和语言治理方面的示范引领作用，特别是要在不同语言（变体）间的关系处理、语言文字的正确使用等重大问题上加强引导。

区域语言治理的国际比较及其启示。赵蓉晖通过比较纽约、东京和上海的外国人聚居特点，指出国际化城市中一般出现"马赛克式"的多语共存模式，其中英语往往作为共通语，其他外语需求呈散点式分布。

三 长三角教育一体化与语言教学和研究

长三角教育一体化。张珏结合长三角教育现代化指标体系研发的经验，提出时代性、战略性、引领性、全面性、差异性、高效性等六个长三角教育一体化的主要特征。

长三角区域人才需求与供给。董秀华通过对长三角区域人才需求与培养供给情况的分析，发现当前长三角地区一方面存在一定程度的省际区位差，另一方面存在重点科技产业人才供需缺口数量大、对专业复合度要求高、对高层次人才需求逐年上升等共性特点。

长三角多语种人才培养。孙键梳理了长三角地区有关高校语言类学科建设及多语种人才培养情况，认为根据国家对高水平全球治理人才的最新要求，仅仅通过高校开展多语种复合型人才培养还不够，需要通过加强多语种人才早期培养和推动基础教育与高等教育的贯通衔接，为长三角区域一体化发展输送更多高质量国际化人才。

长三角语言研究。陈昌来系统梳理了长三角区域的语言学研究情况，指出近年来长三角语言学研究存在重视程度不足、学术影响力不强、对国家战略介入不深、缺乏大规模数据库等问题,并提出未来应注重面向当代语言生活的研究,应用现代语言学研究方法与技术手段,加强相关数据库建设。

四 长三角语言资源与语言生活

长三角地区语言资源的特点及其开发利用。陈忠敏基于长三角区域语言资源分布的空间分析,提出长三角语言问题的研究要紧密结合城镇化进程快、经济文化发展水平高、人口流动性高等区域特点进行。孔令涛指出,语言博物馆兼具语言资源保护、世界语言文化引介、语言知识学术传播等功能,是开发应用区域语言资源的重要方式。张治国从语言管理和场域理论的角度出发,提出应注重开发"国际组织域"等长三角具有明显优势的场域中的语言资源。

长三角语言生活中的语言包容问题。陈新仁探究了"语言包容"的概念内涵,并提出长三角一体化发展需要提升对语言变体的包容,推动话语包容,促进区域融合。方小兵从语言文明的角度关注语言包容问题,提出语言文明是微观的个体行为、中观的集体规范和宏观的文化认同三位一体的概念体系,是理解当今语言生活的重要理论视角,也是语言治理的重要内容。

五 长三角公共语言服务建设

面向特殊人群的语言服务。倪兰指出,长三角区域面向听力和视力障碍人士等人群的语言服务存在发展不均衡现象,未来需加强区域特殊人群语言服务的规范化、标准化工作以及相关语言资源库建设。黄立鹤关注老年人语言能力衰退带来的交际障碍问题,提出长三角应发挥区位优势,从加强基础研究、依托高新技术、推动学科交叉和相关语言产业发展四方面构建适老语言服务和产品供给体系。

智能技术赋能语言服务。汪张龙指出,智能技术可在语言教育、语言文化传播、公共语言服务等多方面助力长三角语言治理,特别是在公共服务方面,已有许多成熟的技术和产品应用于大型国际活动、社区服务和应急管理中的多语服务之中。杜宜阳提出,面向智能时代的国际化城市公共语言服务体系建设应从六个方面着力:一是明确公共语言服务优先级,优化公共语言资源配置;二是从服务外国人群体转向服务具体交际场景;三是加强宣传传播,提升语言资源可达性；四是加强对公业务，向公共服务领域一线人员授权赋能；五是借助智能技术，拓展服务形式；六是推动语言服务制度化。

六 长三角形象话语建构与语言文化传播

长三角城市形象的话语建构与传播。樊小玲提出从话语空间、话语主体、传播渠道与媒介、交互模式等多角度加强长三角城市形象的话语建构与国际传播，向世界展示中国魅力。余华提出城市语言景观除向人们指示功能类信息外，还向人们展示着城市的历史传统与文化价值，应加强城市语言景观建设，充分发挥语言景观在城市语言环境建设与城市形象建构与传播中的重要作用。

长三角区域语言文化传播。孙宜学介绍了通过国际学生培养、成立"一带一路"语言传播校企联盟、举办长三角"一带一路"文化大讲堂等举措开展语言文化国际交流与传播的相关经验，提出可以通过建立长三角语言研究院和长三角语言文字工作者联盟等方式进一步加强长三角语言资源共建、共享、共保，提升长三角区域语言文化影响力、吸引力与传播力。

（杜宜阳 张日培）

三大科研基金语言学课题立项情况

三大科研基金分别指国家哲学社会科学基金项目、教育部哲学/人文社会科学研究项目、国家语委科研规划项目,下文简称国社科、教育部、国家语委。三大科研基金关注点各有侧重,代表社会科学领域内语言学研究的最高水平。2021年是"十四五"规划开局之年,通过调查分析三大科研基金本年度立项情况,并纵向对比近年相关数据,有助于把握新阶段语言学研究领域的关注热点与最新动向,了解语言学学科的发展动态与趋势。

一 立项课题概况

三大科研基金2021年共立项资助语言学及相关课题942项,其中:国社科在"语言学"科目下资助673项,包括未标示学科但内容属于语言学研究范畴的重大项目、冷门绝学研究专项、优秀博士论文出版项目、中华学术外译项目;[①] 教育部在"语言学"及"交叉学科/综合研究"科目下资助214项,包括未标示学科但内容属于语言学研究范畴的重大课题攻关项目、高校辅导员研究专项;[②] 国家语委资助55项[③]。近年来,三大科研基金立项资助的语言学课题总量逐年增加,2021年国社科立项数量较上年大幅提升,教育部、国家语委立项数量有所减少,变化趋势与上年一致。

(一)三大基金立项趋势变化及特点

1. 国社科立项特点

国社科资助的课题中,年度项目最多,含重点项目24项、一般项目214项;

---

① 资料来源:全国哲学社会科学工作办公室官网,http://www.npopss-cn.gov.cn。
② 资料来源:中国高校人文社会科学信息网,https://www.sinoss.net。
③ 资料来源:国家语委科研项目数据库,http://39.99.164.75:8001/projectSearch。

中华学术外译项目以 1 项之差居次；第三为后期资助项目，含重点项目 4 项、一般项目 64 项、优秀博士论文出版项目 8 项。纵观国社科近年立项情况，两个趋势值得关注：（1）重大、后期资助、中华学术外译三类项目资助力度逐年加大；（2）分类条目上有"加"有"减"，其中后期资助项目在 2019 年新增"优博""重点""一般"的分类，专项工程之冷门绝学研究专项 2020 年新增"学术团队项目"和"学者个人项目"的分类，而中华学术外译项目在 2020 年取消了"所在学科"的分类。这反映了国社科立项具有明晰的导向性、权威性和示范性定位，更加聚焦国家社会发展中的重大问题，更为关注社科领域研究延续性、跨学科的特点；也反映了国社科一方面拓宽资助面以提高基金对各个层次研究者的资助针对性，一方面致力于扩大中国学术的国际影响力，服务国际学术话语权的提升。具体见表 1。

表 1　2021 年国社科语言学相关课题立项情况

类别	重大项目	年度项目	青年项目	西部项目	专项工程	后期资助项目	中华学术外译项目	合计
数量 / 项	32	238	48	28	14	76	237	673
占比 /%	4.76	35.36	7.13	4.16	2.08	11.29	35.22	100.00

2. 教育部立项特点

教育部资助的课题中，青年基金项目约占一半（52.81%），其次为规划基金项目（33.18%）。近年来，教育部资助的各类语言学课题配比相较于其他两大基金更为稳定，其中本年度青年基金、西部和边疆地区项目占比与上年相比几无变化，规划基金项目立项数量有所减少，后期资助项目、重大课题攻关项目各增加 1 项，新增自筹经费项目、新疆项目、专项工程之高校辅导员研究专项（各 2 项），西藏项目无语言学相关立项，重点研究基地重大项目本年度未立项。这集中体现了教育部立项具有稳定性、平衡性的特点，重点突出、结构明确，从地域、研究重要性、研究延续性、研究者层次等多方面考量，全面资助各地、各类型、各阶段的语言学研究。具体见表 2。

表2　2021年教育部语言学相关课题立项情况

类别	规划基金项目	后期资助项目	青年基金项目	自筹经费项目	西部和边疆地区项目	西藏项目	新疆项目	重大课题攻关项目	专项任务项目	合计
数量/项	71	7	113	2	13	0	2	4	2	214
占比/%	33.18	3.27	52.81	0.93	6.08	0	0.93	1.87	0.93	100.00

3. 国家语委立项特点

国家语委课题中数量最多的两项为重点项目和一般项目，分别占49.09%和29.09%。与上年相比，重点项目比重明显提高，一般项目、委托项目、重大项目占比均有降低，未设后期资助项目。本年度重点项目下设有国家语委研究基地项目（对应上年新增的"科研中心项目"，共14项），一般项目下设有全球中文学习联盟研究专项（9项）。近年来，国家语委坚持问题驱动和需求导向，不断调整完善立项形式，先后增设后期资助项目、中青班项目、"一带一路"专项、信息化专项、语言教育专项、国家语委研究基地项目、全球中文学习联盟研究专项，充分利用语委科研基地资源优势，以灵活多样、更有针对性的资助形式助推语言文字科学研究，保障和引领语言文字事业高质量发展。具体见表3。

表3　2021年国家语委语言学相关课题立项情况

类别	重大项目	重点项目	一般项目	委托项目	合计
数量/项	3	27	16	9	55
占比/%	5.46	49.09	29.09	16.36	100.00

（二）立项课题内容分布

内容分布主要考察立项课题涉及的语种、研究时间与研究问题。

1. 语种分布

统计的语种指课题研究对象的语种，或研究对象使用的语种，或研究问题关涉的语种。首先根据语种数量划分为单语、多语两类，其次在单语研究中具体区分汉语、少数民族语言（以下简称民语）、外语与手语（盲文）四类，分布情况见表4。

表4　语种分布

	单语					多语	合计（比例）
	汉语	民语	外语	手语（盲文）	小计		
国社科	237(35.22%)	42(6.24%)	41(6.09%)	2(0.30%)	322(47.85%)	351(52.15%)	673(100.00%)
教育部	90(42.06%)	9(4.21%)	39(18.22%)	2(0.93%)	140(65.42%)	74(34.58%)	214(100.00%)
国家语委	40(72.73%)	0(0)	2(3.63%)	0(0)	42(76.36%)	13(23.64%)	55(100.00%)
合计（比例）	367(38.96%)	51(5.41%)	82(8.71%)	4(0.42%)	504(53.50%)	438(46.50%)	942(100.00%)

表4显示，三大基金对不同语种关注重点不同。本年度汉语类课题占比最高的为国家语委；民语、多语类课题占比最高的是国社科；外语类课题占比最高的是教育部；手语（盲文）类课题共4项，国社科、教育部各2项。与上年相比，三大基金对汉语、民语、外语、多语类课题相对关注度的排序不变，且均提高了对多语类课题的资助比例；国家语委还同时提高了对汉语类课题的资助比例。结合近年立项数据来看，汉语研究在国家语委课题中相对最受关注，民语研究在国社科立项中占有相对优势，而外语研究在教育部项目中优势相对突出。

从合计项各语种占比来看，多语研究最多，其后依次为汉语、外语、民语和手语（盲文）。"十三五"期间，各语种研究的占比始终保持"汉语—多语—外语—民语—手语（盲文）"之位序，其中汉语、外语、民语三类占比逐年微降，而多语研究数量则呈上升趋势，本年度其占比位序首次超过汉语研究。多语研究数量持续增多，部分原因在于国社科逐年提高外译项目的资助比例；另一方面，汉语、民语、外语多种组合式的研究也在不断增加，以呼应语言规律归纳、多语生活描述、语言政策制定、语言服务优化等诸多理论与现实需求。汉语研究包含43项方言研究，全面关注方言的语法、语音与词汇特征，尤为重视语言接触视角下边界地带的方言特点。民语研究涉及20余种少数民族语言，多数为跨境语言，对藏语、蒙古语的关注相对最多，且出现了一定数量的民语方言研究。外语研究以英语研究为主，同时包含了韩/朝语、德语、俄语、梵语（文）、日语、西班牙语等六个语种的相关研究。手语（盲文）研究具体关注了手语构词、盲文规范等内容。以上各语种研究的分布特点表明，国内语言学研究目标正在由揭示特殊规律向揭示普遍规律转化，研究视野不断拓宽，研究的服务意识不断增强，同时也反映了语言学研究对铸牢新时代中华民族共同体意识的具体落实。

2. 研究时间的分布

时间维度既包括从研究对象（材料）的时间角度划分的（近）现代与古代，又包括从研究方法的时间角度划分的共时、历时和综合，统计结果见表5。

表5 研究时间的分布

	研究对象（材料）的时间角度			研究方法的时间角度			
	（近）现代	古代	合计（比例）	共时	历时	综合	合计（比例）
国社科	536(79.64%)	137(20.36%)	673(100.00%)	625(92.87%)	38(5.65%)	10(1.48%)	673(100.00%)
教育部	179(83.64%)	35(16.36%)	214(100.00%)	200(93.46%)	13(6.07%)	1(0.47%)	214(100.00%)
国家语委	54(98.18%)	1(1.82%)	55(100.00%)	54(98.18%)	1(1.82%)	0(0)	55(100.00%)
合计（比例）	769(81.63%)	173(18.37%)	942(100.00%)	879(93.31%)	52(5.52%)	11(1.17%)	942(100.00%)

表5合计栏中，"（近）现代"81.63%、"共时"93.31%的高占比显示出三大基金资助的重心一直放在当下的、现实的语言问题与对策研究上。

本年度（近）现代研究、共时研究占比最高的均为国家语委，古代研究占比最高的为国社科，历时研究占比最高的为教育部。各类占比排序与近几年的相关数据相比稍有变动，但国家语委在（近）现代、共时研究，国社科在古代研究和教育部在历时研究中的相对高占比不变，体现了三大基金较为稳定的资助倾向：国家语委最为关注现实语言问题，重视运用语言学相关理论方法解决实际问题，不断充实应用语言学的研究内容；国社科、教育部相对更为重视基础理论问题，助力于丰富学科内涵、完善学科构架、增加学科厚度。值得关注的一个变化是，本年度国社科古代研究数量大幅提升，增量部分来源于翻译研究，以期向世界大力推介体现中华传统文化精髓的学术精品，积极落实国家语言文化战略，助力"文化走出去"。

3. 研究问题的分布

根据研究问题的不同，这里将立项课题分为本体研究、运用研究、应用研究和综合研究四类。本体研究旨在揭示语言文字本身结构规律的特点，运用研究关注人如何使用语言交流，应用研究指将语言及其知识应用于其他领域和方面的研究，① 综合研究是包含上述两类及以上的研究。分类统计结果见表6。

表6 研究问题的分布

	本体研究	运用研究	应用研究	综合研究	合计（比例）
国社科	244(36.25%)	293(43.54%)	128(19.02%)	8(1.19%)	673(100.00%)
教育部	62(28.97%)	48(22.43%)	96(44.86%)	8(3.74%)	214(100.00%)
国家语委	0(0)	3(5.45%)	52(94.55%)	0(0)	55(100.00%)
合计（比例）	306(32.48%)	344(36.52%)	276(29.30%)	16(1.70%)	942(100.00%)

根据表6的统计，运用研究相对最多，第二为本体研究，第三为应用研究。三类研究整体上占比相差不大，体现出三大基金语言学课题立项的平衡性，相互配合、全面关注语言的功能、性质及其外部联系。

本年度本体研究、运用研究相对占比最高的均为国社科，其次是教育部，国家语委无本体类立项，且运用研究相对占比偏低；应用研究相对占比最高的是国家语委，达94.55%，其次是教育部。对比近年数据，三大基金本体研究占比均有减少，一定程度上反映了三大基金在语言学研究领域由本体研究向运用、应用研究转化的趋势。但比例降低也可能与本年度分类标准的调整有关，新分类下，国社科相对最为重视运用研究，关注人的语言能力；教育部更为聚焦应用研究，致力于解决特定领域特别是语言教育领域的实际问题。

二 本体研究特点与变化趋势分析

在国社科、教育部本体研究的306项课题中，我们依据课题的核心研究内容进行具体研究领域的划分，按照各领域总占比从高到低排列，见表7。

---

① 2022年1月18日，赵世举教授在"语言应用研究的理念和路径"讲座中提出"语言本体研究—运用研究—应用研究"的语言研究三分法并阐释了三类研究的概念内涵，本文据此划类。

表7 本体研究课题的研究领域分布

研究领域	国社科	教育部	合计
语法	60(24.59%)	23(37.09%)	83(27.12%)
文字、音韵、训诂	51(20.90%)	11(17.74%)	62(20.26%)
语言描写、语言接触	44(18.03%)	7(11.29%)	51(16.67%)
词汇	31(12.70%)	8(12.90%)	39(12.75%)
语义	20(8.20%)	6(9.68%)	26(8.50%)
语用	18(7.38%)	3(4.84%)	21(6.86%)
语音	17(6.97%)	2(3.23%)	19(6.21%)
语言理论	3(1.23%)	2(3.23%)	5(1.63%)
合计	244(100.00%)	62(100.00%)	306(100.00%)

根据表7数据，占比最高的三个研究领域分别为"语法""文字、音韵、训诂"和"语言描写、语言接触"。这三个领域涉及不同角度的分类，"语法"为普通语言学的重要研究模块，"文字、音韵、训诂"借助古代传统文献资料研究语言文字，而"语言描写、语言接触"关注语言的整体面貌与变化特点。近年来，"语法"和"文字、音韵、训诂"研究始终居于本体研究中占比最高的前两位，且比例变化不大，反映了本体研究重点内容的一贯性和兼及语言学研究普遍性与中国语言学研究特殊性（充分利用传统语言文化资源，继承传统研究范式）的研究特色。

表中可以看出，国社科、教育部资助的立项对本体研究各个领域都有涉及，且两大基金各研究领域的占比位序与整体占比位序基本一致（往年位序差异较大），这是因为国社科、教育部立项有明确的学科区分，重视语言研究的学科属性，所以涉及的研究领域较全面，而各研究领域高度一致的占比位序则反映了两大基金立项的科学性，通过协调规划引导本体研究回归本体，展示语言本体研究的现实生态。

本年度本体研究"一增一减"两大变化值得关注：（1）"语言描写、语言接触"研究与上年相比占比提升较大，语言描写研究关注多样语（言）种，如"全球华语视角下的马来西亚华语研究""维吾尔语南疆西南部山区土语研究""西南官话研究""视觉语言学视角下的聋人手语研究"；语言接触研究重视普方、汉民、汉外接触等带来的多向影响,如"区域方言学视角下湘鄂赣边界方言的接触与演变研究""汉语与蒙古语察哈尔方言接触研究""接触语言学视域下的'日汉皮钦语'研究"。这提示本体研究对语言系统的探索日趋精细、全面,且研究对象由静态、孤立的语言向动态发展的、多向接触中的语言不断拓展。(2)"语用"研究与上年相比占比明显减少,研究聚焦特定情境中的特定话语,如"汉语致谢类言语交际模式研究""汉英事件报告话语的信息结构比较研究""基于认知过程的涉外公共语篇态度语码变体研究"。虽然本类纯理论语用研究数量减少,但本年度三大基金资助了大量的关注人如何使用语言交流的运用研究和语用学理论应用于语言教育等领域的应用研究,这体现了立项的问题导向逐渐明晰、纯理论语用研究正向应用驱动语用研究转化的趋势。

三 运用研究特点及热点问题分析

运用研究课题有344项,分为"理解""表达""综合"三类,其中"理解"类研究人的听读行为,"表达"类研究人的说写行为,"综合"类研究人的整体语言运用行为。因翻译行为体现双语的综合运用能力,本文翻译研究归入"综合"类,见表8。

表8 运用研究类课题的研究领域分布

研究领域	国社科	教育部	国家语委	合计
理解	10(3.41%)	6(12.50%)	1(33.33%)	17(4.94%)
表达	3(1.03%)	6(12.50%)	0(0)	9(2.62%)
综合	280(95.56%)	36(75.00%)	2(66.67%)	318(92.44%)
合计	293(100.00%)	48(100.00%)	3(100.00%)	344(100.00%)

表8中,占比最高的研究领域为"综合"类,318项中有311项为翻译研究,其余7项则分别探讨不同人群的语言能力问题。整体上,三大基金立项对人的语言理解的关注高于语言表达的关注。

运用研究关注语言作为交际工具与思维工具的能力属性,以提升人的专项或整体语言运用能力为目标,其中翻译研究特别是翻译实践研究还发挥着知识建构、文化塑形的重要作用,因而本类研究集中体现了基金立项对于国家公民语言能力建设任务目标和国家文化战略的具体落实,以下分别讨论各领域的研究特点与热点问题。

(一)语言理解、语言表达与语言能力

语言理解研究多借引心理学、认知科学、神经科学的研究方法,重视二语理解研究,关注特殊人群、(非病理性的)语言障碍人群。如"深度阅读的元认知投入心理机制与促进路径研究""汉语自闭症儿童词汇语义加工研究""阅读障碍儿童汉字形音义加工的脑功能及脑网络研究"。

语言表达研究多为汉语口语表达、外语(或双语)写作研究,主要面向国民,兼顾特殊人群,应用驱动的特征明显。如"基于追踪语料库的4—6岁汉语儿童游戏互动语言研究""基于视障者实景认知的口述影像跨模态编码研究""学术英语写作多元互动反馈体系构建、应用及效果追踪研究"。

语言能力研究在这里专指国民语言能力研究,关注不同年龄段的群体(儿童、老年人),具体探讨了国家通用语言能力、外语能力和双语能力的发展提升路径。如"我国老年人语言能力的常模、评估及干预体系研究""中国儿童英语语用能力发展研究""基于语码转换加工机制的双语能力提升路径研究"。

(二)翻译

本年度翻译研究共311项,立项数较之上年(263项)增长近50项,仍以英译研究为主,重点关注笔译研究,更加重视翻译实践,尤其是外译实践。

从翻译文种看,涉及19个翻译文种,较上年少了波兰文、乌兹别克文、印地文,增加了哈萨克文、吉尔吉斯文、马来文、蒙古文和斯瓦希里文。从翻译类型看,除297项笔译研究外,同时资助了4项口译研究课题,如"基于现代技术的中国高校学生口译认知灵动性及译效研究""交替传译策略能力构成及其运行机制研究"。

从研究内容看,可分为翻译理论与翻译实践两类。(1)理论研究较为重视译者角度的考察以及翻译接受与评价,如"唐诗英译译者伦理体系研究""冯梦龙作品英译及其接受研究",同时涵盖翻译思想理论、翻译过程、翻译文本(话语/术语)、翻译史、翻译策略、翻译政策等多角度的研究内容,如"基于神经机制和情境认知的翻译过程实证研究""朱子学二百年英语译介史研

究""清代中前期翻译政策研究"。(2)实践研究以专书翻译、外译为主,少量涉及了术语与思想文化的外译(5项,如"中国古典文学作品中服饰术语英译研究""国家法律形象建构下的法家思想对外译介研究")、语言学专著内译(1项,即"《语义转移的词汇类型学》译著")以及翻译资源建设(2项,如"传统秦腔汉英多模态双语语料库构建与英译研究")的内容。其中专书外译对应国社科中华学术外译项目下资助的237项,特点包括:①增加外译文种以增大经典作品推介力度,如《敦煌学论稿》《陆游的乡村世界》在2020年分别设立俄译、韩/朝译项目,本年度继续设立法译项目;②增加自然科学领域研究成果的推介,如《中国科学技术通史》《中国数学史》;③开始重视推出以中国视角看待世界问题的学术研究成果,如《后疫情时代的全球经济与世界秩序》《非洲现代史》。外译实践中外译文种不断增加,外译作品由展示"哲学社会科学中的中国"扩展到更为全面地展示中国的学术成果,由推介"中国内容"到传播"中国声音",体现了"文化自信",有助于深化中外学术交流、扩大中国学术的国际影响力,从而进一步提升中国的国际学术话语权。

四 应用研究特点及热点问题分析

应用研究类课题有276项,根据本年度的研究内容划分为"语言教育""语言服务""语言规划""语言生活""语言传承与传播""其他"六类,"其他"指前述五类以外的语言应用研究,详见表9。

表9 应用研究类课题的研究领域分布

研究领域	国社科	教育部	国家语委	合计
语言教育	38(29.68%)	31(32.29%)	12(23.08%)	81(29.35%)
语言服务	30(23.44%)	24(25.00%)	10(19.23%)	64(23.19%)
语言规划	22(17.19%)	9(9.38%)	20(38.46%)	51(18.48%)
语言生活	12(9.38%)	9(9.38%)	6(11.54%)	27(9.78%)
语言传承与传播	10(7.81%)	11(11.45%)	4(7.69%)	25(9.06%)
其他	16(12.50%)	12(12.50%)	0(0)	28(10.14%)
合计	128(100.00%)	96(100.00%)	52(100.00%)	276(100.00%)

表9显示,"语言教育""语言服务""语言规划"三类占比最高。近年来,"语言教育""语言规划"二类研究占比持续上升,"语言生活"类占比较上年又有降低。

从三大基金对应用研究的资助倾向来看,教育部、国社科最为关注语言教育研究,同时致力于探索语言学研究在其他各研究领域的应用转化路径;国家语委最为关注语言规划研究,重视应用研究各领域之间的内部转化,语言规划研究逐年增多在一定程度上也反映了近年来国家语委语言生活研究的丰厚积淀。

应用研究关注语言作为知识、信息和文化载体的工具性,反映语言学界对社会生活的关注,也最能体现语言学科发展的阶段性特点,以下将具体分析各领域研究特点与热点。

(一)语言教育

本类研究最为重视外语教育特别是英语教育研究,国际中文教育相关研究数量增加,对汉语母语教育的关注较少;研究内容广泛涉及教育环境、教师、学习者、教育资源、教育行为、测试与标准等语言教育要素,其中学习者和教育资源相对最受关注,体现研究对"以学生为中心"的教育理念及当前我国教育教材资源建设任务的具体落实。

研究特点包括:(1)教育环境研究较为关注国内外语教育学科体系建设,如"新时代我国高等外语教育体系的改革与重构研究";(2)教师研究聚焦外语教师(包括国内英语教师、海外本土中文教师、民族地区汉语教师)的能力培养,如"线上教学情境下高校外语教师专业发展路径与机制研究";(3)学习者研究重视中国英语学习者的二语习得特点,如"基于依存句法标注语料库的中国英语学习者时间状语从句语序习得发展研究";(4)教育资源研究均衡关注外语、汉语母语、汉语作为外语的三类教育资源,涉及教材、数字化课程、在线学习平台、语料库、信息库等多种教育资源形式,如"朝鲜半岛日据时期汉语教材收集整理与数据库建设研究""新疆少数民族农牧民学习国家通用语言文字在线课程建设研究";(5)教育行为研究仍重点考察外语教学模式,但同时涉及了汉语母语和二语技能教学的相关内容,如"融入课程思政的学术英语线上线下混合式教学模式探究""基于数字墨水的留学生汉字书写行为智能分析与教学研究";(6)测试与标准研究主要关注语言教育领域的标准化建设,如"国际中文教育标准体系框架研究""外语考试价值导向质量标准的构建与应用研究"。

（二）语言服务[①]

本类研究分为语言知识服务、语言技术服务、语言康复服务与语言使用服务四类。

1. 语言知识服务

共25项，包括13项辞书编纂研究与12项语言资源数据库建设研究。（1）辞书编纂类较为关注双语词典的编纂研究。从涉及语种来看，包含单语的汉语、汉语方言（荆楚方言）、韩/朝语、甲骨文，多语的汉—英、汉—日、英—汉、民汉（藏—汉）、外—汉九种类型；从辞书的性质与功能来看，4项为面向专门领域（哲学、法律、医药、佛学）的专科词典编纂研究，4项为字典编纂研究（甲骨文、现代汉字、藏文字、韩/朝语借字表记字），3项为服务汉语作为外语学习者的学习型词典的用例考察、语境设计与词典数据库建设研究，1项为翻译词典编纂研究（古汉语英译），1项为方言词典编纂研究。（2）语言资源数据库建设重视古文字、经典文献的数字化以及多语多方言地区的语音资源建设，如"中国古代典籍跨语言知识库构建及应用研究""新疆汉语方言语音数据库建设研究"。

2. 语言技术服务

共25项，包括语义分析、语言文字识别（语音识别等）、检索、字库词库、机器翻译、智能问答、自动校对、情感分析等多种技术服务研究，如"大数据驱动的科技文献语义评价体系研究""基于视觉—声音—语义多模态融合的濒危语言自动识别应用研究""基于多模态问答知识图谱的在线问答社区中的知识推荐研究"。

3. 语言康复服务

共8项。分别探讨针对听障儿童、有语言障碍的自闭症儿童、构音障碍患者、口语能力退化的阿尔茨海默病患者、语言退化或有语言障碍的老年人的康复训练方式与语言能力促进路径，同时关注了汉语发展性阅读障碍的预测与干预策略。

[①] 本类研究参照赵世举（2012）《从服务内容看语言服务的界定和类型》一文的概念界定及分类，因"语言教育服务"的研究内容在上文"语言教育"一类中已有涉及，"语言知识服务"中语言规范的研究内容归入下文"语言规划"一类，此处不再重复讨论。

4. 语言使用服务

共 6 项。既关注了专业性较强的翻译本地化服务与学术写作润色服务，又涵盖了多样服务主体——有面向特定群体的"老年语言服务研究"，面向特定行业的"东南亚国家的中国汽车售后语言服务与支持应用研究"，面向政策性地域的"海南自由贸易港语言服务研究"，以及面向突发事件的"国家应急语言服务需求框架体系研究"。

（三）语言规划

本类研究的特点包括三方面：（1）较为重视语言的地位规划研究，关注国家通用语言的推广普及，同时关注其他区域国别中的语言规划，语言的本体规划研究较为全面地涵盖了语言规范、标准以及规范标准的实施三方面的研究内容，如"新时代民族地区国家通用语言文字推广的理论与实践研究""国家通用盲文分词连写规则与词库建设研究""外国专名汉译用字的歧异与规范历史研究"；（2）关注语言研究的服务属性，基于社会治理理论研究规划问题，如"社会-语用共同体视域下网络和谐话语体系建构及引导机制研究""基于新冠疫情防控的官方和民间协同性话语的跨学科研究"；（3）语言规划研究面向多样目标①，如服务语言发展目标的"我国语言文字标准国际化方略及路径研究"，服务于身份认同目标的"湄公河五国华人家庭语言规划及华语传承研究"，服务于语言传播目标的"新时代国家治理'中国方案'的话语建构与对外传播模式研究"，服务于语言安全目标的"语言安全关键问题研究"，服务于语言生态目标的"乡村振兴背景下农村语言生态建设机制及路径研究"，服务于语言生活目标的"'乡村振兴'背景下新疆南疆地区学龄前儿童国家通用语言能力发展现状与提升对策研究"。

（四）语言生活②

本类研究包括 18 项中观研究、7 项微观研究以及 2 项宏观研究。宏观研究的 2 项分别关注国内语言生活中的重要语言问题（"健康中国建设中的语言问题

---

① 郭熙（2020：229）将语言规划的目标概括为语言发展、身份认同、语言传播、语言安全、语言生态、语言生活六类。

② 因"语言生活"概念辖域较广，与其他应用研究的内容多有交叉，为突出研究领域特色，这里的语言生活研究取概念的狭义，专指国家、行业、地区、个人及社会终端组织的语言使用情况研究。

研究")与国外的语言生活面貌("中欧班列沿线欧洲国家宏观语言生活研究")。中观研究调研的地区包括国内的历史文化名城名镇名村、广东潮汕农村、长三角城市群、宁夏农村、民族地区农村、中缅边境地区,以及海外的华人街区("东亚及东南亚地区唐人街语言景观调查研究");研究涉及的行业领域包括司法、政治、医疗、生态环境,其中司法领域的语言研究较多;虚拟空间语言生活研究关注网络语言暴力。微观研究聚焦的人群包括印尼华裔新生代、少数民族学生、毒品成瘾人群;研究涉及的社会终端组织包括社交媒体和企业。本类立项反映出三大基金对"一带一路"建设和"健康中国""乡村振兴"等国家战略的密切跟进,宏观、中观研究注重国内外、城乡地区的平衡,微观研究体现对特殊人群的聚焦。

(五)语言传承与传播

本类研究在本年度形成一定研究规模,包括2项语言传承研究与21项语言传播研究。语言传承研究关注海外的华语传承的需求与新动向("海外华人中华文化代际认同差异及传承需求研究""海外华文教育与传承新动向研究")。语言传播研究以汉语在海外的传播为主,重点探讨"国家形象"的塑造,尤为关注自塑国家形象的提升路径与方法。其中,研究涉及的传播内容包含汉语(汉字)与中国思想、中华文化,如"人类命运共同体视域下非洲百年汉语传播研究""当代科幻小说海外经典化中的中国文化形象生产研究";海外传播的受众所在地涉及非洲、东亚(日本、韩国)、东盟国家和俄语国家;国家形象研究重视通过汉语及汉语思想文化传播行为自塑中国形象(整体形象、文化形象、企业形象),如"晚清以来上古神话海外传播中的中国形象建构研究""话语分析视域下中国企业外宣身份建构与海外声誉提升路径研究"。同时研究还关注外语(日语)塑造中国国家形象以及国外自塑国家形象的经验。本类立项数量增加,反映了三大基金规划引导立项时所秉持的语言资源观,以海外华语传承、汉语传播的方式促进中外交流对话。

(六)其他应用领域

本类共28项,在本年度立项中尚未形成研究规模,可分为九类:(1)神经语言学,如"言语幽默消减负性情绪的认知神经机制及智能路径研究";(2)医疗域，如"精神分裂症患者临床叙事话语特征及其诊断价值研究";（3）艺术域，如"甲骨文所见音乐资料整理与研究";（4）历史域，如"日本古代文献所见中国史料的整理与研究";（5）文学域，如"钱钟书隐喻思想的系统梳理与新阐释";（6）文化域，如"《墨经》概念再研究";（7）语言社会学，如"赫哲语社会功能修复机制研究";（8）思政教育域，如"网络流行语折射的大学生奋斗心态研究";（9）数据科学域，如"语料库与数据科学应用研究"。本类研究体现国社科、教育部语言学课题立项的"新文科"思维，积极探索语言学研究与其他各学科的交叉融合，不断推动学科创新升级发展。

结　语

2021年三大科研基金语言学课题中，多语研究数量持续增长，首次超过汉语研究；本体领域内语言描写、语言接触研究数量明显增多，全面关注多样语（言）种；运用领域内翻译（外译实践）为研究热点，译介作品所属的学科领域范围进一步拓宽；应用领域内国际中文教育研究开始受到较多关注，语言服务研究内容多样，语言规划研究多秉持服务观，重视地位规划研究，语言生活研究密切跟进"一带一路"建设和"健康中国""乡村振兴"等国家战略，语言传播研究聚焦自塑国家形象的提升路径与方法。上述研究热点、特点，一方面反映了国内语言学研究现实问题驱动、当下需求导向的特点，研究视野不断拓宽，服务意识不断增强，服务对象更为明确，成果应用转化能力不断提升，也由此形成了鲜明的中国研究范式；另一方面体现了三大基金秉持"新文科"思维，在大语言文字观的指导下，依托各自的优势科研力量，通过课题指南的提示、专门项目的设立等方式引导科学立项，不断提升语言学研究的站位与研究质量，以更好地落实国家相关战略方针政策，助力各项事业发展。

（田静 苏新春）

【参考文献】

[1] 郭熙. 新编应用语言学 [M]. 北京：北京大学出版社，2020.

[2] 赵世举. 从服务内容看语言服务的界定和类型 [J]. 北华大学学报（社会科学版），2012，13（03）.

国家语委科研项目结项情况

2021年,国家语委科研规划领导小组办公室对102项科研项目组织开展结项集中鉴定,其中11项鉴定结果为优秀、85项鉴定结果为合格。

一 优秀项目成果简介

项目1:构建人类命运共同体进程中国家对外话语能力提升战略研究

项目聚焦中国对外话语的主体定位研究、中国对外话语的话语内涵研究、中国对外话语的传播方式研究、中国对外话语的传播效果研究四大研究问题,通过分析对外话语的言语表征和其背后的思想以及价值取向,客观描述并展现了当前中国对外话语能力现状;在中国特色社会主义理论思想指引下,依据国家身份的话语建构理论,对现阶段中国对外话语能力,从思想内涵、话语方式和传播效果等维度进行评价,总结了目前存在的问题;从跨学科视角搭建对外话语能力研究框架,丰富了语言战略与话语规划的理论,为对外话语能力的提升,推动与外部世界之间的有效对话,提出了具有可操作性的建议与策略。

项目梳理了国家对外话语的基本情况,指出"中国特色对外话语体系"关系到国家利益维护、国家形象建构以及全球治理效能,是践行人类命运共同体的一项重要战略使命,是立足中国国情,面向国际社会,体现中国特色的思想、理论、战略、意识形态和核心价值观的系统化、条理化和规范化的表达系统,关涉中国的治国方略、发展道路、文化传统以及全球治理等话语内涵和应用场域。项目进一步阐释了国家对外话语翻译的内涵和意义,提出了"国家翻译规划"的概念,并从内容规划、语种规划、人才规划与传播规划四个方面阐释了其内涵,介绍了中国对外话语翻译发展历程。项目还从概念、主体、目的、理论机制与实践、历史演变等方面梳理了中国对外话语传播,并对中国对外话语译介与传播的典型案例进行了分析。

在此基础上，项目探讨了中国对外话语能力提升的策略，认为提升中国对外话语能力，必须做好顶层设计，多角度谋划国家对外话语战略，从主体、环境、动机、内容、方式、受众和效果等七要素制定国家对外话语战略的基本框架，具体包括深化国家对外话语理论研究、加强中国核心话语对外阐释力、优化国家对外话语表述方式、创新国家对外话语传播形式、多角度规划与设计国家对外翻译政策、设立国家对外话语效果评估机制、培养国家对外话语人才梯队等七个方面。

项目认为，深化国家对外话语体系的译介传播研究，探究国家对外话语体系构建、译介和传播的复杂互动关系，对提高国家对外话语能力，进一步建构和提升中国国家形象和国际话语权，具有重要的理论价值和现实意义。项目也从六个方面提出了建议：全面把握研究对象，透视中国特色对外话语体系的历史贡献和时代价值；将认识论、方法论和实践论有机结合，形成国家对外话语体系综合研究模式；立足历时与共时双向路径，构建话语译介传播全程的研究坐标；围绕应用性研究的问题导向性，探索国家对外话语实践的实证研究方法；以"阐释性翻译"和"多模态传播"为支点，推动国家对外话语理论革新；多学科交叉融合拓展学术研究，开创"对外话语研究"专业方向。

（项目编号：ZDI135-63；项目负责人：吴赟；所在单位：同济大学）

项目2：通用规范汉字读音规范

项目以《通用规范汉字表》收录的8105字为研究对象，秉持保持汉字语音规范的稳定性、注重汉字语音规范的社会性、遵循汉字语音发展的系统性三大原则，建立通用规范汉字字音属性数据库，对已有的规范文件进行整合和优化，根据科学的词频统计和社会调查审定争议读音，按照"字有定音，音有定职"的原则制定规范标准，形成了《通用规范汉字读音表》。项目主要成果包括《〈通用规范汉字读音表〉研制报告》和《通用规范汉字读音表》主表及附表，并为《汉字全息数据库》提供了语音属性标注。《〈通用规范汉字读音表〉研制报告》分六个部分介绍了项目研制背景、研制原则、研制步骤和对语音的具体审定、取舍。《通用规范汉字读音表》对8105个规范汉字标注建议字音，并对多音项规范字音义关系以附表形式说明。特别是通过与权威辞书的全面对比，对存在读音差异的437字、460个音项进行分类汇总，对一、二级字和三级字采用不同的语音审定原则，分类处理。

项目的研制基本解决了通用规范汉字字音标注问题,提出了规范原则,并对存在读音矛盾的现象及疑难问题提出切实可行的建议。项目是首次对通用规范汉字读音进行系统性全面整理的规范工作,是有效贯彻落实《通用规范汉字表》的重要工作。项目形成的《通用规范汉字读音表》对促进汉字的规范化、标准化、信息化,提升国内语文教育和国际中文教育中的汉字教学与研究质量具有十分重要的意义,对社会用字、语文教育、辞书编纂等都具有重要的应用价值,可以达到规范指导社会用字的作用。在学术价值方面,项目对规范汉字字音进行全面整理分析,有利于对现代汉字语音规范的学术现象进行系统性、封闭性的观察,有利于对汉字读音规律的认识、归类和总结。

(项目编号:ZDI135-16;项目负责人:卜师霞;所在单位:北京师范大学)

项目3:儿童语障成因与教育训练策略研究

项目基于一系列正常发展儿童的调查和特殊儿童语言发展的特征和干预案例研究,编制了基于《国际功能、残疾和健康分类》(ICF)的儿童沟通参与量表,在行为学层面对智力障碍、听力障碍、孤独症谱系障碍等引起的继发型语言障碍的作用机制进行了研究,发现了智力障碍、听力障碍及孤独症谱系障碍儿童词语理解和表达能力、词语快速映射能力、句法加工能力的发展特征,建构了阶梯式儿童语言康复策略并进行了验证,开发了阶梯式儿童语言康复课程,并设计了儿童语言康复五大目标编制与记录系统。

项目基于特征研究、干预研究、案例研究的实证数据,建构了"阶梯式儿童语言干预模式",全面梳理了我国儿童语言障碍康复理论与方法,实现了"分级评估"和"精准康复"的有机结合,是国内最先明确提出理论框架、实施原则和策略方法,并付诸临床实践的儿童语言康复模式。"阶梯式儿童语言干预模式"满足了中国语言障碍儿童的康复需求,以实际行动助力解决中国儿童语言康复问题,不仅为有效解决儿童语言康复问题提供了切实可行的路径,而且为建立本土化儿童语言康复学科体系、话语体系打下了坚实基础,为学术界贡献了语言康复的中国经验。

项目也对儿童语言康复工作和研究提出了建议,认为要进一步提升对特殊儿童语言康复工作的重视程度,在儿童语言发展关键期内对其给予及时、系统、有效地干预;进一步鼓励儿童语言康复跨学科研究,纳入不同学科背景的研究团队,从特征、机制、应用等多个角度进行探索;进一步规范儿童语言康复行业标准,完善自上而下的顶层设计,规范语言康复服务行业从业标准,推广本土化的语言康复课程。

(项目编号:YB135-81;项目负责人:刘巧云;所在单位:华东师范大学)

项目4:城镇化进程中少数民族语言公共服务应用研究

项目从城镇化进程中语言生活的实际情况出发,结合少数民族人口的居住、活动特点,在西南地区(四川省、贵州省、云南省、重庆市)的城市民族互嵌式社区和少数民族贫困人口相对集中的州县和村镇,分别调查国家通用语言文字和少数民族语言文字在公共服务领域(如各级学校和政务中心)、公共服务窗口(如银行、邮局和医疗机构)以及公共服务设备(如地铁站、汽车站、火车站、机场)的使用情况。同时,开展对语言服务的提供者(如城市民族互嵌式社区服务人员、各级政府相关部门工作人员、窗口单位人工服务岗位)以及语言服务的接受者(如少数民族群众)的双重调查。结合社会学、经济学等相关理论体系,阐释现阶段面向少数民族的语言公共服务存在的问题,并针对重点行业和领域(如教育医疗、政务服务、城市执法)的少数民族语言公共服务提出建议。

项目认为,新时期语言服务必须立足于现实、服务于社会,促进各族群众在城市享有平等的语言权利和发展权利,既要继续加大在城市少数民族人口中的推普力度,促进其在城市享有"接纳"和"融入"的归属感、获得感和幸福感,也需要以社区少数民族群众的语言需求为导向,提供便捷高效、专业适用的个性化语言服务。针对易地扶贫搬迁集镇发展过程中的"语言不适应症",应积极发挥语言的信息沟通功能。在前期脱贫攻坚已解决区域性整体贫困之后,仍须对特殊人群、家庭和地方开展日常性的帮扶工作。"后脱贫攻坚"时期,应以铸牢中华民族共同体意识为主线,以加强各民族交往交流交融为目标,在民族地区持续普及和推广国家通用语言文字。在我国"多元一体"的语言格局下,应加强民族地区的语言应急服务意识,在提高国家通用语言文字普及水平的基础上,提升面向少数民族群众的多语应急服务能力,积极实现多语种信息辅助交流和动态协作服务,促进包括少数民族语言在内的多语资源的开发利用,构筑以国家通用语言文字为核心的多民族语言信息资源跨语种共享系统。

项目也从全面调查少数民族语言使用状况与语言能力、持续推广普及国家通用语言文字、增设重要服务窗口的民族语言公共服务岗位和设备、增设重要服务窗口的民族语言公共服务岗位和设备、构建民族地区政务大厅的多语言服务环境、组建少数民族语言公共服务的志愿者团体、培育城市少数民族语言公共服务的规模化市场等七个方面，提出了提升少数民族语言公共服务的对策建议。

项目关注城镇化进程中少数民族语言公共服务的新需求，为语言服务研究开拓了新的研究视角和研究领域。项目在服务城镇化建设、提高语言服务水平、建设语言服务团队、研发应急语言服务资源库等方面也具有较高的应用价值。

（项目编号：YB135-79；项目负责人：石琳；所在单位：西南民族大学）

项目5：甲骨文等古文字在语文教育中的应用研究与功能开发

项目主要包括两大内容：一是从理论上研究古文字在语文教育中的应用价值，二是从实践上开发古文字在语文教育中的应用功能。项目围绕如何开发古文字在小学语文、初中语文和对外汉语教学中的应用途径和应用方式，形成了著作《古文字与语文教育》《说字解诗》，开发了《小学课本中的说文解字》《HSK考试必备——词汇·用字·真题解析》等系列教辅教材，并发表了相关学术论文。

项目核心成果《古文字与语文教育》以古文字为依据，通过字形构意揭示汉字的语用规律，阐释了古文字服务现代字词教学的理论依据和方法，紧扣字词教学的重点和难点，有助于提升字词教学的科学性。深入挖掘汉字形体蕴含的文化信息，探索识字教学中融入中华优秀传统文化的原则与途径，就汉字教学如何融入中华优秀传统文化给出了具体建议。解析汉字形体蕴含的独特创造智慧，为培养学生创造性思维提供素材和依据，并阐释了应用造字智慧进行创造性思维培养和写作技巧训练的具体方法和步骤。利用汉字构意揭示词语的隐含义，开辟了诗文赏析新途径，使诗文赏析更具学理性和可操作性。

（项目编号：ZDI135-74；项目负责人：张素凤；所在单位：郑州大学）

项目6：智能辅助阅读系统关键技术研究及应用

项目梳理了国内外阅读及阅读教学现状，开展了阅读能力（情感维）模型设计研究、篇章情感词汇识别与验证研究、阅读内容自动分级研究、阅读可读性计算模型构建研究,分析了智能阅读的困境与突破。我国的智能阅读发展存在五大困境:基础理论薄弱,尚未出台成熟、权威的阅读资源分级标准和阅读能力多维评价标准;难以借鉴国外技术;评测结果缺乏权威性;技术可靠性不足;教学模式突破困难。项目提出五方面建议:确立发展目标;确立国家标准;贯彻"智能"概念;侧重资源建设;构建智能平台。

项目开展了读者阅读属性构建技术研究、阅读内容表示及自动分析评价研究、海量数据内容的检测与分析研究、基于认知与计算的个性化智能推荐研究,开发了智能辅助阅读平台。平台运用深度学习与高级模型等前沿技术,为个体阅读能力在阅读能力整体发展区间内进行定位,精准量化阅读水平。通过构建全信息阅读测评体系,研发出有助于学生阅读能力提高的、深度体现智能与阅读相结合的、切实符合国家大数据发展战略的智能阅读服务平台。

项目在阅读能力评价维度、阅读文本难度分级、文本情感计算、阅读速度测量等领域均有所创新突破,以阅读六定理论为指导,提取文本词汇、语句、篇章等不同层级的复杂度及表现多样性等特征进行分析,并结合自然语言处理技术进行加工验证,最终设计出多元特征融合的文本难度评价方法。

项目形成了智能阅读理论,在读者阅读属性构建技术、阅读内容有效删选、精准高效推送技术、阅读资源特色建设等方面取得突破。通过智能辅助阅读监测研究和阅读分析报告可视化来帮助"诊断"学生详细阅读数据,进行针对性阅读指导,制订符合自身阅读能力水平的阅读方案。智能辅助阅读平台可在线实时对中小学生进行阅读能力测评,构建个人阅读成长大数据。平台可参照中小学生能力量表,智能制订个性化阅读能力提升方案。

项目研究成果为中小学阅读能力素养提升提供了有力抓手,对我国促进教育均衡化发展意义重大。项目也填补了我国语言文字阅读智能化技术空白,对有效提升语言文字的国际传播、推进语言文字工作的国际化发展,具有重要的社会效益和国际战略意义,为进一步提高国家语言管理能力创造了条件。

(项目编号:ZDI135-79;项目负责人:周建设;所在单位:首都师范大学)

项目7:中东欧国家外语管理战略和机制研究

项目探究了中东欧国家外语管理的战略和机制,揭示其外语政策背后关于国家角色定位和国家发展路径的战略思考,描述其外语管理的逻辑、措施与效果,并探讨了其经验对我国国家外语能力建设的启示。项目在研究过程中,首次在国内基于欧洲语言管理理论的基本原则建立框架进行国别和区域语言政策分析,从管理主体、管理理论、管理措施和管理效果等维度对欧洲语言事务管理机制进行了描述和分析,将宏观规划和微观规划相对接,在研究理论和研究方法上进行了拓展创新。

项目认为,中东欧国家当前的外语管理战略体现了社会转型过程中重建国家认同的努力,政策倾向受超国家组织的影响,表现出"弃东向西"的倾向。中东欧国家自转型以来对西方语言的开放程度不断提高,对小族语言的保护不断改善,但总体而言仍存在隐性的单语主义,对本国主体民族的语言给予了首要的和充分的保障。中东欧转型国家基于国族建构的需求,在外语和少数民族语言政策方面表现出三种战略倾向:一是外松内紧的隐性融合政策,二是全面收紧的显性抑制政策,三是全面开放外语教育、支持少数民族语言的自治。中东欧国家的国语、外语、少数民族语言教育规划机制表现出三个特征:通过强化国民的国语认同推进国族建构,增加西方国家语种提升国民多语水平,对小族语言赋予更多权利以维护稳定的族际关系。中东欧各国在欧洲区域组织的协调下,加入或签署了多种形式的多边和双边语言管理机制,未来该地区的跨国语言协调管理将对各国语言政策发挥较大影响。项目还指出,中东欧国家的外语政策和小族语言政策反映了其对国语社会功能的分配,各国对外语和小族语言的宽严之别体现了其对国语认同的自信程度。

项目形成了专著《中欧三国:国家转型、语言权利与小族语言生存》以及相关研究报告、咨询报告等成果,并提出了我国语言政策制定可借鉴的相关建议,如设计以提升国家通用语言文字认同为目标的语言普查,保持独立的政策理念、制定符合我国社会和发展进程的语言政策,加强自身理论体系建设、形成符合我国各族人民利益的语言权利话语体系等。

(项目编号:YB135-52;项目负责人:何山华;所在单位:扬州大学)

项目8:县域居民普通话普及情况调查统计与数据分析

项目研制了基于互联网的县域普通话普及情况监测指标体系及监测方法,完成软件"县域普通话普及情况调查平台V1.0",实现对全国32个省级行政区共20131个调查点的县域普通话调查表格数据和录音文件数据的整理和上传,为全国实施推普攻坚工程提供基础数据参考;综合运用Python数据分析优势、Java构建系统优势和SQL数据统计优势,完成软件"县域普通话普及情况统计分析平台V1.0",按地区、性别、民族、年龄、学历、职业、场景等七大类进行全面分析,出具了全国32个省级行政区共2623个县级行政区的县域普通话普及情况统计分析报告;将县域普通话普及情况调查分析成果应用于语言扶贫,专门针对"三区三州"民族地区的语言扶贫开展研究,辅助推进脱贫攻坚。

项目指出,我国当前普通话调查在样本选择、调查场景、评测机制及实施规范等方面可以进一步优化。样本选择涉及的年龄、性别、职业比例应依据国家统计局最新人口普查数据确立;调查场景应充分考虑职业分布特点,建议选择"集市、农贸市场、商场、超市""医院、卫生所、理发店"和"建筑施工队、物流公司"等;评测机制在内容上可增加"对普通话的理解能力"和"是否会用普通话与人交流"两项,方式上将被调查者自我评价与调查员评价相结合,等级上由三度值细化为五度值标记。此外,通用语普及率设定为综合评估值而非单项标准,则更为合理。为有效协调国家通用语言与其他语言或方言的和谐共存,在计算普及率时,建议考虑为工作中和生活中使用普通话的比例设置权重。

项目统计认为,2000年和2018年人均GDP和普通话普及率呈显著正相关关系。针对"三区三州"普通话普及率远低于全国水平的现状,为巩固当前脱贫成果、防止返贫,项目提出语言扶贫策略,将青壮年作为推普重点。少数民族青壮年(年龄18—59岁)人口占少数民族总人口比例是61.15%,建议参考数学中的黄金分割比例,将0.618作为民族地区通用语普及率标准,以期兼顾"多样统一"发展的语言生态。推普和脱贫工作应融合推进,一方面积极开发普通话学习新技术和资源,另一方面要发挥扶贫干部的"关键少数"作用,将学习普通话融入当地居民经济生活,发挥其自主能动性。

项目提出并完善了县域普通话普及率的监测指标体系及监测方法,尤其是针对通用语普及率的综合评估,以及样本选择、调查场景、评测机制和实施规范等提出的一系列优化方案具有独创性。项目为全国县域普通话普及情况调查工作的顺利开展提供了坚实保障。

(项目编号:YB135-61;项目负责人:李素琴;所在单位:南京理工大学)

项目9:港澳中小学普通话教学及文化认同研究

项目从文化认同的视角出发,以港澳地区中小学普通话教学为研究对象,

通过文献研究、课堂观摩、问卷调查与深度访谈，在调研普通话教授中国语文科与普通话课程教学现状的基础上，对学习者的语言使用、语言态度和文化认同情况进行调查与分析，探讨了港澳地区普通话教学与学生文化认同感之间的关系。项目应邀承担澳门小学普通话课程系列教材的编写任务，编写了教材《普通话》（含学生用书三册、教师用书三册），开展了"以文化为纲"的港澳中小学普通话教材与教学模式研究。项目完成了"港澳中小学普通话教材语料库"第一阶段建设，已收录港澳地区中小学使用比较广泛的七套中小学普通话教材，并依托语料库开展教材文化内容研究。

研究认为港澳中小学普通话教学主要存在四方面问题：一是两地尚未能在中小学普及普通话教授中国语文科，普通话课程的课时也较少；二是港澳地区中小学在设计和实施普通话科评估时主要靠普通话科教师的主观把握，在评估的规范性、多样性、促进学生自主学习等方面还有一定的改善空间；三是港澳地区的普通话教材虽数量丰富，但水平参差不齐，不同程度地存在缺乏针对性、科学性、趣味性、真实性等问题，且编写理念有待丰富，较少关注语言教学与文化的关系，以文化认同为核心的教材尤为缺乏；四是港澳中小学生对普通话的社会价值有一定的认识，但国家认同感与中华文化认同感并不强烈。

针对这些问题，研究提出了三方面建议。第一，在教学实施方面，要注重工具性和人文性的结合，一方面加大普通话教学的力度，增加普通话课程的时长以及普通话作为教学语言使用的比例，并着重培养学生的普通话交际能力；另一方面充分考虑语言教学与文化认同的关系，在普通话教学中引导学生感知、理解中华文化，增强其对中华文化的体认。第二，在教学评估方面，建议多参考港澳本土认受性高、专门面向中小学生的公开考试的题型、占分比重等，结合普通话科的教学内容和港澳中小学生的特点来设计内容，使之尽量贴近学生使用普通话的真实情况；同时，评估宜侧重考查学生在真实场景下使用普通话进行交际的能力，并采用更为多样化的评估方式，以更好地衡量学生的真实语言水平。第三，在教材研发方面，港澳中小学普通话教材应丰富编写理念，可在港澳地区语文政策和相关课程文件的指导下，开发"以文化为纲"的教材，尝试将语言内容与文化内容进行有机结合与系统编排，以合适的文化材料作为语言输入，以文化交际任务促进语言学习与运用，从而促使学习者在学习语言技能的同时增强对文化的体认。同时，也应重视港澳普通话教材语料库的开发与建设,为教材、教学模式以及教学策略的研发提供支持,进而提升普通话教学效果。

(项目编号:ZDI135-43;项目负责人:傅爱兰;所在单位:北京师范大学珠海分校)

项目10:《汉语方言字字典》编纂

项目整理了全国方言字的实际使用情况,调查了方言字在社会生活及相关应用领域中的使用状况,整理出符合国家规范标准要求的方言用字专著类工具书《全国汉语方言用字表》,并针对主要需求、热点问题开展了调查研究。

项目研究确定了方言用字划分的基本原则,并进行学术阐释。在梳理方言字发展演变历程的基础上,着重阐明研制原则的学理依据,同时关注文字学、应用语言学等领域的相关研究。秉持"尊重历史传统,重视现实需要""立足现代,兼顾古今"的原则,在各分区《方言字表》和《全国汉语方言用字总表》把方言字分为严式方言字、宽式方言字和其他方言字三类。结合方言调查、社会应用、信息处理、出版排检处理等需求,贯彻了"稳定性""系统性""实用性"三项原则。

项目在探讨汉语方言用字时,充分调查各地方言字词典及学界研究成果,收集了130多种不同汉语方言的用字资料,引用总字数将近200万字,涵盖了全国各大方言区、各主要方言片和方言小片,为方言用字的规范体系建设提供全面科学保证。项目研究的相关内容为中国语言资源保护工程各级方言点调查提供了支持,并广泛征集各界专家学者意见建议及一线教师的实际调查问题,将最新成果吸收纳入到方言字表中。

为保证方言用字能符合并贯彻国家语言规范标准要求,并在全国、分区、地级之间的信息协调一致,项目在研制中还搭建了方言用字的数字化信息平台,以适应语言文字标准信息化建设的需求。平台分规范标准文献库和方言用字级联关系库两个大类:规范标准文献库主要包括《通用规范汉字表》(8105字)、GB 13000.1字符集(20 902字)、GB 18030—2005(70 244字)三个字符集,方言用字级联关系库是根据国、区、地三个层级划分形成的关系型数据库,包含100多个方言字子数据库,可实现多库间同步联动,收集整理并电子化资料200万字,遴选出在现代汉语中仍使用的方言字3400多个。在方言字数据库建设过程中,实现信息化、规范化、国际化、协调规范一致性,以及社会各应用领域适用性等问题也得到了研究的充分关注。

（项目编号：ZDI135-75；项目负责人：何瑞；所在单位：教育部语言文字应用研究所）

项目11：面向公共服务与政务的少数民族语言自动问答系统建设情况研究

项目从制度基础、理论基础和技术基础三个方面，全面梳理了我国公共服务和电子政务领域少数民族语言自动问答系统建设的环境要素和支撑条件。根据我国公共服务和电子政务领域少数民族语言自动问答系统建设开发的功能需求，结合自动问答系统的通用技术路线，设计完成少数民族语言自动问答系统的架构模型。模型由"QA流水线""多层级知识资源储备体系""多通道语言资源储备体系"构成，融合了电子政务、自动问答系统、自然语言处理技术和多语言信息存取等多个领域的知识，是我国学者对多语言自动问答系统体系架构所做的较为系统的研究，对于同类系统开发具有重要参考价值。

在此架构模型基础上，项目以公共服务和电子政务领域藏文自动问答系统为例，进行了原型实验系统的技术开发，总结了少数民族语言自动问答系统技术开发面临的各类共性问题以及对基础支撑性技术的要求等，为后续开展少数民族语言自动问答系统的全面调查分析奠定基础。

项目对蒙古语、藏语、维吾尔语、哈萨克语、柯尔克孜语、彝语、壮语、朝鲜语等具有相对较多的使用人口，在民族地区政治和生产生活领域具有较强的社会影响力的少数民族语言自动问答系统建设情况进行了全面调研，了解各语种少数民族语言自动问答系统当前研究和开发应用所处的阶段、现有的成果和研究基础等信息。调研认为，我国少数民族语言自动问答系统建设总体上处于较为初级的阶段，大体分布于酝酿级、萌芽级和起步级三个等级。

在此基础上，研究进一步提出了政策建议。在宏观层面，编制《国家少数民族语言人工智能发展规划（2020—2035）》；制定促进少数民族语言人工智能技术研究和应用的产业政策；组建面向多民族语言人工智能的研究机构协作网络；加快推进少数民族语言人工智能基础设施的规划与建设。在微观层面，制定颁布《民汉双语政务自动问答系统技术规范》；确立公共服务与政务领域双语FAQ库核心战略地位；加快推进全国一体化多语言政务问答机器人系统的研发；因地制宜地推进各语种少数民族语言政务自动问答系统建设；妥善处理少数民族语言政务问答系统建设的扩展性问题。

项目研究还起草完成了《民汉双语自动问答系统技术规范（草案）》，提出了中国少数民族语言自动问答系统建设的通用要求和基本原则，适用于中华人民共和国境内各级政府机关、事业单位、企业和个人进行涉及少数民族语言文字自动问答系统设计、开发和应用的全过程，对于我国各民族自治地方结合各自实际规划、设计和开发少数民族语言自动问答系统具有重要参考价值。

（项目编号：YB135-115；项目负责人：赵生辉；所在单位：西藏民族大学）

二 合格项目名录

序号	项目名称	负责人	依托单位
1	电脑书法字库的范本选择与字形处理研究	叶培贵	首都师范大学
2	基于国家战略与公共服务需求的民族语文翻译基地建设研究	李玲	中国民族语文翻译局（中心）
3	汉字图象美学研究	骆冬青	南京师范大学
4	"一带一路"沿线关键本土语言研究	李岩松	上海外国语大学
5	语言信息处理技术评测的规划与开展	饶高琦	北京语言大学
6	历史文化名城现代转型背景下的路名规划研究——以西安为例	董洪杰	西安文理学院
7	多民族杂居乡村语言需求与语言服务现状及对策研究	田静	中央民族大学
8	台湾语言文字信息处理发展状况调查研究	肖航	教育部语用所
9	汉语作为第二语言的分级阅读新媒体平台建设	许国萍	复旦大学
10	东南亚华族家庭语言规划及认同研究	刘慧	暨南大学
11	服务"一带一路"建设的中国特色外语战略研究	仲伟合	广东外语外贸大学
12	延安时期语言生活状况调查	孟万春	延安大学
13	基于国家安全与公共服务的民族语文智能语音翻译系统研发工作研究	何燕龙	中国民族语文翻译局（中心）

（续表）

14	双语移动政务在民族地区社会安全服务领域的发展状况与民众采纳情况调研	朱丽平	中央民族大学
15	基于语言知识资源求解人工智能中的常识推理问题研究	卢达威	中国人民大学
16	云南省双语人才培养问题研究	刘劲荣	云南民族大学
17	中老边境濒危语言云南勐腊本人话记录与研究	尹明	云南财经大学
18	《壮族麽经布洛陀影印译注》文字词汇研究	黄南津	广西大学
19	基于"通用手语"的听障人员普通话水平代替性测试研究	陈蓓琴	南京特殊教育师范学院
20	"一带一路"沿线国家中资企业本土化运营的汉语语言解决方案研究	刘街生	中山大学
21	国际汉语教材语法内容编写的现状、问题与对策	洪炜	中山大学
22	"一带一路"背景下阿拉伯国家高校语言教育政策的新发展研究	廖静	复旦大学
23	当代新词语规范及科学语言规范观研究	刘楚群	江西师范大学
24	新时代国民普通话能力提升策略研究	邓天玉	华中师范大学
25	民族地区基层干部民汉双语能力提升方式及学习效果评价机制研究——以云南为例	李永芳	云南民族大学
26	新时代中国国家安全话语体系研究	赵宏瑞	哈尔滨工业大学
27	"一带一路"沿线国家孔子学院汉语传播的现状、问题与对策研究	王彦伟	山东大学
28	"一带一路"国家中华语言文化交流与传播工程	孙宜学	同济大学
29	语言如何助力脱贫——基于语言经济学与资源基础观的实证研究	张慧玉	浙江大学
30	语言政策与身份认同："汉文字圈"国家的比较研究	武春野	上海外国语大学
31	中亚东干语语料库建设及跨境濒危汉语资源保护研究	武和平	西北师范大学

（续表）

32	基于自训练半监督学习模型的网络不良语言信息监测研究	沈显君	华中师范大学
33	少数民族地区推普的精准扶贫效应及完善路径研究	张娜	新疆财经大学
34	京津冀协同发展中语言需求及对策研究	崔启亮	对外经济贸易大学
35	提升《汉语拼音方案》应用规范研究	刘一梦	中国海洋大学
36	大湾区高校中文研究与教学	邓思颖	香港中文大学深圳研究院
37	基于语料库的中国法律语言历时研究（民国—现在）	葛云锋	山东师范大学
38	河北省域政府网站语言文字规范问题研究	张海燕	沧州师范学院
39	学校语言文字工作创新管理研究	王俊	江西教育厅语工处
40	汉语言文字活力与文化自信的关系研究	赵小刚	西北大学
41	中朝英跨语言科技文献智能信息处理方法的研究	赵亚慧	延边大学
42	古籍文本词频统计及分词研究	刘汇丹	中国科学院软件研究所
43	"一带一路"背景下跨境民族关涉安全的语言问题研究	刘昌华	浙江传媒学院
44	智能语音输出系统在智障学生就业转衔中的应用研究	徐添喜	华中师范大学
45	面向机器认知智能的多粒度语言阅读理解技术研究	杜永萍	北京工业大学
46	东南亚华文媒体用字集与《通用规范汉字表》比较研究	徐新伟	暨南大学
47	我国社会科学领域学术期刊参考文献来源语言调查（1999—2018）	濮实	北京外国语大学
48	西北地区留守儿童家庭语言政策研究	冀芳	长安大学
49	基于普通话水平测试语料的儿化词语规范研究	朱丽红	教育部语用所
50	二线城市新移民的语言使用与社会融入	尹悦	郑州轻工业大学
51	贫困地区劳动者语言能力的收入效应研究	王海兰	广州大学

(续表)

52	朝鲜文古字母编码研究	陈壮	中国电子技术标准化研究院
53	跨省界自然地理实体汉语地名通名用字现状及标准化处理规范研究	李君如	中国地名文化遗产保护促进会
54	面向"一带一路"文化传播的机器翻译研究与互译系统平台开发（一期）	程国艮	中译语通科技股份有限公司
55	国家通用语言文字简明学习读本综合培训教材	段小强	西北民族大学
56	旅游景区安全用语规范标准建设研究	王辉	辽宁师范大学
57	东南亚华人社区华语生活状况报告	刘华	暨南大学
58	窗口行业从业人员语言能力问题研究	崔蒙	中国刑事警察学院
59	基于大规模实地拍摄图片库的市面蒙汉两种文字并用景观的统计分析与翻译规范化研究	乌云塔娜	内蒙古师范大学
60	国家民委双语人才培训工作的理论与实践研究	王涛	西南民族大学
61	基于大数据的青少年语言能力状况调查研究	吉晖	武汉大学
62	蒙古语言文字规范化、标准化成效调查及其对策研究	萨日娜	内蒙古自治区社会科学院
63	汉字认知理论研究	蔡永贵	宁夏大学
64	面向人工智能的话语意义计算研究	宋凯	中国传媒大学
65	以面向东盟留学生的中华经典诵读为切入点的文化软实力提升研究	唐耀华	广西教育厅
66	新时期我国大学生语言态度研究	战菊	吉林大学
67	社会热点事件自媒体传播的语言变异研究	胡承佼	安徽师范大学
68	服务"一带一路"倡议的企业语言能力提升研究	赵珂	上海财经大学
69	"一带一路"沿线国家与地区汉语传播的跨文化适应研究	芮国强	常州大学
70	中小学书法水平及计算机辅助教学研究	张旭东	北大方正
71	语言文字信息处理技术评测现状研究	王欣	电子技术标准化研究院
72	汉语外来词称名的输入认知机制研究	张云驹	潍坊学院
73	民族学视角下的朝鲜族语言文字发展研究	张智光	辽宁省民委

（续表）

74	云南跨境民族语言文字使用现状与信息安全研究	王海滨	云南民族大学
75	家庭儿童语言规划及语言教育现状研究	李沛	武汉大学
76	基于多策略的乌兹别克语—汉语机器翻译技术研究（信息化专项）	吐尔根·依布拉音	新疆大学
77	文明美丽城市公共空间语言景观评估与规范化问题研究	党静鹏	北京第二外国语学院
78	"一带一路"中国企业网络空间语言规划研究	刘媛媛	上海外国语大学
79	新时代四川民汉双语应用与民族地区发展调查研究	陈安强	四川省民族研究所
80	中国语言信息化政策研究文献数据库建设	钱小飞	上海大学
81	内蒙古蒙古国留学生语言生活调查研究	周凤玲	广州南方学院
82	"一带一路"南亚大通道之西藏边境口岸语言景观规范化研究	利格吉	西藏大学
83	国际比较视野下的中国移民语言政策研究	宁立标	贵州大学
84	2022年冬奥会张家口市语言环境分析及对策研究	邓卫新	张家口学院
85	语体视角下新马华语与普通话书面语的对比研究	张礼	暨南大学

（栏目主持：刘思静）

国家语委科研机构发展报告

国家语委科研机构是教育部语言文字信息管理司（以下简称语信司）与有关高校、科研院所等共建共管的国家语委研究型基地，是国家语委组织高水平语言文字科学研究、实施重大语言工程和科研任务、建设语言文字基础资源、宣传语言文字方针政策、开展语言文字合作交流的重要平台。自2004年设立首家科研机构以来，根据"总量控制、按需设点、结构优化、有序发展"的建设原则，统筹区域分布和功能定位谋划布局，机构数量稳步增长，布局不断完善，目前共建有24家。

为推进机构科学发展、规范管理，国家语委、语信司先后印发《国家语委科研基地管理办法（试行）》《国家语言文字智库建设规划》《国家语委科研中心管理办法（试行）》《语言文字智库测评指标体系（试行）》，设立国家语委科研机构秘书处，建设"国家语委科研机构"门户网站，实施国家语委科研机构年度工作会议、年度发展状况测评、共建期绩效考评等建设管理制度，引导推动各机构高质量发展。

2020年，国家语委科研机构在语信司领导下，主动适应经济社会发展、国际格局变化、国家语言文字事业推进的新需求，在内涵建设、成果产出、社会影响等方面取得新进展。

一 布局设点

机构数量由21家增加至24家。新建的3家机构包括国家语言服务与粤港澳大湾区语言研究中心（广州大学）、丝路语言文化研究中心（泉州师范学院）和中国东北亚语言研究中心（大连外国语大学）。[①] 同时，平面媒体中心、语情研究中心、语言能力中心、语言保护中心、资源开发中心、语言战略中心、语

---

① 下文机构名均采用附表中简称。

第三部分 学术动态

言智能中心等 7 家机构一轮建设期（五年）满，经专家评估后，进入了新的建设周期。此外，语情研究中心经专家评估由科研中心升格为科研基地。①

目前的 24 家机构覆盖京津冀、长三角、粤港澳、东北、中部、西部等区域，覆盖应用语言学、社会语言学、计算语言学、地理语言学、政治语言学、语料库语言学、汉字学、方言学、辞书学等学科领域，兼及服务事业发展的理论研究、各学科领域的基础及应用研究、问题导向的决策咨询研究，兼具科学研究、管理服务、社会宣传、国际交流等功能。现有科研基地 4 家、科研中心 19 家，国际交流中心参照科研机构建设管理；语言文字智库试点单位二批次共 7 家。依托单位中，综合性高校 10 所，语言（外语类）高校 4 所，师范院校 4 所，科研机构、出版机构、信息技术企业各 1 家。

二 数据统计

除新建的 3 家机构以及参照科研机构管理的国际交流中心外，20 家机构 2020 年在人才结构、学科资源、学术成果、资政成果和社会影响等方面的建设发展状况统计如下。

（一）人才结构

共有工作人员 315 人。其中科研人员 255 人、科研行政"双肩挑"人员 48 人、专职行政人员 12 人，人员编制体现了科研性质。其中固定 / 专职人员 193 人，本单位兼职人员 70 人，外单位兼职人员 39 人，博士后 / 客座研究人员 1 人，在读博士 5 人，返聘及其他人员 7 人，人员使用方式实现了以"固定 / 专职人员"为主，同时能调动其他学术力量共同参与研究。其中正高职称 116 人、副高职称 108 人、中级职称 66 人、中级以下及其他职称 25 人，专业技术职称结构体现了"高水平"。其中 70 岁及以上 8 人、60—69 岁 27 人、50—59 岁 76 人、40—49 岁 117 人、30—39 岁 76 人、30 岁以下 11 人，中青年科研人员占 60% 以上。

（二）学科资源

设在高校的机构都设有本方向的硕博士培养点，涉及语言政策与语言教育、

---

① 与科研中心相比，科研基地的基础保障条件更加完善，运作机制更加完备，科学研究、学科建设、人才培养、国际交流等职责任务更加全面。

语言政策与规划、中国语文现代化史、语言文字规范化标准化、语言智能技术、计算语言学、媒体大数据、汉语言文字学、中国语言文字、计算机科学与技术、计算机系统结构、计算机软件与理论、计算机应用技术、计算机图形学与虚拟现实技术、应用词汇学、海外华语及华文教学、词汇学与词典学、语言社会学、社会语言学、语言规划及语言传播、语言资源等24个研究方向，人才培养储备意识显著增强。

各机构都建设有本方向的核心数据库。2020年新建数据库8个，新建系统平台10个，维护数据库33个，维护系统平台20个。研究基础资源建设取得新进展。

（三）学术成果

共发表作者单位包含相关机构名称的文章333篇。其中19篇发表于SCI/SSCI/AHCI级别刊物，77篇发表于CSCI/CSSCI/EI级别刊物，其他刊物文章、集刊/论文集论文等119篇、报纸文章23篇（刊载于《人民日报》《光明日报》的7篇）、原创微信公众号文章27篇。其中"语言生活皮书"文章68篇。

共出版作者单位包含相关机构名称的著作23种。其中专著11种、论文集4种、"语言生活皮书"7种、资料集1种。此外，资源开发中心依托出版实体责编出版服务国家语言文字事业的图书10种，其中皮书7种、论文集2种、其他图书1种。

共获得软件著作权89项，涉及字体设计、文本转换、自动问答等多种技术。共获得专利34项，涉及字库自动生成、作文测评、舆情话题处理等技术。

共获批立项国家社科、国家自科、教育部哲社和国家语委科研规划课题72项，其中重大课题10项、重点课题18项、一般/青年/后期/其他课题44项。四大基金结项"优秀"课题5项，其中重点2项、一般/青年/后期/其他课题3项。此外，2项国家社科课题、1项国家自科课题、1项教育部哲社课题以及23项国家语委科研规划课题完成相关研究工作，顺利结项。此外，共获批立项其他省部级课题23项、司局级/校级/其他横向项目40项。

（四）资政成果

累计向国家语委、国家民委、教育部港澳台办、教育部教材局、地方省级教育行政部门等部门，光明日报社《情况反映》《国家语委专家建议》等资政平台，提交资政报告 129 篇，其中 5 篇在国家级资政平台刊出，1 篇在省部级资政平台刊出，10 篇在国家语委资政平台刊出；1 篇获得省部级领导采纳或批示，1 篇获副省部级领导采纳或批示，19 篇获得司局级单位出具采纳证明。

有专家 13 人次参与国家语委政策规划类文件起草，涉及法律法规规章、省级政府规范性文件、领导人讲话或署名文章、事业发展规划等。其中全文统稿 3 人次，主要撰稿人 10 人次。

共有 151 人次参加国家语委专题咨询会议，或者对国家语委有关规划、文件、内参等提出审稿意见。

（五）社会影响

为国家和地方各级语委举办的各类培训班讲课共 78 人次。接受中央媒体采访 19 人次，地方省部级媒体采访 18 人次。运营网站 18 个，发布信息 2598 条；运营微信公众号 23 个，全年推送信息 3309 条。3 家机构入选"中国智库索引（CTTI）"来源智库，1 家机构入选中国社科院中国社会科学评价研究院"中国智库综合评价核心智库榜单"。

通过线上线下多种形式举办学术会议 46 次，其中主承办 32 次，与其他机构合办 5 次，协办 9 次。参加境外国际性学术会议并发表学术报告 39 人次，参加境内学术会议并发表学术报告 282 人次。

三 选题热点与工作成效

资源开发中心编辑发行的学术期刊《语言战略研究》、语言战略中心编辑发行的学术集刊《中国语言战略》、语言能力中心编辑发行的学术集刊《语言政策与规划》、规范标准中心编辑发行的学术集刊《语言规划学研究》、外语战略中心编辑发行的学术集刊《语言政策与语言教育》、政策研究中心编撰的语言生活蓝皮书《中国语言政策研究报告（2021）》等六大学术平台，通过专栏、选题等，共涉及 18 个热点研究话题，包括语言生活、应急语言问题、语言障碍、语言景观、语言与贫困、新时代语言文字事业、社会语言学史、语言意识、语言政策、言语社区、语言教育、特殊人群语言规划、语言文字规范标准、语言测试、语言资源、语言能力、语言传播、外交话语等。六大学术平台收录或介绍国家语委科研机构人员发表的文章共38篇。同时，有9个机构获批的各基金重大项目，涉及汉字学、中文国际传播、华文教育、语言文化传承教育、语言文明、两岸语言文字问题等热点研究话题。

（一）抗疫／应急语言服务研究及实践

面对突如其来的新冠肺炎疫情，国家语委科研机构的核心专家第一时间发起组建"战疫语言服务团"，开展抗疫语言服务，发布系列产品。7家机构的20余名专家参与其中。语保中心依托语保工程成果研制《抗击疫情湖北方言通》，语情研究中心、教育教材中心、语言战略中心、规范标准中心、语言能力中心等发表应急语言研究文章，政策研究中心、语情研究中心等获批相关科研课题。规范标准中心承接应急语言服务团秘书处工作。

（二）语言文字事业历程与方略研究

2020年，国家召开新时代第一次全国语言文字会议。规范标准中心、语情研究中心等机构参与国务院办公厅指导性文件和会议主报告起草，政策研究中心调研起草上海市政府办公厅实施意见，规范标准中心获批教育部"十四五"规划研究课题"'十四五'时期语言文字事业发展研究"，《语言战略研究》设立专栏，语情研究中心、政策研究中心等发表期刊文章回顾历程与成就，探讨未来发展形势与转型方略。语情研究中心牵头，汉字文明中心、外语战略中心、政策研究中心等联合推进关于新时代语言文字事业发展方略的教育部重大攻关项目。政策研究中心持续推进《信息技术产品语言文字使用管理规定》调研起草工作，秘书处创刊内参《国家语委专家建议》。

（三）语言规范、教材语言与语言文明研究

语言规范是语言规划的核心内容，规范标准中心承担的国家语委重点项目"中小学校本教材语言文字规范性考察及标准建设研究"结项。规范标准中心、语言能力中心等发表期刊文章，系统梳理新中国语言规划和语言文字规范标准建设成就与未来发展重点。少数民族语言中心立项课题"蒙古文、藏文、维吾尔文分词与技术评测标准研究"。语言能力中心派员参加ISO会议，再次成功阻击"粤语罗马化"提案立项。

教材问题受到党和国家空前重视，教材语言研究、教材语言规范化管理等

受到学界关注,《语言规划学》集刊设立专栏,教育教材中心发表的系列文章推动"教材"冲上机构论文库的热词榜,中小学语文知识教学、教材话语体系建设等的探讨走向深入。

语言文明问题随着全国语言文字会议的召开进一步走热。有声媒体中心关于"祖安文化"的资政报告受到有关部门的采纳和重视。语言战略中心发表系列期刊论文,并获批国家语委科研课题"语言文明规范与社会治理研究"。

融媒体辞书建设助力语言规范。辞书研究中心围绕学习型词典编写发表系列论文,推动学习型词典编写工作取得积极进展。

(四)全球视角下的中文建设、传播及相关政策研究

2020 年,疫情加剧世界变局,国家汉办更名,推动国际中文教育与华文教育合作互动的呼声渐强。海外研究中心依托国家社科重大项目推进全球华语资源库建设,访谈了 33 个国家和地区 268 位华社及华教界知名人士,发表期刊论文探讨华文教育与国家语言能力建设问题,建议通过华文教育突破中文走向国际的困境,受到国家有关部门重视和采纳。规范标准中心、语情研究中心等发表论文探讨后疫情时代的国际中文教育问题。多机构参与两岸语言问题相关学术活动,促进两岸语言文字交流融合,教育教材中心复刊《台湾语文动态》(内部交流资料),获批教育部重大攻关项目"海峡两岸统一进程中的语言政策研究"。

(五)语言生活调查、观测与研究

语言资源监测与研究系列中心、资源开发中心、政策研究中心、外语战略中心等统筹,10 多个机构参与,完成国家语委绿、白、蓝、黄四色皮书编制,宣传展示国家语言文字事业发展状况,介绍社会语言生活、学界语言研究、世界各国语言政策中的热点问题。新成立的粤港澳语言中心推出语言服务绿皮书,政策研究中心、外语战略中心联合出版上海语言生活绿皮书。语情研究中心连续观测社会语情,编发相关内刊并结集出版。

(六)古文字、汉语方言和少数民族语言等本体研究

汉字文明中心聚焦古文字研究,发表大量期刊论文;同时,参与制定《"古文字与中华文明传承发展工程"总体规划》,成为国家语委实施古文字工程的

重要专业依托。语言保护中心扎实推进语保工程高质量完成一期建设任务，出版《中国语言文化典藏》和《中国濒危语言志》共50卷，"中国语言资源采录展示平台"收录语言资源超过1000万条，参与筹备语保工程总结推进会，发表关于方言和少数民族语言系列的研究论文，成为国家语委实施语保工程的重要专业依托。文字整理中心推出汉字全息资源应用系统2.0版，系统呈现古今汉字的形、音、义、用、码五大方面重要信息，同时在古文字和传统文化方面发表系列论文。

（七）计算语言学研究

至少七家机构以计算语言学为主攻方向。论文数量众多，且有不少在国外期刊发表，内容主要涉及情感分析、意见挖掘与文本分类，面向自然语言处理的机器学习，组块分析、句法分析和语义分析，词汇语义学和词汇本体论，命名实体识别与链接，医学自然语言处理，数字人文等。平面媒体中心、有声媒体中心、网络媒体中心、民族语言中心、字体设计中心、语言智能中心、新疆多语中心等机构在加强基础研究的同时，结合其他基金项目或资助，推出包括冬奥术语平台、作文批改、多语翻译、中华精品字库等多项应用产品，获得多项软著专利，并为"墨韵智能"等国家语委重点工作项目提供了有力支撑。

结　语

国家语委科研机构建设发展取得可喜成绩，为国家语言文字事业科学发展做出重要贡献，同时也还存在一些短板与不足。未来，需要以全国语言文字工作会议、国家语委"十四五"科研工作会议精神为指导，坚持"一机构、一方向、一特色、一品牌"建设原则，瞄准国家需求、社会热点和学术前沿，在科研水平与资政能力提升、协同创新进行重大攻关、人才梯队建设、分类建设与评价等方面持续努力，贯彻新发展理念、推动高质量发展，更好地支撑国家语言文字事业科学发展。

（张日培　刘思静）

第三部分 学术动态

附：国家语委科研机构名录（截至 2021 年）

序号	机构名称	简称	成立时间/年	依托单位
1	国家语言资源监测与研究平面媒体中心	平面媒体中心	2004	北京语言大学
2	国家语言资源监测与研究有声媒体中心	有声媒体中心	2005	中国传媒大学
3	国家语言资源监测与研究网络媒体中心	网络媒体中心	2005	华中师范大学
4	国家语言资源监测与研究教育教材中心	教育教材中心	2005	厦门大学
5	海外华语研究中心	海外华语中心	2005	暨南大学
6	中国文字整理与规范研究中心	文字整理中心	2005	北京师范大学
7	中国文字字体设计与研究中心	字体设计中心	2005	北京大学
8	汉语辞书研究中心	辞书研究中心	2007	鲁东大学
9	中国语言战略研究中心	语言战略中心	2007	南京大学
10	国家语言资源监测与研究少数民族语言中心	民族语言中心	2008	中央民族大学
11	中国外语战略研究中心（科研基地）	外语战略中心	2011	上海外国语大学
12	中国语言文字规范标准研究中心（科研基地）	规范标准中心	2012	北京语言大学
13	国家语言文字政策研究中心	政策研究中心	2013	上海市教育科学研究院
14	中国语情与社会发展研究中心（科研基地）	语情研究中心	2014	武汉大学
15	国家语言能力发展研究中心	语言能力中心	2014	北京外国语大学
16	中国语言资源保护研究中心	语言保护中心	2015	北京语言大学
17	中国语言资源开发应用中心	资源开发中心	2015	商务印书馆
18	中国语言智能研究中心（科研基地）	语言智能中心	2016	首都师范大学
19	新疆多语种信息技术研究中心	新疆多语中心	2017	新疆大学
20	国家语委国际合作与交流中心	国际交流中心	2018	北京语言大学
21	汉字文明传承传播与教育研究中心	汉字文明中心	2019	郑州大学
22	国家语言服务与粤港澳大湾区语言研究中心	粤港澳语言中心	2020	广州大学
23	丝路语言文化研究中心	丝路语言中心	2020	泉州师范学院
24	中国东北亚语言研究中心	东北亚语言中心	2020	大连外国语大学

第四部分

专题研究

语言规范七十年

语言规范对促进语言文字在社会生活中更好地发挥作用具有重要意义,是语言文字工作的重要任务,是语言政策研究的重要内容。1951年6月6日《人民日报》发表社论《正确地使用祖国的语言,为语言的纯洁和健康而斗争!》(以下简称《社论》),这是新中国语言规范起步阶段的重大标志性事件。70年来,我国语言规范取得重大成就,语言生活发生巨大变化,语言规范观在不断深入的理论探讨中演进发展。

一 语言规范的发展历程

新中国成立以来,党和国家在语言规范方面开展大量卓有成效的工作,学界在不同时间节点对此多有梳理与回顾分析,如吕冀平、戴昭铭(1990),于根元(1996),刘兴策(1999),施春宏(2005)等。本文立足《社论》发表70周年的时间节点,将新中国成立以来的语言规范划分为七个阶段。

(一)宣传准备阶段(1955年之前)

新中国成立初期,我国成人文盲率高达80%以上,语言使用的混乱状况较为突出,无法适应社会主义建设的根本需要。党和国家采取多方面措施推进语言规范。一是提出政策要求,1951年2月1日中共中央发出《关于纠正电报、报告、指示、决定等文字缺点的指示》,6月6日《人民日报》发表《社论》并于同日开始连载吕叔湘、朱德熙合著的《语法修辞讲话》,10月5日政务院发出《关于学习〈标点符号用法〉的指示》。二是设置专门机构,先后设立隶属于文化教育委员会的"中国文字改革研究委员会"和作为国务院直属机关之一的"中国文字改革委员会",同期还先后成立了中国文字改革协会、新闻总署、出版总署、人民教育出版社、中国科学院哲学社会科学学部语言研究所等机构。三是建立学术平台,如创办《语文知识》《中国语文》等刊物。四是开展规范标准及工具书研制，如编制《第一批简体字表（初稿）》、出版《新华字典》第一版、编写《汉语》课本、开展"暂拟汉语教学语法系统"研制等。这些举措，为现代汉语规范问题学术研讨会的顺利召开打下了基础。

（二）建立标准阶段（1955—1965 年）

这一时期，全国文字改革会议与现代汉语规范问题学术研讨会先后召开，《人民日报》发表社论《为促进文字改革、推广普通话、实现汉语规范化而努力》，对语言规范做出政策引领和总体规划。其中，现代汉语规范问题学术会议作为新中国第一次重要的语言规范研究学术会议，在现代汉语规范问题研究方面发挥了重要的引领与指导作用，在中国当代语言规范与语言规划研究和语言规划历史上具有重要的意义。罗常培、吕叔湘在大会上的主题报告《现代汉语规范问题》成为我国系统进行语言规范深入理论探究的奠基之作。

这一时期的语言规范有三个特点。一是紧紧围绕简化汉字、推广普通话、制定和推行汉语拼音方案三大任务的需求推进语言规范，取得一系列重大成果。如 1955 年的《第一批异体字整理表》，1956 年的《汉字简化方案》《通用汉字表》及国务院《关于推广普通话的指示》中的普通话标准，1958 年全国人大通过的《汉语拼音方案》，1960 年的《现代汉语词典》（试印本），1963 年的《普通话异读词三次审音总表初稿》，1964 年的《简化字总表》，1965 年的《印刷通用汉字字形表》和《现代汉语词典》（试用本），等等。此外，这一时期公布的《暂拟汉语教学语法系统》方便了中学语法的教学，对高等院校的语法教学与研究也有一定影响。二是媒体语言规范深入推进。1955 年 1 月 1 日《光明日报》首先实行横排，1956 年 1 月 1 日《人民日报》和地方报纸纷纷改为横排。以报纸为代表的媒体在贯彻执行国家语言文字规范方面发挥了重要作用。三是科学研究为语言规范做出重要贡献。如中国科学院语言所成立普通话审音委员会、召开现代汉语规范问题学术会议和民族语文科学讨论会等学术会议、创办《拼音》（1957 年更名为《文字改革》）等学术刊物。

（三）曲折前行阶段（1966—1977 年）

这一时期语言规范惨遭破坏，后期在曲折中缓慢前行。中国文字改革委员会工作一度停滞，《文字改革》被迫停刊。70 年代后逐步恢复工作的中国文字改

革委员会以研制"二简字"为重点，于1977年形成《第二次汉字简化方案（草案）》并在《人民日报》试用。同时，先后于1974年和1977年发布了《中国人名汉语拼音字母拼写法》和《部分计量单位名称统一用字表》。此外，1973年继续出版了《现代汉语词典》（试用本）。

这一时期的亮点是开始了面向信息技术的语言规范探索。1974年四机部、一机部、中国科学院、国家出版局和新华通讯社联名向国家计划委员会提出《关于研制汉字信息处理系统工程的请示报告》，史称"748工程"，该工程的成果包括1977年以北京新华印刷厂名义印出的《汉字频度表》和1988年电子工业出版社出版的《汉字频度统计——速成识读优选表》。1976年，北京大学计算机科研所开始研制计算机—激光汉字编辑排版系统。

（四）恢复发展阶段（1978—1986年）

这一时期，"国家推广全国通用的普通话"写进《宪法》，中国文字改革委员会更名为国家语言文字工作委员会，全国语言文字工作会议召开，"促进语言文字规范化、标准化"的新时期语言文字工作方针确立。

这一时期的语言规范主要有四个特点。一是语言规范各项举措逐步恢复和发展。1978年《现代汉语词典》（第1版）出版，1980年《现代汉语八百词》出版，1985年《普通话异读词审音表》发布，1986年《简化字总表》重新发表、"二简字"废止。二是信息化背景下的语言规范和语言规范国际化取得重要突破。1980年国家标准《信息交换用汉字编码字符集·基本集》（GB 2312—80）发布，1981年5月正式实施。1982年，国际标准《文献工作——中文罗马字母拼写法》（ISO 7098）规定全国人民代表大会（1958年2月11日）正式通过的汉语拼音方案，被用来拼写中文。三是媒体积极宣传语言规范理念。《人民日报》《光明日报》先后发表《促进汉字规范化，消除社会用字混乱》《努力纠正社会用字混乱现象》等社论，中央电视台向各省级电视台发出《关于在电视屏幕中杜绝错别字的意见》，并提出六项具体举措。四是语言规范学术研究重新活跃。《文字改革》（1986年改名为《语文建设》）和《中国语文》复刊，语言文字应用研究所成立，《中学教学语法系统提要（试用）》《词语评改五百例》等成果相继发布，《略论汉语口语的规范》《规范化——对语言变化的评价和抉择》《当前汉语规范工作中的几个问题》等论文发表并引发学界讨论。

（五）全面提升阶段（1987—2000年）

这是语言规范加速发展、社会语言规范意识和规范水平大大提升的阶段，也是语言规范学术研讨空前繁荣的时期。1997年的新时期第二次全国语言文字工作会确立了跨世纪的奋斗目标与重点任务，1999—2000年间开展的中国语言文字使用情况调查对语言规范影响深远，2000年颁布的《国家通用语言文字法》对语言规范具有划时代意义。

这一时期的语言规范主要有三个特点。一是语言文字规范标准建设成果丰硕，发布了《现代汉语常用字表》《现代汉语通用字表》《汉语拼音正词法基本规则》《出版物上数字用法的规定》《标点符号用法》等多项语言文字规范标准以及一系列面向语言文字信息化的编码字符集和汉字字形、部件、笔顺、字序规范。二是社会语言文字应用管理力度加大，国家语委先后与教育、新闻出版、广播电影电视、民政、商务、外经贸、工商管理、城乡建设、金融、邮政、铁道等部门联合下发文件，加强行业语言文字应用规范化管理；同时，开展城市社会用字检查评比，推动地方语委加大管理力度。三是语言规范理论探讨和学术研究进一步深入，《语言文字应用》创刊，《语文现代化论丛》出版，《语文建设》组织了三次有关语言规范的大讨论。

（六）科学推进阶段（2001—2011年）

这一时期，《国家通用语言文字法》的实施推动语言规范走上法治轨道。同时，全球化、信息化、城市化影响下的社会语言生活日益纷繁复杂，给语言规范带来新挑战。

这一时期的语言规范主要有五个特点。一是完善体制机制，颁布国家语委语言文字规范标准管理办法，成立国家语委语言文字标准技术委员会，组建全国语言文字标准化技术委员会和六个分技术委员会，在"国家语委语言文字规范"基础上进一步推出绿皮书"软规范"，逐步形成国家标准（GB）、语言文字规范（GF）和绿皮书软规范构成的语言文字规范标准体系。二是设立国家语委科研规划，为语言文字规范标准建设夯实科研保障。三是针对社会需求，不仅启动了《规范汉字表》研制、新时期普通话异读词审音等重大项目，还在异形词、普通话水平测试、汉字应用水平等级、语言文字信息处理、国际中文

教育等方面制定发布了一系列规范标准；此外，《中国人名汉语拼音字母拼写规则》修订成为国家标准，《出版物上数字用法》《标点符号用法》《汉语拼音正词法基本规则》等国家标准修订后重新发布。四是深入贯彻落实语言文字法律法规，以机关、学校、媒体、公共服务行业为重点，以城市语言文字工作评估为抓手，加强社会语言文字应用规范化管理。五是语言规范问题受到社会的广泛关注，大量语言学专业学者参与关于"现代汉语规范化"的网络大讨论，《现代汉语词典》（第6版）的字母词处理引发语言规范舆情，国家调整了外语中文译写规范部际联席会议制度。

（七）创新发展阶段（2012—2021年）

这一时期，《国家中长期语言文字事业改革和发展规划纲要（2012—2020年）》颁布，全国语言文字工作会议召开，国务院办公厅《关于全面加强新时代语言文字工作的意见》（以下简称《意见》）发布，对新时代语言文字规范化标准化信息化建设提出明确要求。语言规范在服务国家战略、事业发展和社会需求的指导原则下，拓展领域，创新发展。

这一时期的语言规范主要有四个特点。一是发布了一系列以《通用规范汉字表》为代表的语言文字规范标准。《通用规范汉字表》由国务院发布，是新中国成立以来汉字规范的集大成者，是新时代语言规范最重要的标志性重大成果。其他规范标准的内容丰富多样，在以往基础上极大拓展，涉及通用规范汉字笔顺、古籍印刷通用字字形、现代汉语常用词语、义务教育常用词语、外语词中文译写、普通话朗诵演讲水平等级、中华通韵、夹用英文的中文文本标点符号使用、汉语拼音词汇、公共服务领域外文译写、国家通用手语和盲文、英语能力等级、国际中文教育中文水平等级、藏文拉丁字母转写等多个方面。二是注重规范标准的推广应用，如将语言文字规范标准培训纳入"国培计划"。三是从形式规范扩展至内容规范，国办《意见》要求加强语言文明教育，强化对互联网等各类新媒体语言文字使用的规范和管理，坚决遏阻庸俗暴戾网络语言传播，建设健康文明的网络语言环境，这表明未来的语言规范化工作不仅涉及从语言要素形、音、义的角度规范语言使用形式，还包括对话语内容的得体性与文明性的规范。四是语言规范研究持续深入推进，国家社科基金设立重大项目，国家语委科研规划连续设立系列重大、重点项目，产出《新时期语言文字规范化问题研究》等重要研究成果。

二 语言规范观的演进

语言规范观是人们关于何为语言规范，为何规范语言，如何规范语言的认识、态度与理念。语言规范观既对语言规范实践具有指导作用，也是观察不同阶段语言规范实践发展变化的重要窗口。不同的语言规范观是学术界基于语言规范实践的理论思考与总结提炼，如于根元（2006）在讨论"语言规范观"时梳理了18种重要的观念，李宇明（2015，2021）提出了语言规范的"语言生活观"等。本文梳理了10种具有代表性的语言规范观，这些规范观既是随着时代的发展、语言生活的变化而历时演进的，又从不同角度共时作用于语言规范实践。

（一）雅正观

中国古代语文生活在风格的"文质"、技巧的"工拙"、风格和规范的"雅俗"与"正谬"的基础上逐步形成了"雅正"的规范观。"雅"本指言语体制在总体或宏观方面合乎规范标准，"正"则是指文字的形音义方面的正确标准。以"雅正"观念为核心的中国古代语文规范观，所追求的是一种从现实语文生活中提炼而成的理想化的语文标准，但由于其在书面语体制方面的规范准则不是"随俗雅化"，而是仿古的雅化，所以难免僵化。基于"雅正观"，我国探索出一条既符合国情而又卓有成效的语文规范化的工作模式——"匡谬正俗"。"匡谬正俗"式的语文规范化工作，主要通过两条途径进行：一是摘谬指瑕、辨俗正误式的语文评论，二是编制规范性的工具书（戴昭铭 2003）。这一规范观及语言规范工作模式，容易将语言学工作者的注意力引导到言语运用的具体是非问题上面，这有点类似于教师和报刊编辑的某些作用。这种规范工作模式对新中国语言规范观以及规范工作模式的形成产生了重大的影响。

（二）纯洁观

语言规范的纯洁观，是希望语言应用绝对符合规范标准的一种理想化的目标。在这种观点指导下，容易产生以追求语言应用及其结果纯而又纯为目标的工作模式。1951年《人民日报》的《社论》体现了将汉语规范化作为国家语文政策的重要性。但在落实社论精神的实践中，也暴露出一些问题：一是出现

"匡谬正俗"的片面化倾向,将现代汉语规范化简单等同于帮助同志们纠正语言文字缺点;二是对一些语言现象判断过早过严,存在一些失误;三是提出过于理想化的"纯洁语言"的目标,而现实生活中并不存在绝对纯洁和完善的语言和语言实践。语言是一个具有社会性、建构性和互动性的复杂动态系统,人对语言的使用、语言成分间的接触以及语言与其他社会要素的互构等因素都使语言及语言使用时刻处于复杂、多样的动态演变之中。因此,设想实现一种静态的、封闭的、自足的"纯洁语言"是脱离现实的,也是不值得提倡的。于根元(2006)、于根元等(2002)、夏中华(2001a,2001b)、施春宏(2021)等曾对此问题进行过深入分析。1997年12月23日,许嘉璐(1998a,1998b)在全国语言文字工作会议上的报告《开拓语言文字工作新局面,为把社会主义现代化事业全面推向21世纪服务》中指出:要尊重语言文字自身发展规律,因势利导,积极做促进工作。语言文字的发展变化和相对稳定是其内在特征,开展规范化、标准化工作是语言文字健康发展的必然要求。既不能放任自流,无所作为,也不能简单化,"一刀切",搞纯而又纯。

(三)追认观

语言规范的追认观体现了一种自下而上的语言规范理念,与此相关联的规范工作模式就是"约定俗成"和"时空观"的规范模式。所谓"约定俗成",是指语言规范究其实质是一种社会习惯,不能由语言机构或语言学家向壁虚构,而是由广大群众通过长期实践而认定或形成的。所谓"时空观"的规范模式,是指判断一种新的语言现象是否规范,要看这种现象的使用者人数的多少、时间的长短、范围的大小。从规范的理性原则与习性原则的角度看,这种规范观与规范的习性原则联系比较密切,有一定的合理性,但也容易导致出现"习非成是""从俗从众"的规范行为、规范现象和规范结果。对学理的坚持不足,导致习非成是,不利于促进语言的规范、健康、可持续的发展。

(四)规定观

语言规范的规定观是以规定主义思想为其理论基础与指导思想的。这种观点容易导致认为某种语言规范是固定不变的,更多地突出强调了语言规范的稳定性和静态的一面,而忽视或根本就没有认识到语言规范的动态性及其动态发展的一面。与这种规范观相关联的就是在具体规范过程中会采取比较强硬的刚性的规范工作模式,严格以条条框框为执法依据,认为任何不符合条框规定的语言行为及其结果,都是应该被规范的。这种模式其实也是以"匡谬正俗"的传统规范思想为根底的。

(五)选择观

语言规范的选择观认为,语言规范化工作的性质就是对语言变化的评价和抉择。语言符号的任意性导致语言运用的灵活性和语言变化的多样性,某种带有偶然性的语言变化一经形成,如果正好适应了社会交际的新需要,便会成为人们的语言习惯,这没有理据可以论证其原理,因此语言规范应具有可变性和描写性(戴昭铭2000)。凡是认为语言可以规范且有必要进行规范的人,面对一种语言变化形式,不应仅因其不合原来规范便断定其为错误,而应当经过分析、评价和抉择,如果觉得其尚有合理性因素,基本上符合准确经济的要求,就不宜断为言语错误;如果觉得其确无合理性因素,从任何方面看都不合准确经济的要求,再断为言语错误也不迟。可见,以语言发展规律为基础,对语言的评价与抉择,是语言规范选择观的理论基础与指导思想。这种规范观和规范工作模式具有一定的合理性。

(六)柔性观

语言规范的柔性观,体现了一种比较切合实际的原则。所谓柔性规范就是承认规范问题的模糊性和不确定性,承认影响规范的是多个因素,并在此基础上建立多因素参与的规范模式,按照不同类型采取不同的方案和力度去指导现实的规范工作。这种原则既有柔性也有弹性,既便于规范也容易为人们所接受,对于开展语言规范工作颇有启发。在这种柔性规范观的指导下,就产生了与之相关联的"刚柔相济"的具体规范措施和工作模式。针对影响语言规范的不同因素,针对语言中不同层次的问题,根据客观情况和现实需要,张弛有度、刚柔并济、手段多样地加以规范,方能达到良好的交际目的。史有为(1992)在研究汉语语法的过程中坚持"呼唤柔性,走向柔性",堪称柔性观在汉语语法研究中的积极践行者。

(七)服务观

坚持语言规范的服务观,就是要坚持群众观点的工作模式;走群众路线,

就是要将自己融入广大语言使用者之中,而不是站在语言使用者的对立面。"规范即服务"是参考吸收了"管理即服务"的理念。服务于社会、服务于群众、服务于语言生活的和谐健康发展应成为从事语言规范化工作的立足点与根本目的。这从思想观念上彻底扭转了过于强硬僵化的规范行为与理念,避免"鸡蛋里挑骨头""找碴儿、挑刺儿"式的片面化、极端化"匡谬正俗"。这要求语言规范者要善于发现、积极保护和推荐新的好的语言现象,顺乎语言发展的自然规律,因势利导。这是由于根元率领中国社会科学院语言文字应用研究所现代汉语理论规范研究小组于1994年讨论时提出的观点,后由笔者执笔在《学语文》杂志1995年第1期发表。于根元(2006)、施春宏(2021)等相关文献中都对此有详细论述。

(八)预测观

语言规范预测观,是指要让语言规范理念与行为成为语言生活的积极引领者与科学预言者。预测是指预测者根据语言发展规律和社会生活的发展方向与趋势对语言文字应用将要出现的规则和成分进行预言,是提供给广大语言文字使用者的可行的、合理化的倾向性建议。正像化学领域的门捷列夫元素周期表一样,遵循语言发展的客观规律,语言学家们可以编写出语言预测词典,预言可能出现的语言规范现象、行为与结果。在语言规范预测观的指导下,学者们按照潜性与显性的语言现象发展规律,由现实当中已经存在的既成规范,可以推导出在现实社会生活中不存在的,但是符合语言发展规律的未来可能出现的语言现象,从而使语言生活中有些现象从潜性变为显性,使其由隐而显,并有可能规范而成为现实社会中的客观规范。吴建新(1987),王希杰(1996),周洪波(1996),王东海、王丽英(2010),郭丽君(2005)等都对预测观进行了论述与实践。

(九)动态观

语言规范的动态观,其核心思想就是认为语言是发展变化的,规范的标准也应该随之而发展变化。戴昭铭(2012)将"动态规范观"概括为:语言的规范是发展中的规范,语言的发展是规范指导下的发展。这一论述包含四个要点:(1)任何语言都是要发展变化的;(2)任何语言也都是需要规范的;(3)语言的规范不能一成不变,是要随语言的发展而发展的;(4)对语言的发展变化不能听任不管,要用规范来加以约束和指导。其实,语言作为一个动态的平衡系统,不仅具有相对静止的一面,更有动态发展的一面。能否正确认识语言的动态性,决定了语言规范观的科学与否,决定了语言规范行为的结果是否符合客观现实。在语言规范动态观的指导下,人们正确地认识到语言发展演变过程中的中介状态的客观存在。这对于扭转和改变规范工作过程中非黑即白、机械教条地判断对错的方式具有重要的指导作用。

(十)得体观

这种观点以语言的交际值即语用价值为最终判断某种言语行为及其结果是否规范的根本标准。在具体的上下文中,针对不同的交际对象,一种言语行为可能是符合语音、词汇、语法规范的。如果没有根据当时的情境与交际对象的具体情况,只是遵循符合语音、词汇、语法规范的原则,则很有可能会导致交际的失败。所以,言语行为及其结果不仅要规范,更要讲究得体。得体应该是规范的最高境界。而判断一种言语行为及其结果是否得体的依据就是看该行为及其结果的交际值、语用价值的高低。交际值越高,交际效果就越好。所以,在当今进行语言规范化的过程中,必须坚持语言规范的得体观,只有这样,才能更好地完成语言规范化的工作任务,促进语言和谐、健康、可持续地发展。

三 新时代语言规范思考与建议

站在两个一百年的历史交汇点,在普通话基本普及的目标已经实现、我国语言规范取得重大成就的基础上,面对百年未有之大变局与数字技术发展带来的社会新格局背景下的"两个共同体"建设需求,语言规范如何调整思路与理念,以切实提高国家语言文字治理体系与治理能力的现代化水平,是摆在每一位语言文字工作者面前的一份历史性考卷。作为一个历史范畴,语言规范不是一成不变的;它不仅随着历史的发展而发展,而且还是历史发展到一定时期的产物;语言规范既有稳定性和继承性,又有动态发展和因应社会生活变化而变化的特点。因此,我们认为,在诸多语言规范观之中,"得体"应该是语言规范的最高境界,交际值、语用价值是衡量语言现象是否规范的最终与最根本的原则。通过对我国70年语言规范的梳理与回顾,我们对语言规范提出如下几点建议。

（一）加强正面宣传，处理好匡谬正俗与包容创新间的关系

新时代的语言规范者一方面需要以发现、保护、介绍和推荐新的语言现象为己任；另一方面也不宜过多从俗从众，以免助长习非成是，应当坚持正确意见，通过多做正面宣传的方式，让广大语言文字使用者择善而从之。

（二）不断加强语言规范标准研制的科学性、体系性、时代性

评判语言现象的优劣与规范与否，需要具备专业的知识基础，也需要更加科学的语言规范标准体系做支撑。这一方面需要在研制相关规范标准的过程中秉持更加严谨、科学的态度与理念，增强规范标准的权威性；另一方面，规范标准的研制要有立足当下、面向未来，立足中国，面向世界的高度与境界。一方面增强规范标准研制过程中的预见性，对规范标准可能产生的影响和问题有充分预判与应对预案；另一方面对已颁布的语言文字规范标准中明确被认为有问题的部分，应当及时予以纠正，以使之能够与时俱进，适应时代、社会与语言文字事业未来发展的基本需求。

（三）培养规范意识、提升语言能力、规范社会语用是未来语言规范化的主要任务

使每一位语言文字使用者自身拥有较强的语言规范意识，并具有较高的规范使用语言文字的水平和能力是当务之急。此外，应当将语用规范作为下一阶段工作的重点。规范的重点对象应是言语交际行为，而不是语言本身。

（四）重视语言规范的基础研究与政策宣贯

进一步加强语言文字规范化工作需要更高质量的基础研究为支撑，用研究成果引导语言文字生活实践，进一步提升语言文字规范化工作的科学性。此外，对语言规范理念与相关规范标准需进一步加大宣传力度，注重利用多样化手段与途径，在尽可能多的场合进行宣传传播、广而告之。可以进一步发挥专家学者在政策阶段、社会语言规范意识引导、规范标准宣传与释疑等方面的作用。

（郭龙生）

第四部分 专题研究

本文系国家社会科学基金 2020 年度重大项目"网络空间社会治理语言问题研究"（20&ZD299）和教育部哲学社会科学研究 2018 年度重大课题攻关项目"新时代国家语言文字事业的新使命与发展方略研究"（18JZD015）之子课题六"面向未来的语言文字规范化标准化研究"的阶段性成果。

【参考文献】

[1] 戴昭铭.规范语言学探索（增补本）[M].上海：上海三联书店，2003.

[2] 戴昭铭.汉语研究的新思维[M].哈尔滨：黑龙江人民出版社，2000.

[3] 戴昭铭.现代汉语规范化答问[M].北京：北京大学出版社，2012.

[4] 郭丽君.语言预测词典[M].北京：中国经济出版社，2005.

[5] 李宇明.语言规范试说[J].当代修辞学，2015（04）：1—6.

[6] 李宇明.语言规范新说——序施春宏《语言规范理论探索》[M]//施春宏.语言规范理论探索.北京：北京语言大学出版社，2021.

[7] 刘兴策.语言规范精要[M].武汉：华中师范大学出版社，1999.

[8] 吕冀平，戴昭铭.语文规范工作 40 年[J].语文建设，1990（04）：18—26.

[9] 施春宏.语言规范理论探索[M].北京：北京语言大学出版社，2021.

[10] 施春宏.语言在交际中规范[M].北京：中国经济出版社，2005.

[11] 史有为.呼唤柔性——汉语语法探异[M].海口：海南出版社，1992.

[12] 王东海，王丽英.论新词语预测的依据[J].长江学术，2010（02）：118—124+117.

[13] 王希杰.略论语言预测学[J].扬州师院学报（社会科学版），1996（01）：119—123.

[14] 吴建新.论语言预测[J].上海师范大学学报（哲学社会科学版），1987（04）：118—120.

[15] 夏中华."纯洁语言"刍议（上）——兼谈建国以来的语言规范化工作[J].渤海大学学报（哲学社会科学版），2001a（02）：46—50.

[16] 夏中华."纯洁语言"刍议（下）——兼谈建国以来的语言规范化工作[J].锦州师范学院学报，2001b（03）：52—55+63.

[17] 许嘉璐.开拓语言文字工作新局面，为把社会主义现代化建设事业全

面推向21世纪服务——在全国语言文字工作会议上的报告（1997年12月23日）[J].语文建设，1998a（02）：4—11.

[18]许嘉璐.开拓语言文字工作新局面，为把社会主义现代化建设事业全面推向21世纪服务——在全国语言文字工作会议上的报告（摘要）[J].中国语文，1998b（02）：151—154.

[19]于根元.二十世纪的中国语言应用研究[M].太原：书海出版社，1996.

[20]于根元.应用语言学前沿问题[M].北京：中国经济出版社，2006.

[21]于根元，夏中华，赵俐.语言能力及其分化：第二轮语言哲学对话[M].北京：北京广播学院出版社，2002.

[22]周洪波.新词语的预测[J].语言文字应用，1996（02）：73—78.

新世纪以来国家语委科研工作

科学研究是语言文字事业发展的基础和保障。新中国成立以来，语言文字科研为落实文字改革三大任务、推进语言文字规范化标准化信息化建设做出重要贡献。新世纪以来，国家语委进一步设立科研规划，面向全社会开展语言文字科学研究，同时在科研质量管理、科研机构建设、科研人才培养、科研队伍建设、科研成果转化应用、语言文字学术交流与合作等方面开展大量工作，取得显著成绩。

一　发展历程

新世纪以来，从"十五"到"十三五"，国家语委科研工作一脉相承、一以贯之，同时在传承中创新、在接续中发展，经历了在服务规范标准建设中起步、在服务和谐语言生活构建中探索、在服务国家语言能力提升中提速发展、在服务国家战略中高质量发展的历程。

（一）"十五"期间，在服务规范标准建设中起步

"十五"期间（2001—2005年），国家语委颁布《国家语言文字工作委员会科研项目管理办法》（2001）和《国家语言文字工作委员会科研规划领导小组职责与构成》（2001），正式推出面向全社会的"国家语委科研规划项目"，并按照"语言文字应用研究要全面贯彻落实《国家通用语言文字法》，积极、主动地为语言文字规范化、标准化建设服务"①的要求，颁布《语言文字应用研究"十五"科研规划及项目指南》（2002），确定"语言规划的理论与实践""普通话及其推广""汉字及其规范化、标准化""汉语拼音及其应用""语言学习与教学""面向计算机及网络的语言文字应用""少数民族语言文字规范

---

① 参见袁贵仁2001年在语言文字应用研究"十五"科研规划论证会上的讲话《以规范标准建设为核心，开创语言文字应用研究新局面》。

标准及其信息处理""其他"等八个重点研究方向，以语言文字规范标准建设为核心，立项开展了170多项课题研究。同时，针对语言文字规范标准制定遇到的各类复杂问题和困难，策划并全面启动"中国语言生活绿皮书"①系列丛书的编制工作，以期"通过'软性'规范（A类）和语言生活状况（B类）的发布，及时对社会语言生活进行引导"（李宇明2007）；依托有关高校组建成立国家语言资源监测与研究中心②、中国文字整理与规范研究中心、中国文字字体设计与研究中心等科研机构，加强对社会语言文字应用状况的实态监测和相关专题研究。

（二）"十一五"期间，在服务和谐语言生活构建中探索

"十一五"期间（2006—2010年），国家语委提出"以语言文字规范标准制定为核心，以信息化为主线，以评测认证为抓手，以语言工程建设和科学研究为基础"③的语言文字规范化、标准化、信息化工作思路，进一步明确了科研在事业发展中的基础和重要地位，并首次召开专家学者和地方语委共同参加的全国性科研工作会议，加大语言文字科研工作推进力度。

同时，在语言文字科研特别是相关基础理论研究的推动下，"十一五"期间国家语言文字事业发展理念发生深刻变化。2007年4月中旬发布的《国家语言文字工作"十一五"规划》在对语言文字法制化、规范化、标准化、信息化工作做出全面部署的同时，提出要"树立科学的语言观"，正确处理各种语言关系，"构建和谐的语言生活"④；要"将语言作为一种国家资源加以保护和利用"，要"重视语言资源的保护及开发利用，重视语言国情的监测与研究，重视虚拟空间的语言生活，做好语言发展的战略规划"；要"进一步加强文化交流，切实做好汉语国际传播工作"。科研工作积极贯彻相关要求，探索确立语言和谐、语言资源和语言战略理念，4月底颁布的《国家语委语言文字应用科研工作"十一五"规划》以"关注社会语言生活，加强学科协作，紧跟时代步

---

① 国家语委组编的语言生活绿皮书分A类和B类：A类为"软性"语言文字规范，B类为《中国语言生活状况报告》。

② 包括平面媒体、有声媒体、网络媒体、教育教材、海外华语五个分中心，之后又于"十一五"期间设立少数民族语言分中心。

③ 参见《国家语委语言文字应用科研工作"十一五"规划》。

④ 在这之前于2006年11月28日召开的国家语委"十一五"科研工作会议上，时任教育部副部长、国家语委主任赵沁平就首次明确指出，"构建和谐的语言生活是语言文字工作的目标"。

第四部分 专题研究

伐,重视学科建设和人才培养,形成语言文字应用研究可持续发展的局面,构建和谐语言生活,为促进社会和谐、经济社会和人的全面发展服务"为指导思想,指出"保护、开发中华语言资源,构建和谐的语言生活,成为国家语言文字应用科研工作的重要内容",将"国家语言战略研究""社会语言生活监测和研究""促进汉语走向世界"与"语言文字规范标准研制""语言能力评测体系""面向信息处理的语言文字应用研究和基础工程建设"一起列为重点研究方向。

围绕六大重点研究方向,国家语委立项开展了180多项课题研究,发布了20多项语言文字规范标准和绿皮书软规范,完成了《全球华语词典》的编纂出版工作,并连续出版发布年度《中国语言生活状况报告》,组建了汉语辞书研究中心、中国语言战略研究中心、国家语言资源监测与研究少数民族语言中心等三个科研机构,启动"中国语言资源有声数据库"建设并在江苏、上海等地开展了试点。

(三)"十二五"期间,在服务国家语言能力提升中提速发展

"十二五"期间(2011—2015年),根据党的十七届六中全会和党的十八大关于语言文字和社会主义文化强国建设的战略部署,国家语委科研工作在传承"构建和谐语言生活"理念的同时,进一步提出"提升国家语言能力"的指导理念。2012年2月发布的《国家语委"十二五"科研规划》要求语言文字科研"为提升国家语言能力、构建和谐语言生活提供强有力的科研支撑",并提出了"语言战略、语言规划与语言政策研究""语言文字规范标准建设""语言生活与语言管理研究""语言教育与语言能力研究""语言资源建设与中文信息处理研究"等五个重点研究方向。

围绕上述重点研究方向,聚焦国家战略、事业发展和社会应用的迫切需求,国家语委立项开展了440多项课题研究,发布了《通用规范汉字表》等10多项规范标准,启动了新时期普通话审音工作,参与并主导国际标准ISO 7098《文献工作——中文罗马字母拼写法》的修订工作,召开全国语言文字信息化工作视频会议并印发《关于进一步做好语言文字信息化工作的若干意见》,继续发布年度《中国语言生活状况报告》,成立两岸语言文字交流与合作协调小组,启动中华思想文化术语传播工程,在语言资源有声数据库建设试点基础上设立并全面启动中国语言资源保护工程,举办"扬州论坛:语言与国家的安全和发

展"等学术会议,出版《语言与国家》等资政类著作。国家语委科研规划项目的数量规模和站位视野显著提升,以国家级工程为抓手整合各方资源推动重大研究也取得显著进展。

同时,构建完善的科研体制提上议事日程。为深入扎实做好语言文字科研工作而密集召开的国家语委"十二五"科研工作研讨会、座谈会等反复强调,"要把加强科研组织管理、促进科研体制创新,作为语言文字科研工作的重要方面"[1],"要以服务实践为目标加强科研组织管理,重点要优化项目设置、强化科学选题,加强制度建设、强化质量管理,健全宣传机制、强化语言服务,要以长效机制为核心,加强包括人才队伍建设、学科建设和科研基地建设在内的基础建设"[2]。《国家语委"十二五"科研规划》首次就"保障机制"问题列专门章节提出具体目标任务。根据这些要求,国家语委先后组建了中国外语战略研究中心、中国语言文字规范标准研究中心、国家语言文字政策研究中心、中国语情与社会发展研究中心、国家语言能力发展研究中心、中国语言资源保护研究中心、中国语言资源开发应用中心等七个科研机构。同时,创办各类科研人才培训班,建成国家语委科研工作专家库,加大了人才培养和队伍建设力度。此外,推出"语言文字国际高端专家来华交流项目",召开中法语言政策与规划研讨会,举办中德语言文化政策高层论坛,开展"中德语言文化研习之旅"活动,出版英文版和韩文版《中国语言生活状况报告》,在语言文字研究国际交流与合作方面也开展了卓有成效的探索与实践。

(四)"十三五"期间,在服务国家战略中高质量发展

"十三五"期间(2016—2020年)是我国向第一个百年目标奋力冲刺的关键时期。《国家语言文字事业"十三五"发展规划》要求"以服务国家发展需求为核心""为全面建成小康社会、建设与综合国力相适应的语言强国提供有力支撑"。《国家语委"十三五"科研规划》确立了"以服务国家重大战略实施和国家语言文字事业发展为宗旨,坚持问题驱动和需求导向,巩固基础研究、强化应用研究、推动决策咨询研究,有效提升创新能力、服务水平和国际影响,

---

[1] 参见李卫红2010年在国家语委"十二五"科研工作研讨会上的讲话《奋力推进国家语委科学研究工作,全面支撑国家语言文字事业发展》。

[2] 参见李卫红2011年在国家语委"十二五"科研工作座谈会上的讲话《促进科学研究工作,保障国家语言文字事业的科学发展》。

第四部分
专题研究

为实现语言强国目标提供强有力的科研支撑"的指导思想，并提出"语言文字基础理论研究""语言文字决策咨询研究""语言文字信息技术和新兴领域研究""语言文字规范标准建设研究""语言国情与语言资源保护研究""语言文字国际传播与比较研究"等六个重点研究方向。

根据科研规划的要求和部署，国家语委立项开展了近500项课题研究，设立了"一带一路"语言文字、甲骨文等古文字研究与应用、语言教育、语言文字信息化等多个研究专项，发布了20余项规范标准；在继续发布《中国语言生活状况报告》（绿皮书）的同时，逐步推出《中国语言政策研究报告》（蓝皮书）、《中国语言文字事业发展报告》（白皮书）和《世界语言生活状况报告》（黄皮书），国家语委语言生活皮书形成系列，京穗沪等地方语言生活皮书首次发布；高质量完成中国语言资源保护工程和中华思想文化术语传播工程一期建设任务，产出系列重大标志性成果；开展甲骨文发现120周年纪念活动，古文字与中华文明传承发展工程全面启动；实施冬奥会语言服务行动计划，多语种冬奥术语平台和冬奥智能问答系统建成并交付使用；指导创办《语言战略研究》并迅速跻身核刊和C扩方阵，理论建设再上台阶；推动语言扶贫和应急语言服务研究与实践，建成运维"全球中文学习平台"，国计民生中的语言需求服务屡有建树。

同时，多位一体的科研工作体系建设取得重要进展。完善选题机制、加强结项管理，课题研究质量明显提升；连续举办各类科研人才培训班及出国研修班，"三班一盟一论坛"中青年人才培养框架搭建成形；国家语委科研工作专家库收录人员信息扩充至1800余人，基本队伍不断扩大；组建中国语言智能研究中心、新疆多语种信息技术研究中心、国家语委国际合作与交流中心、汉字文明传承传播与教育研究中心、国家语言服务与粤港澳大湾区语言研究中心、丝路语言文化研究中心、中国东北亚语言研究中心等七个科研机构，设立国家语委科研机构秘书处，开展语言文字智库建设试点，颁布语言文字智库测评体系和国家语委科研机构高质量发展意见，国家语委研究型基地的区域领域分布和功能发挥进一步完善；成功举办首届世界语言资源保护大会、首届中国—东盟语言文化论坛以及连续三届中国北京国际语言文化博览会（以下简称语博会），成功推动甲骨文入选《世界记忆名录》，继续推进《中国语言生活状况报告》及相关语言政策研究论文的海外出版与发表，深化中俄、中法语言政策和语言文化研究交流与合作，国家语委科研工作的国际影响进一步提升。完善体系、提质增效、扩大影响成为这一时期的鲜明特点。

二 主要成绩

经过 20 年的探索奋进，国家语委科研工作"日益发展为涵盖规划引领、科研立项、机构建设、人才培养、合作交流等多位一体、有机配合的科研工作体系，走出了一条特色鲜明的发展道路"[①]。

（一）科研管理体制基本完备

一是完善科研领导体制。成立由国家语委主任（教育部副部长）担任组长、由国家语委各成员单位等共同组成的国家语委科研规划领导小组，负责领导、规划、部署国家语委的科学研究工作，并在教育部语言文字信息管理司（以下简称语信司）设立领导小组办公室（以下简称科研办），负责日常工作。20 年来先后组建三届领导小组，第一届 2002 年成立，第二届 2007 年成立，第三届 2021 年成立。

二是完善科研项目管理制度。制定《国家语言文字工作委员会科研项目管理办法》，对项目申报、立项评审、中期检查、项目验收、经费使用、知识产权等做出全面规定。2001 年首次发布，20 年来先后进行了四次修订。根据该办法，科研办逐步建立完善了覆盖全流程的项目管理制度，同时根据国家语言文字事业发展需要和科研管理体制改革要求，不断进行局部调整。如项目类型在重大攻关项目、重点项目、一般项目的基础上增设了后期资助项目，项目性质在自由申报项目的基础上增设了委托项目、基地项目、中青班学员项目等。此外，自 2019 年起对"一般项目"省略了中期检查而由科研办直接组织结项鉴定，并每年组织两次对所有项目的集中结项鉴定，进一步加大了对项目研究质量的监控与管理。

三是完善科研规划制度。每五年制定发布一次科研规划，明确重点研究方向，并根据规划确定项目选题指南。"十五"和"十一五"期间集中发布了五年期的项目指南，"十二五"开始分年度发布项目指南，"十三五"以来科研办逐

---

① 参见田学军在国家语委"十四五"科研工作会议上的讲话，2021 年 11 月 9 日。

步建立并不断完善了"面向全社会广泛征集、组织专家梯次遴选逐步缩小范围、拟订选题目录报经领导小组审核同意后发布"的年度项目选题机制。

（二）学术影响力有效提升

20年来，围绕各期科研规划确定的重点研究方向，累计开展了1300多项课题研究，内容涉及语言战略、语言规划与语言政策研究，国家通用语言文字规范标准建设、普通话及其推广、汉字及其规范化标准化、汉语拼音及其应用研究，语言文字信息处理及语言资源和基础工程建设研究，少数民族语言文字规范标准及信息处理研究，语言教育、语言教学、语言能力（测评）研究，语言生活监测与管理研究，语言国情与语言资源保护研究，语言文字国际传播与比较研究，新兴交叉领域研究等多个方面。这些研究产出一大批规范标准、著作、论文、研究报告、资政报告、数据库、语料库、信息库、系统平台、软著、专利等科研成果，其中有的荣获中文信息处理领域最高科学技术奖——钱伟长中文信息处理科学技术奖，有的获得教育部高等学校科学研究优秀成果奖。经过20年的增长和积累，国家语委科研项目的影响力、权威性持续提升，科研激励功能不断显现，得到学界的广泛关注。

（三）服务保障事业发展成效显著

新世纪以来的语言文字科研工作为大力推广和规范使用国家通用语言文字、科学保护各民族语言文字、提升语言文字信息处理水平、传承传播中华优秀语言文化、推动语言服务国计民生、引导社会语言意识、构建和谐语言生活、提升国家语言能力提供了强有力的学术支持和专业保障，为语言文字科学决策提供了重要依据。特别是围绕重大任务，依托重大项目或通过重大工程，产出一系列重大成果。20年来，先后完成《通用规范汉字表》研制、《全球华语词典》编纂出版等重大任务，先后启动实施中国语言资源有声数据库建设、中华思想文化术语传播工程、中国语言资源保护工程、北京冬奥会语言服务行动计划、古文字与中华文明传承发展工程，建成上线了面向海内外二语学习者的"全球中文学习平台"，累计发布了近60项语言文字规范标准，① 累计出版了8种24本语言生活皮书，连续15年开展"汉语盘点"活动，有力推进国家语言能力、语言与国家安全和发展、"一带一路"语言问题与语言服务、语言扶贫、应急语

---

① 包括国务院文件、国家标准（GB）、语言文字规范（GF）、绿皮书软规范。

言服务等研究与实践，通过高质量科研，在落实好事业发展重大任务的同时，也推动了事业的创新发展。

（四）科研基础建设持续完善

一是建设了一批科研机构。机构定位于国家语委组织高水平语言文字科学研究、实施重大语言工程和科研任务、建设语言文字基础资源、宣传语言文字方针政策、开展语言文字合作交流的重要平台，由语信司代表国家语委与有关高校、科研院所等共建共管。自2004年首家机构成立以来，以"总量控制、按需设点、结构优化、有序发展"为建设原则，以"一机构、一方向、一特色、一品牌"为发展理念，统筹区域分布和功能定位谋划布局，先后共组建了24家机构。布局覆盖京津冀、长三角、粤港澳、东北、中部、西部等多个区域，涉及应用语言学、社会语言学、计算语言学、地理语言学、政治语言学、语料库语言学、汉字学、方言学、辞书学等多个学科领域，兼及服务事业发展的理论研究、各学科领域的基础及应用研究、问题导向的决策咨询研究，兼具科学研究、管理服务、社会宣传、国际交流等功能，有的关注现实问题、注重战略研究，有的侧重资源建设、深耕基础研究，有的关注语言文字理论建设，有的供给语言文字公共产品，有的是特定领域的开拓者、佼佼者、引领者，有的是涉及多领域的综合性服务者、支持者、出版者，基本适应、较好对接了事业发展的需求。

二是培养了一批中青年学者。"十二五"以来连续举办语言文字应用研究优秀中青年学者研修班、民族语文应用研究中青年学者高级研修班、语言文字中青年学者出国研修班，累计培训学员600多人。成立语言文字应用研究中青年学者协同创新联盟，定期举办联盟学术研讨会，设立面向各研修班学员的培育性科研项目，逐步构建起"三班一盟一论坛"中青年人才培养框架。

三是建设了一批科研基础资源和信息系统。新世纪以来动态建设、滚动开发的国家语委现代汉语语料库、国家语言资源动态流通语料库、全球华语语料库、教材语言资源数据库、少数民族语言政策检索与分析平台、百年语言文字规范标准数字化系统、语情动态资源库、国家外语人才资源动态数据库、中国语言资源采录展示平台、汉字全息资源应用系统等，为语言文字科研奠定实证基础。同时，先后建成"国家语委科研网"、"国家语委科研机构"网、"国家语委语言资源网"和国家语委科研项目管理系统等，不断完善语言文字科研信息服务。

（五）合作交流不断深化

一是加强大陆与台湾、内地与港澳的语言文字学术交流与合作。成立两岸语言文字交流与合作协调小组，推进两岸合编中华语文工具书，连续举办"两岸语言文字调查研究与语文生活"研讨会，制作播出《潮平两岸阔》两岸语言文化专题片，跟踪观测台湾语文动态，促进两岸语言文化交流融合、两岸同胞心灵契合，推动两岸共同弘扬中华文化，为推动两岸关系发展、推进祖国统一进程贡献了力量。组建粤港澳大湾区语言研究中心，设立系列科研项目，组织内地和港澳语言学力量共同开展港澳语言生活、语言服务和语言政策研究，产出一系列标志性成果。

二是加强语言文字学术国际交流与合作。开展中法、中德、中俄语言年活动，举办中法语言政策与规划研讨会、中德语言文化政策高层论坛、中俄语言政策会议、中俄语言文化论坛，签署中法语言政策交流合作协议，开展"中德语言文化研习之旅""搭建中俄语言之桥——俄罗斯语言政策专家访华"活动，在英国举办中青年学者海外研修班，连续指导举办三届语博会，深度推进了语言政策、语言生活、语言文化等研究领域的国际交流与合作。积极借鉴国外语言文字研究成果，坚持"走出去"和"请进来"相结合，实施"语言文字国际高端专家来华交流项目"，不定期邀请一批国际上从事语言文字应用研究的高端专家来华开展学术交流活动，2013年以来累计邀请50多位国际知名的语言政策、语言规划专家来华交流，增进了国际学术界对中国语言生活的了解。与联合国教科文组织合作成功举办首届世界语言资源保护大会并发布《岳麓宣言》，推动甲骨文成功入选联合国教科文组织《世界记忆名录》，在海外出版英文版、韩文版、日文版、俄文版《中国语言生活状况报告》，在俄罗斯学术杂志刊发中国语言政策研究论文，有效提升了中华语言文化、中国语言政策的世界影响，传播了中国语言规划的理念，在世界语言生活中发出了中国声音。

三 主要特点

新世纪以来，国家语委科研工作为语言文字事业的科学发展提供了坚实的学术支持和专业保障，也是语言文字事业改革创新的探路者、风向标和助推剂。

在 20 年的接续奋斗中，形成鲜明特点。

（一）坚守家国情怀

始终牢固树立服务国家、服务人民的意识，始终聚焦语言文字在国家发展、人民美好生活建设中的功能作用，积极思考全球化、信息化、城市化对语言文字的需求和对语言生活的影响，主动融入社会主义和谐社会建设、文化强国建设、脱贫攻坚行动、"一带一路"建设、区域协调发展、加强和改进国际传播工作、推进国家治理体系和治理能力现代化、铸牢中华民族共同体意识、推动构建人类命运共同体等重大国家战略，主动研判关乎民生福祉、构建信息无障碍社会中的语言需求，准确把握社会生活中的语言热点、难点问题，选题破题，解题答题，是新世纪国家语委科研工作的根本理念。通过科研产出新理论、新话语、新方略，针对多样化语言需求的语言文字公共产品，以及基于专业研究、可以永续留存、正在走向世界的语言文化成果，是新世纪国家语委科研工作的历史贡献。

（二）坚持应用导向

聚焦语言文字应用、坚持开展语言文字应用研究，是国家语委科研工作的历史传承。倡导针对语言应用中的现实问题开展研究，强调科研的目的是要为解决语言文字应用中的问题服务、"为社会需求服务，为国家语言文字工作服务"（许嘉璐 1998），而不囿于"为语言而语言、就语言而语言"，关注并积极推动应用语言学学科发展，重视跨学科研究，尤其是语言学与计算机科学、教育学、社会学、文化学、政治学、经济学等的交叉融合，是新世纪推出的国家语委科研规划区别于其他科研基金的核心特色。

加强语言生活研究作为"关注应用"的延伸和拓展，是新世纪国家语委科研工作一以贯之的指导理念。不仅关注语言应用中的问题，还进一步关注社会生活中与语言相关的一切问题，倡导"跳出语言看语言"，"强调在生活中研究语言，为构建和谐语言生活而研究语言，把学术焦点从纯粹的语言本体拉向现实的语言生活，既关心语言使用、语言态度，也关心民族、国家层面的宏观语言问题"（郭熙，祝晓宏 2016），强调实证调查、实态记录、信息化手段和数据支撑的研究方法，"语言生活"成为我国学术界在语言政策与规划领域的理论贡献。语言生活研究推动"构建和谐语言生活"政策理念确立，推动语言文字事业建立统筹我国语言生活全局的大视野，推动语言学界打破普、方、民、外、手、盲之间的内部区隔，促成语言学和应用语言学的交流互动与合作，吸引众多其他学科专家的关注和参与，是新世纪国家语委科研工作的实践贡献。

（三）坚持规划引领

新世纪以来，国家语委始终高度重视科研规划的编制工作，积极调动学界参与，立足当下需求，面向未来发展，广泛征求意见，反复论证研磨，探讨语言文字发展理念，确定重点研究方向。实践证明，从"十五"时期的"以语言文字规范标准建设为核心"到"十一五"时期的"服务构建和谐语言生活"，再到"十二五"时期的"服务构建和谐语言生活和国家语言能力提升"，及至"十三五"时期的"服务国家重大战略实施"，科研规划不仅引领着语言生活、语言规划的研究热点，也对各时期语言文字事业发展理念的演进发挥着或推或拉的作用，还通过具体的科研项目助力了事业的创新发展，从语言规范到语言和谐、再到国家语言能力和语言战略，科研规划、科研项目、事业发展之间砥砺互动、共同发展、共同进步。

（四）重视理论建设

新世纪以来的国家语委科研工作在语言规划理论建设方面高度"自觉"，始终将"语言规划、语言政策、语言战略研究"作为重点研究方向之一。20年来，国家语委科研工作带动了语言政策与规划研究在我国的蓬勃开展，推动了社会语言观念的转变，也深刻影响着语言政策实践的发展。借鉴国外语言政策研究、结合中国实际，提出"语言是国家资源""语言战略是国家战略的有机组成部分"等重要论断，做出"社会需要提供语言服务的方式与日俱增，新的语言职业不断形成，语言产业快速发展""外语的社会需求越来越强烈，外语规划提上了议事日程""汉语走向世界的脚步越来越快，争取国际话语权正成为民族的自觉意识"等重要判断，指导创刊《语言战略研究》，设立国家语言能力、语言资源、语言权利、语言服务、语言经济、语言产业、语言景观、语言安全研究等系列项目，国家语委科研工作及时吸纳学界的新发现、新观点、新思想，又进一步建构了学界的研究热点，并对国家社科等科研基金的选题立项产生了显而易见的影响。

（五）促进国际化发展

语言文字是人类文明交流互鉴的重要载体，语言文字科研走国际化发展道路是语言文字事业在构建人类命运共同体进程中更好地发挥作用的必然要求。新世纪的国家语委科研工作，特别是自"十二五"以来，坚持"走出去和请进来相结合""借鉴与传播相结合"，逐步探索构建起"主动对接'一带一路'建设、中文国际传播、对外话语体系构建、国家传播能力提升等的需求选题立项，以黄皮书等扩大研究视野，以加强区域国别语言政策研究和'出国研修班'等学习借鉴国外先进经验，以主场国际性会议讲好中国语言故事、传播中国语言理念，以'国际专家来华交流项目'增进世界对中国语言生活的了解，以海外出版发表提升影响"的语言文字科研国际化发展框架。

（六）推动高质量发展

做大底盘、提升能力、提升科研质量，始终是新世纪国家语委科研工作的指导原则。20年来，通过支持有关高校设立学科点、赋予科研基地以学科建设任务等，语言教学、计算语言学、翻译学、术语学等继续蓬勃发展，语言政策与规划、语言经济与产业、语言智能等方向的学科点建设取得较好进展，带动着教育语言学、法律语言学、播音语言学、病理语言学、广告语言学等的兴起与发展；通过指导督促各科研机构明确专兼职研究人员、举办中青年人才"三班"等，构筑了人才核心盘；通过四色皮书、《语言战略研究》等作者队伍建设，打造了人才基本盘；通过专家库建设，打造了国家语委科研工作的人才底盘。

结　语

新世纪以来，国家语委科研工作取得令人瞩目的成就，为语言文字事业全面、深入、科学、持续、创新发展做出了积极贡献。同时，在应用导向的科研观念培育和科研评价激励机制构建、科研成果的转化应用与宣传推广等方面仍然存在不足，学科基础、人才底盘与语言文字事业的地位及高质量发展需求还明显不相适应，国家语委科研工作的创新力、服务力、引领力、影响力有待进一步提升。面向未来，教育部副部长、国家语委主任、新一届科研规划领导小组组长田学军在国家语委"十四五"科研工作会议上要求，要胸怀"国之大者"、增强服务国家意识，要坚持规划引领、攻关重大关键问题，要推进学科发展、深化创新人才培养，要创新话语体系、推动国际交流合作，要强化组织领导、凝聚工作合力。这是国家语委科研工作在新征程上继续奋进的方向和着力点。

（张日培）

本文是教育部哲学社会科学研究重大课题攻关项目"新时代国家语言文字事业的新使命与发展方略研究"（18JZD015）之子课题六"面向未来的语言文字规范化标准化研究"、国家语委科研规划重点项目"新中国语言规划术语研究"（ZDI135-120）的成果之一。

【参考文献】

[1] 郭熙，祝晓宏.语言生活研究十年[J].语言战略研究，2016，1（03）：24—33.

[2] 李宇明.关于《中国语言生活绿皮书》[J].语言文字应用，2007（01）：12—19.

[3] 许嘉璐.开拓语言文字工作新局面，为把社会主义现代化建设事业全面推向21世纪服务——在全国语言文字工作会议上的报告（1997年12月23日）[J].语文建设，1998（02）：4—11.

教材语言研究的缘起与发展

2005年以来,教材语言研究逐渐发展为一个独立研究领域。从对教材语言的穷尽描写,到对语文知识体系的探究,再到教材语言背后价值观念的挖掘,研究内容不断深入,研究方法不断创新,研究领域不断拓展。

一 缘起:语言生活研究的开创性领域之一

语言生活研究秉持语言资源观,强调在生活中研究语言,为构建和谐语言生活而研究语言。在研究方法和手段方面,语言生活研究注重实证调查、实态记录、信息化手段和数据支撑。新世纪以来,国家语委积极引导、大力推动语言生活研究。2004年起,开始建设国家语言资源监测与研究中心,并成立了首个分中心——平面媒体分中心。2005年,进一步成立了有声媒体、网络媒体、教育教材分中心以及海外华语研究中心,对各领域的语言文字使用状况进行实证调查、定量分析。同时,立项开展语言生活绿皮书编撰工作。2006年,我国第一本《中国语言生活状况报告》发布,分上、下两编,下编集中报告了各中心的研究成果。

2005年成立的教育教材中心负责对教育教材领域语言资源的收集、建库、整理和加工,对教育教材语言资源的应用情况进行检测和客观的描述,为制定标准和规范提供依据和参考。语言作为一种国家资源,随着经济社会生活的发展变化而变化。教育教材中的语言状况是整个社会语言生活中的一个重要内容,它对整个民族的母语教学、第二语言教学乃至所有的知识教育体系,都会产生极为重要的作用。教育教材中心的成立,标志着研究人员可以对教育教材的语言现象进行实时的动态监测、分析和研究,可以最迅速、最广泛地了解语言现象的动态变化,为国家的语言政策、语言规划和语言教育等提供参考依据,从而更积极有效地促进和引导社会语言生活健康发展。以教育教材语言使用状况监测为起点,教育教材中心后来正式提出并持续深耕教材语言研究,对教材语言研究的发展起到了关键性的推动和孵化作用。

二 发展：从确立到聚焦再到拓展的三阶段

2005年以来，教材语言研究经历了"独立研究领域的确立""研究领域的聚焦"和"研究领域的三维发展"三个发展时期。

（一）初兴期（2005—2007年）：教材语言独立研究领域的确立

这一时期，教材语言使用状况的实证调查、定量分析的研究全面起步。同时，李如龙、苏新春先后发表了教材语言理论研究的论文，论述了教材语言特质、价值及类别，标志着教材语言研究作为一个独立研究领域的开启。

1. 教材语言实证调查

主要利用信息化手段，对教材语言文字使用状况、分布状况、层级状况、变化状况、不同学科教材之间的异同状况进行扎实的调查，全面反映了教材的语言使用状况。第一份调查报告《汉语作为第二语言教材字、词和词语义项调查》被国家语委《中国语言生活状况报告（2006）》收录，后附含1500个常用词的词表。《中国语言生活状况报告》后来又逐年刊出了《基础教育语文新课标教材用字用语调查》《基础教育新课标历史、地理教材用字用语调查》《基础教育阶段小学语文教材汉字使用调查》等研究成果。

2. 教材语言研究基础理论阐述

《汉语学习》2007年第3期发表了李如龙等的《教材语言三议》，《语言文字应用》2007年第4期发表了苏新春等的《教材语言的性质、特点及研究意义》，这两篇文章对教材语言的概念与性质、研究对象及范围、研究任务等进行阐述，为教材语言探究提供了理论上的指导。

李如龙、徐睿渊（2007）简述了教材的不同类型，着重论述了母语教材和对外汉语教材应具备基础性、规范性、趣味性等特点。苏新春等（2007）定义"教育教材语言"为"通过学校教育来实现教学目的，以教材为载体的语言"，"根据语言在教材中的地位、性质及所承担的任务，教材语言可分为对象语言和叙述语言"。对象语言是教材的直接教学对象，而叙述语言则是承载着知识内容的语言载体。对象语言和叙述语言的区分，便于研究者厘清教材语言研究的不同研究对象，更好地探究教材语言的本质规律。文章认为教材语言具有基础性和功能性、有限性和有序性、通用性与专业性等几个互相联系共同影响的特性，"基础""规范""有限""有序"是教材核心的性质。文章列举了多种类型的教材，提出"基础教育阶段的语文教材与学科教材，加上对外汉语教材，成为教材语言研究的首要任务"。这些基本理论的提出为教材语言研究奠定了坚实的基础。

有关教材语言理论的系统论述夯实了教材语言成为一个独立研究领域的基础。在此之前，"从对教材语言的内涵与外延的阐述，从研究文献的检索情况来看，教材语言基本没有作为一个独立的研究领域和研究对象存在过，但人们确又从教材编纂、教学内容、教学方法、教学理论、教学目的等许多教材研究的宏观微观方面对它有所涉及。……在教材编写和教学法的两个具体研究领域，对教材语言的涉及较多，但它总是以一种依附、被动的形式来对待，而不是作为研究主体独立地出现"（苏新春，等 2007）。

后续的研究进一步拓展和深化了教材语言的性质与特点。郑泽芝、卞成德（2008）《数学教材语言与语料库建设》探讨了数学教材语言的重要性及其性质、特点。杜晶晶、杜明珠（2019）《再论教育教材语言研究的性质、方法与发展——基于近十四年教育教材语言研究综述》进一步论述了教材语言的基础性与多元性、有限性与权威性、有序性与层次性。

3. 教材语言研究学术活动

2006年11月，首届全国教育教材语言专题学术研讨会在厦门大学召开，海内外数十位学者就"基础教育阶段语文学科及其他学科的语言性质、特点、类型、分布""教育教材语言与教学大纲""教育教材语言与教材编写""教育教材语言与教材出版""教育教材语言与教学""教育教材语言与教学测试""对现有通用教材语言的评测与分析"等专题进行研讨。专题研讨会后来每两年召开一次，至2021年已连续召开了八届。第三届、第四届专题研讨会还分别出版了《教育教材语言论集》和《教育教材语言的研究与应用》论文集。研讨会的召开聚拢了更多的学者对"教材语言"进行思考，促进了这一研究领域的发展。

（二）发展期（2008—2016年）：教材语言研究领域的聚焦

这一时期，研究者对教材领域的语言使用情况继续进行实时调查研究，对教材语言的整体面貌、性质及其构成的语言要素、语言结构及使用状态展开全面研究，同时注意横向的共时描述与纵向历时的梳理，从横向比较和纵向对比上全面考察教材语言状况。针对不同的研究对象和研究目的，研究者探索设计不同的定量研究方法，更细致、科学地揭示教材语言的性质特点。

1. 教材语言的横向研究

语文教材语言面貌描述。"教材语言研究要全面地反映出教材语言中两个基本要素——汉字与词汇的构成情况，对教材分布、年级分布、课文分布，对其字（词）量、字（词）种、字（词）序的构成，对共现与独用、高频与低频、常用与偶用的种种使用状况都要有详尽的统计分析"（苏新春，等 2017：3）。李镗（2000），周美玲、苏新春（2009），吴格明（2010）以《现代汉语常用字表》为参照，对义务教育阶段语文教材中的用字状况进行统计分析描写，为语文教材的改进提供了数据支撑，从儿童认知学习的角度提出编写适合基础教育字表的建议。周美玲、苏新春（2009）从词种、词频、累加覆盖率三个角度对基础教育阶段四套语文教材词语做了分析，精准地描绘了四套教材词汇具有词语量大、共用词比例低、独用词比例较高、高频词数量少且高度集中、低频词数量多且分布面广的特点。庄晓云、苏新春（2012）从选文的角度对大陆、台湾、香港的初中语文教材的选文进行考察，发现这些教材选文体现了我国教材编写看重阅读数量积累的传统，大陆的精读课和台湾、香港的讲读课本质上是相近的，即便是各有特点，也是属于技术层面的；台湾教材和香港教材中议论文的选文比例比大陆教材高出许多，但通过对选文的时代性、来源地、互选内容与互选率的比较，发现台湾对大陆来源作品的选取，在时代上有明显的重古轻今、在题材上有明显的重自然轻人文的特点。

学科教材语言面貌描述。苏新春、郑泽芝（2012a，2012b），郑泽芝（2017），徐铂、田静（2017）探讨了学科教材语言不同于语文教材语言的特点，认为学科教材要注意表述框架的合理性，避免通用语言的歧义性、多样性、随意性，避免文学语言的灵活性，力求表述结构的规范性和限定性。"新课标思想品德与科学教材用字用词调查"项目则将教材语言研究领域扩大到思想品德课、科学课教材的实证性研究，建成思想品德教材语料库和科学教材语料库，并完成了科学教材语料库的深度加工，从句子、语篇、图文关系的角度对我国和美国科学教材的不同特点进行了对比分析。

汉语作为第二语言教材的语言面貌研究。对外汉语教材中词汇是非常重要的内容，杜晶晶（2005）、袁冉（2008）、柯丽芸（2008）、赵蓉（2011）、王淼(2011)、罗春英(2011)、杜晶晶(2012)、刘薇(2012)、石梦苏(2012)等将不同国别、不同层次的对外汉语教材的词汇计量、层级、义类分布、词汇复现、核心词汇以及不同版本教材的词汇状况进行对比,与母语教材的词汇状况进行比较分析,描述了对外汉语教材中词汇的面貌,为词汇在教材中的科学分布提出了可靠的建议。"对外汉语初级阶段综合课教材语块呈现研究——兼谈教材的改进"项目则选取国内四套汉语综合课教材为研究蓝本,通过同一时期和不同时期教材语块呈现类型、数量、方式的对比,找出存在的差异,分析优势和不足,从而为对外汉语教材编写中语块的呈现提出可行性建议,为语块理论在二语教学中的应用提供参考。

教材语言规范性调查。语言文字规范化程度是国家文明的重要标志之一,学校是落实国家语言文字规范标准最重要的领域之一。为深入了解中小学语文教材中的语言文字规范状况,国家语委2013年设立了"中小学语文教材语言文字规范标准符合性调查研究"重大课题。课题组选择我国有较大影响、使用时间较长的四套中小学语文教材为调研对象,分别从词汇与读音、汉字结构、偏旁部首、汉语拼音等具体方面进行调查分析,对存在的"失范"现象、类型、原因等做了探讨,成果在2016年第2期《语言文字应用》集中发表[①],《光明日报》也于2017年在语言文字专栏发表了相关文章[②]。这些研究全面详实地调查了基础教育语文教材中落实国家语言文字规范标准的基本情况,为我国语言文字规范标准的制修订及语文教材的修订,提供了客观而精确的研究数据。

2. 教材语言的纵向梳理

教材是人类知识世界的重要传承媒介,它的纵向历史就是人类知识不断传承发展的历史。研究者对我国现代基础教育形成与发展百年间的语文教材进行了纵向源流式考察。由苏新春主编、广东教育出版社出版的"基础教育语文教材语言研究"丛书,目前已出版五册,《民国时期基础教育语文教材语言研究》《20世纪60—70年代基础教育语文教材语言研究》《20世纪80—90年代基础教育语文教材语言研究》《21世纪新课标基础教育语文教材语言研究》和《基础教育识字教学研究》通过对各个时期中小学语文大纲(课程标准)和教材的分析,对20世纪语文教材语言的所有层面进行描写,基本勾勒出了近百年语

[①] 分别为:苏新春(2016),杜晶晶(2016),周美玲(2016),孙园园(2016),卜祥忠、陈明娥(2016)。

[②] 苏新春、杜晶晶(2017)。

文教材语言的实态面貌、核心数据和重要现象，为当前语文教材的编写提供参考和建议。

3. 研究方法、研究思路的深入探索

教材语言研究注重实证调查。教材语言的研究从起步时便使用实证和定量的研究方法，最主要的就是频率调查法。但是，研究不仅仅是对教材语言面貌进行简单的静态描述，而是要深入到不同的教育对象，要根据不同的教学目的来考察，要与学习者的认知特点、认知需求，与教学效果，与学习者学习能力相关联。带着这些思考，研究者在不同的专题中运用不同的方法、从不同的角度展开研究，发现不同的统计方法针对不同领域、不同对象各有所长。苏新春、顾江萍（2009），周美玲、苏新春（2009），周美玲等（2011），周美玲等（2012），周美玲、韩杰（2012）等在教材语言调查的基础上及时总结方法，提出了频级、复现、使用度、分布度、位序等密切结合教材有限、有序、层级特征的统计调查方法，每个专题都在方法上做出了新的尝试。

教材语言研究坚持语言资源先行，所有的专题的研究都必须有专题语料库，从教材的表象开始，通过对语言的分布、铺排、表述以及类聚特征的分析来挖掘教材内部深藏的现象问题。在不断深入地探索中，教材语言研究形成了"封闭语料—找到问题—大中小单位的颗粒化处理—统计—分层对比—回答问题"的研究模式（杜晶晶，杜明珠2019），建设了对外汉语教材、中小学语文教材、现代汉语、现代汉语分类词典、学科教材等多个专题语料资源库。

（三）拓展期（2017年以来）：教材语言研究领域的三维发展

2017年以来，教材语言研究除了延续对教材语言面貌的关注，还将视野拓展到教材语言形式所承载的知识体系和价值观念上，从教材的"语言世界"，转向了"知识世界"和"观念世界"①，形成了三位一体的研究态势。教材语言研究的理论在深度和广度上有了进一步开拓。

1. 对知识体系的探究

教材语言知识体系是指在教材语言面貌和存在状况中所蕴含着的各种知识内容。学科教材的知识体系就是百科知识体系，语文教材的知识体系就是语言文字知识体系。陆俭明、李镗（2002）很明确地提出："无论从理论上还是从实践上

---

① 参见苏新春 2018 年 1 月 16 日《苏新春谈教材语言研究的三个世界》，发表于"语言文字政策研究"微信公众号，https://mp.weixin.qq.com/s/JkMfxtQl7hKtA8nmtS2opg。

看，在中学语文教学中恰到好处地给学生一点语言知识是很必要的。"2017年，随着统编本语文教材的推行，社会、学界对语文教材的知识体系更为关注。李宇明（2020a，2020b）提出义务教育阶段的母语教育有改良的空间，需要构建母语教育的语言学支撑体系。

对现行语文教材知识世界的微观描述。练习、注释是语文教材中知识点最为集中的区域，对练习、注释的分析可以更好地观察教材编排的科学性、完整性、实用性。早在2010年，苏新春等（2010）就对四套新课标语文教材的练习题进行了系统分析，发现传统的、偏重机械性知识掌握的内容占练习的相当部分。孙园园、苏新春（2019）对比分析了两岸初中语文教材文言文语言知识类练习，发现两岸教材语言知识类练习在总练习中占比不大，台湾教材在练习的灵活性、趣味性、引导性上的做法值得借鉴。孙园园（2019）对比两岸初中语文教材文言文注释，认为在注释方式上两岸教材的科学性、系统性和规范性都存在不足。孙园园、苏新春（2020）发现统编本练习数量、内容、题型都有很大的改进，但统编本练习的类型和层级性有待改进，建议弥补应用性练习，同时加强练习类型的层级性分布。

对重建科学化语文教材知识体系的努力。苏新春（2020）基于多年来对教材语言世界的研究，在理论上对语文知识的内涵、呈现状态、构建原则做出积极探索。2020年立项的国家语委科研项目"中小学语文知识体系研究"正在就语文知识体系的内涵与范围、语文知识的选择与呈现、语文知识体系建设的理论观及其相关原则等进行深入研究，力图编制比较科学的"中小学语文知识图谱"。

字表、词表、辞书的研制。运用科学方法研制的字表、词表以及权威辞书是语文学习的重要帮手，也是语文教材科学化的重要支撑。2008—2013年间，相关研究先后产出一系列重要的辞书和字表、词表。2019年，苏新春主编的《义务教育常用词表（草案）》由商务印书馆出版发行，被认为"是语文课程科学性的重要保证，是语文教材编选、词语教学、语文考试命题的重要参照，应当进入语文课程标准"（吴格明2020）。2021年，李行健、苏新春主编的《现代汉语常用词表》（第2版）由商务印书馆出版，该词表是对2008年教育部语言文字信息管理司组编的《现代汉语常用词表（草案）》的修订，遵循"通用""常用""语文性"原则，真实地反映了语言实况，广泛应用于语文教材、汉语分级读物和语文词典的编写及汉语词汇教学、中文信息处理等领域。词表的研制需要理论与方法的指导，2021年苏新春主编的《汉语词表研制论文精选》遴选了

30篇具有历史保存价值的论文入集,为词表研制的发展提供重要的参考。

学科教材知识世界的探讨。"知识图谱下的中美科学教材比较研究""中小学思想品德教材语言实态及表述特征研究"等科研项目不断拓展学科知识世界的探索领域,持续产出研究成果。杨苗苗(2017)选取中美教材中的图文语篇进行研究,微观分析了中美教材多模态语篇对知识的展示,探讨了多模态语篇中各种模态的分布、运用和互动对知识表述的影响。周东杰、周璐(2017)通过对问句的考察分析,揭示中美教材在安排知识点和实现教学目标上的差异。赵苗(2018)定量分析小学品德教材主题内容与课程标准的拟合度,从主题特征词反观各种教材的编写特色。

2. 对观念世界的探究

教材语言观念世界指的是在教材语言面貌和存在状态及使用过程中所蕴含着的各种价值观、意志、立场、态度、情感等观念上的内容。2017年国家在教材建设上同时推出三大举措:成立国家教材委员会,设立国家教材局,语文、历史、道德与法治三门课程全国使用统编教材。国家对教材建设的重视,对教材立德树人的功能、文化传承的功能、社会主义核心价值观传播的功能的重视,达到空前的高度。在此背景下,加强对教材语言观念体系的研究具有特别的意义与价值。

建构语文教材的话语体系。2019年,国家语委设立"中小学语文教材话语体系研究"科研项目。2020年,苏新春、龙东华(2020)发表《中小学语文教材话语体系的建构及意义》,认为语文教材是一种典型的话语体系,且是代表国家以教育者身份出现的话语体系,有着权威性、系统性、全面性、强制性等特点,其话语体系包括课程大纲、教材、课文、教材语言四个层级单位。2021年,第八届全国教育教材语言"中小学语文教材话语研究"专题研讨会对教材话语体系研究的理论、方法、涵盖内容等展开了深入探讨。

探寻语文教材课文要素的观念系统。章家谊(2015)以初中语文教科书中的人物类名词为研究对象,探讨语文教科书所含人物类名词的意识形态问题。苏新春、李娜(2017)统计民国时期小学语文教材中的"国名",探讨与这些"国名"相关联的人或事塑造的"国家形象"和"人物形象"。曲志强(2018)比较中日两国小学低年级阶段的母语教材,发现日本低年级母语教材的内容较为注重对儿童进行与他人相协调、相关联意识的培养,中国较为注重个人素质的培养、注重自己为他人做事能力的锻炼与提高。苏新春、赵怿怡(2020a,2020b)运用话语理论对中国首套中小学语文教材的题材、时间、空间、人物进行分析，认为这套教材以北方农村革命根据地为基本活动空间，注重现当代革命文化熏陶和传播，淡化和忽略传统文化。杜晶晶（2021）对比两岸语文教材的人文主题发现，大陆基础教育语文教材重点突出"个人成长与集体协作、国家意识、民族理解、历史传统、革命情怀、国际视野"等人文要素，而台湾地区语文教材重点突出"个体素质与基本能力、海岛、台湾地区特点、台湾地区风俗、台湾地区多民族"等人文要素。

三 未来：教材语言研究的三个"世界"

2005年以来，教材语言研究从语言系统拓展到知识体系、观念内容，从"语言世界"到"知识世界"和"观念世界"，代表了教材语言研究理论的三个维度和类型，也代表了研究的三个阶段，但它们不是分立、独立、割裂的形态，而是一个交织、并存、融合的有机体，互为表里、水乳交融。在研究方法上，教材语言研究注重实证，运用计量手段形象、客观地描述研究结果。从语言学研究常用的频率统计到频率差法、使用度统计法、复现率等专门的研究方法，研究者不断探究解决教材语言领域中某些特定问题的方法。

教材语言研究的演进，与教材生态环境的变化密切相关，当前基础教育面临着新一轮的课改，尤其是语文教材，如何使教育者、受教育者对语文知识体系有清晰的认识？教材语言如何呈现它？如何提高受教育者相应的语言能力？解决这些问题，一方面需要我们对前贤已有的经验和研究细致地梳理、合理地继承，另一方面也要适当吸收新的语言学成果。随着"教材代表国家意志"的观念深入人心，语文教材的工具性和人文性如何更好地契合？目前，对语文教材语言的"观念世界"研究相对充分，学科教材语言中的"观念世界"应该从哪些方面展开研究？语文教材与学科教材话语体系具有哪些共性与个性？这些问题还需要不断深入探究。

从"语言世界"到"知识世界"再到"观念世界"，充分显示教材语言研究这片领域具有极高的学术价值和应用价值。教材语言研究的"未来世界"期待更多学者加入，为提升我国教材的质量提供更多、更有效的依据，为国家的教育事业贡献力量。

（苏新春 严小香）

第四部分 专题研究

【参考文献】

［1］卜祥忠，陈明娥.小学语文教材落实汉语拼音规范标准情况的调查研究［J］.语言文字应用，2016（02）：41—48.

［2］杜晶晶.对外汉语教材的核心词汇研究［D］.厦门：厦门大学，2012.

［3］杜晶晶.汉语作为第二语言教学初级教材词汇计量研究［D］.厦门：厦门大学，2005.

［4］杜晶晶.两岸基础教育语文教材人文主题的数量、序列与角度——以大陆与台湾地区6套语文教材单元主题为对象［J］.现代教育科学，2021（05）：142—150.

［5］杜晶晶.中小学语文教材落实词汇规范及数字用法标准情况的调查研究［J］.语言文字应用，2016（02）：10—20.

［6］杜晶晶，杜明珠.再论教育教材语言研究的性质、方法与发展——基于近十四年教育教材语言研究综述［J］.江西科技师范大学学报，2019（05）：15—23.

［7］柯丽芸.汉语第二语言教材词汇的义类分布研究［D］.厦门：厦门大学，2008.

［8］李如龙，徐睿渊.教材语言三议［J］.汉语学习，2007（03），57—62.

［9］李锃.中小学语文课文字词分布统计及应用价值［J］.语言文字应用，2000（03）：21—24.

［10］李宇明.加强语言学对语文教育的支撑［J］.语言规划学研究，2020a（01）：1—3.

［11］李宇明.母语教育的语言学支撑体系问题［J］.陕西师范大学学报（哲学社会科学版），2020b（02）：77—85.

［12］刘薇.海外儿童汉语教材词汇分类研究［D］.厦门：厦门大学，2012.

［13］陆俭明，李锃.关于中学语文教学中语言知识的分布与教学问题［J］.语言文字应用，2002（01）：27—33.

［14］罗春英.汉英语音和词汇对比在国别化汉语教材编写中的功用［D］.厦门：厦门大学，2011.

［15］曲志强.中日小学母语教材道德和价值观教育内容之对比研究——以

一年级上册为例［J］.北华大学学报（社会科学版），2018，19（01）：9—14.

［16］石梦苏.美国使用的两套初级汉语综合教材词汇分析研究［D］.厦门：厦门大学，2012.

［17］苏新春.语文知识在中小学语文教学中的地位及探索［J］.语言规划学研究，2020（01）：5—14.

［18］苏新春.中小学语文教材落实国家语言文字规范标准的意义与思考［J］.语言文字应用，2016（02）：2—9.

［19］苏新春，杜晶晶.语言文字规范，要落实在一笔一画——中小学语文教材语言文字规范化调查及思考［N］.光明日报，2017-06-18（12）.

［20］苏新春，杜晶晶，关俊红，等.教材语言的性质、特点及研究意义［J］.语言文字应用，2007（04），86—91.

［21］苏新春，杜晶晶，袁冉.对四套新课标语文教材课后练习的四维分析研究［J］.江西科技师范学院学报，2010（01）：67—72+41.

［22］苏新春，顾江萍.语文教材词语的"摊饼式"分布态——兼谈基础教育基本词的提取方法［J］.江西科技师范学院学报，2009（04）：64—71.

［23］苏新春，李娜.民国时期基础教育语文教材语言研究［M］.广州：广东教育出版社，2017.

［24］苏新春，龙东华.中小学语文教材话语体系的建构及意义［J］.厦门大学学报（哲学社会科学版），2020（06）：29—39.

［25］苏新春，杨书松，孙园园.21世纪新课标基础教育语文教材语言研究［M］.广州：广东教育出版社，2017.

［26］苏新春，赵怪怡.新中国首套中小学语文教材的题材研究［J］.语言政策与规划研究，2020a（01）：1—17+109.

［27］苏新春，赵怪怡.新中国首套中小学语文教材的时间空间人物研究［J］.江西科技师范大学学报，2020b（03）：1—20.

［28］苏新春，郑泽芝.基础教育数学物理化学教材用字用词调查（一）［J］.江西科技师范大学学报，2012a（05）：54—60.

［29］苏新春，郑泽芝.基础教育数学物理化学教材用字用词调查（二）［J］.江西科技师范大学学报，2012b（06）：63—70.

［30］孙园园.两岸初中语文教材文言文注释对比研究［J］.内蒙古师范大学学报（教育科学版），2019（06）：73—81+103.

[31] 孙园园.小学语文教材落实汉字部首规范情况的调查研究[J].语言文字应用，2016（02）：30—40.

[32] 孙园园，苏新春.两岸初中语文教材文言文语言知识类练习对比研究[J].江西科技师范大学学报，2019（02）：18—26.

[33] 孙园园，苏新春.统编本初中文言文语言知识类练习编排探析[J].教学与管理，2020（06）：74—77.

[34] 王淼.《汉语教程》词汇复现情况研究[D].厦门：厦门大学，2011.

[35] 吴格明.初中语文实验教材选文字频统计分析——兼谈我们应当怎样落实3500常用字[J].课程·教材·教法，2010（04）：46—49.

[36] 吴格明."义务教育常用词表"当进入语文课程标准[J].语文建设，2020（02）：77—80.

[37] 徐铂，田静.学科教材中"的"的使用规律探析——以人教、教科版初中物理教材为例[J].北华大学学报（社会科学版），2017，18（06）：7—13.

[38] 杨苗苗.中美小学《科学》教材多模态语篇对比研究——以地球科学为例[D].厦门：厦门大学，2017.

[39] 袁冉.对外汉语教材与汉语母语语文教材词汇层级性对比研究[D].厦门：厦门大学，2008.

[40] 章家谊.基于观念结构分析的中国初中语文教科书批评语言学研究[D].上海：华东师范大学，2015.

[41] 赵苗.小学品德教材主题及内容分布对比研究[J].北华大学学报（社会科学版），2018（01）：23—30.

[42] 赵蓉.两部初级阶段综合课教材收词状况对比研究[D].厦门：厦门大学，2011.

[43] 郑泽芝.关于学科教材语言研究问题的思考——以数学教材语言研究为例[J].北华大学学报（社会科学版），2017（06）：1—6+169.

[44] 郑泽芝，卞成德.数学教材语言与语料库建设[C/OL]//福建省语言学会.第二届全国教育教材语言专题学术研讨会论文集，2008：237—240. https://navi.cnki.net/knavi/conferences/002728/proceedings/FJYY200811002/detail.

[45] 周东杰，周璐.中美小学科学教材问句的实态分布调查——以天气知识点为例[J].北华大学学报（社会科学版），2017（06）：14—20.

[46] 周美玲.中小学语文教材落实汉字结构规范标准情况的调查研究

[J].语言文字应用,2016(02):21—30.

［47］周美玲,韩杰.语文教材生字的位序调查统计及思考——基于基础教育新课标人教版、苏教版、北师大、语文版[J].忻州师范学院学报,2012(05):105—107.

［48］周美玲,苏新春.四套基础教育语文教材的用字状况调查及思考——基于人教、苏教、北师大、语文版教材[J],上海教育科研,2009(04):44—47.

［49］周美玲,苏新春,韩杰.频级统计法及其在教材语言调查中的作用[J].嘉应学院学报(哲学社会科学),2012(01):84—86.

［50］周美玲,苏新春,韩杰,等.教材语言调查统计方法的新发展——基于基础教育新课标人教版、苏教版、北师大版、语文版的比较[J].课程教材,2011(06):53—55.

［51］庄晓云,苏新春.两岸三地初中语文教材选文的人文性研究[J].江西科技师范大学学报,2012(03):54—60+71.

第五部分

附 录

语言政策研究学术会议选目

1月8—9日,《国际中文教育中文水平等级标准》学术研讨会,主办单位:华东师范大学国际汉语文化学院、汉考国际教育科技(北京)有限公司。

4月24日,语文学科教育智能化与写作教学模式创新论坛,主办单位:国家语委中国语言智能研究中心(首都师范大学)、中国教育技术协会。

5月1日,第二届全球语言治理论坛,主办单位:合肥工业大学外国语学院。

6月21日,网络空间的语言问题及其治理学术研讨会,主办单位:国家语委中国语情与社会发展研究中心(武汉大学)。

7月20—21日,第四届"一带一路"外语教育规划圆桌会议,主办单位:同济大学语言规划与全球治理研究中心、重庆第二师范学院外国语言文学学院、"复旦新学术"网、复旦大学出版社有限公司。

7月24—25日,第八届汉语辞书高层论坛,主办单位:国家语委汉语辞书研究中心(鲁东大学)、鲁东大学文学院。

8月8—9日,第三届"一带一路"语言与方言学术研讨会,主办单位:全国汉语方言学会、《方言》编辑部、山东师范大学。

8月22—23日,第五届全国生态语言学研讨会,主办单位:中国英汉语比较研究会生态语言学专业委员会、国家语委国家语言能力发展研究中心(北京外国语大学)、北京外国语大学中国外语与教育研究中心。

9月18—19日,第二届国家翻译实践与对外话语体系建构高层论坛,主办单位:中国翻译研究院、中国海洋大学、《中国翻译》编辑部。

9月25日,2021逻辑、汉语与人工智能研讨会暨国家社科基金重大项目"面向计算机人工智能的组合范畴语法研究"中期交流会,主办单位:国家语委中国语言智能研究中心(首都师范大学)、北京科技大学外国语学院、湘潭大学碧泉书院。

9月25日,首届中国—东盟语言文化论坛,主办单位:中国教育国际交流协会、中国—东盟中心。

10月16日,"变化世界中的语言政策:全球规则,本地角色"国际研讨会,主办单位:上海外国语大学。

10月16—17日,国际中文教育学科建设高端论坛(2021),主办单位:商务印书馆、中国人民大学国际文化交流学院。

10月22日,第七届中国语言产业论坛,主办单位:首都师范大学中国语言产业研究院。

10月27—29日,第三届语言与国家学术研讨会,主办单位:国家语委中国语情与社会发展研究中心(武汉大学)、湖北文理学院文学与传媒学院、国家语委中国语言资源开发应用中心(商务印书馆)。

11月6日,第六届语言服务高级论坛,主办单位:广州大学、教育部语言文字应用研究所。

11月13日,长三角区域一体化发展中的语言治理学术研讨会,主办单位:上海市教育科学研究院。

11月13—14日,第六届中国教育语言学高端论坛,主办单位:中国英汉语比较研究会教育语言学专业委员会、北京师范大学外国语言文学学院。

11月13—16日,第八届海外汉语方言学术研讨会,主办单位:国家语委丝路语言文化研究中心(泉州师范学院)、暨南大学汉语方言研究中心。

11月27—28日,第12届中国认知语言学研讨会,主办单位:中国英汉语比较研究会认知语言学专业委员会。

11月28日,第七届中国语言政策与语言规划学术研讨会,主办单位:中国语言学会语言政策与规划专业委员会。

12月10—11日,亚洲辞书学会国际跨文化词典学高端论坛,主办单位:四川外国语大学词典学研究所。

12月18日,第八届全国教育教材语言"中小学语文教材话语研究"专题研讨会,主办单位:国家语委国家语言资源监测与研究中心(厦门大学)、厦门大学嘉庚学院两岸语言应用与叙事文化研究中心。

12月18—19日,第五届华文教育国际学术研讨会暨《华文教学与研究》创刊20周年学术研讨会,主办单位:暨南大学华文学院/华文教育研究院。

语言政策研究学术著作选目

一 语言政策、语言战略与语言事业

《从文化苦旅到凤凰涅槃：日本汉字问题与语言政策研究》，陈月娥著，中国社会科学出版社。

《公平视角下欧盟多语化语言政策研究》，李俊宏著，华南理工大学出版社。

《家庭语言规划视角语言传承研究（语言资源传承与比较研究）》，王玲著，南京大学出版社。

《论语言政策规划》，周庆生著，中国社会科学出版社。

《罗马尼亚国家语言能力研究》，董希骁著，外语教学与研究出版社。

《新中国国家语言能力研究》，文秋芳、杨佳著，外语教学与研究出版社。

《"一带一路"视域下斯拉夫国家语言文化及发展战略研究》，吴哲主编，外语教学与研究出版社。

《语言扶贫问题研究》（第二辑），李宇明主编，商务印书馆。

《语言规划学研究》（第 11 辑），李宇明主编，中国社会科学出版社。

《语言政策与二语习得研究》，戴曼纯著，人民出版社。

《语言政策与规划研究》（第十四辑），王克非主编，外语教学与研究出版社。

《语言政策与语言教育》（第 10 辑），陈坚林主编，复旦大学出版社。

《语言治理的理论与实践》，王春辉著，中国社会科学出版社。

《中国语文现代化百年记事（1892—2013）》，费锦昌主编，商务印书馆。

《中国语言文字事业发展报告（2021）》，国家语言文字工作委员会组编，商务印书馆。

《中国语言战略》（第 8 卷第 1 期），徐大明、陈新仁主编，南京大学出版社。

《中国语言政策研究报告（2021）》，国家语言文字工作委员会组编，商务印书馆。

二 语言规范

《冬奥会体育项目名词（多语对照）》，《冬奥会体育项目名词》编委会编，商务印书馆。

《汉语词表研究论文精选集》，苏新春主编，商务印书馆。

《汉语国际教育轻声词标准研究》，曾广煜著，中国社会科学出版社。

《汉语缩略规范研究》，俞理明、杨昊、黄城烟、王春燕著，四川大学出版社。

《江苏省公共服务领域英语使用监测与研究（2019—2020年）》，王守仁、陈新仁、孙小春、俞希编，南京大学出版社。

《现代汉语常用词表》（第2版），李行健、苏新春主编，商务印书馆。

《新语探源——中西日文化互动与近代汉字术语生成》，冯天瑜著，湖北人民出版社。

《语言规范理论探索》，施春宏著，北京语言大学出版社。

《语言文字规范手册》，魏励编，商务印书馆国际有限公司。

三 语言资源

《民族语言文字应用研究》（第一辑），戴庆厦、曲木铁西主编，民族出版社。

《内蒙古语言文字与"一带一路"建设研究》，朝克、曹道巴特尔、包乌云、凯琳著，中国社会科学出版社。

《全媒体视域下方言传播研究》，周怡帆著，重庆大学出版社。

《社会语用学视角下的东乡语语用研究》，刘思、杨益、李宗宏著，中国社会科学出版社。

《丝绸之路语言新探》，王启涛著，社会科学文献出版社。

《语言田野调查实录（15）》，王远新主编，中央民族大学出版社。

《语言资源》（第三辑），张世方主编，语文出版社。

《中缅中老边境四城语言生态调查与评估》，肖自辉著，世界图书出版公司。

四 语言生活与语言服务

《暴力言语行为的人际语用学研究》，曾莉著，广西师范大学出版社。
《当代流行语的社会价值研究》，宋子然、王勇、李金来著，中国社会科学出版社。
《汉语新词语（2019—2020）》，邹煜主编，商务印书馆。
《汉语新词语档案（2009—2015）》，张延成主编，社会科学文献出版社。
《京津冀协同发展语言服务调查报告》，崔启亮编著，对外经济贸易大学出版社。
《老年人口语非流利现象研究》，刘楚群著，光明日报出版社。
《马来西亚华人社会语言研究》，王晓梅著，商务印书馆。
《南亚东南亚语言文化研究》，龚益波主编，东南大学出版社。
《社会语言学视角下的共同体》，董洁、左茹嫣、贺蕾、沈秀、邹小英、杨端端著，外语教学与研究出版社。
《社会语言学视阈下的媒体语言》，许红晴著，中国纺织出版社有限公司。
《世界语言生活动态（2017—2019）》，王克非主编，外语教学与研究出版社。
《世界语言生活状况报告（2021）》，国家语言文字工作委员会组编，商务印书馆。
《数字化时代的山东外语生活》，沈红伟、姜海霞著，经济管理出版社。
《网络语言与社会表达》，隋岩等著，科学出版社。
《语言产业研究》（第3卷），李艳主编，首都师范大学出版社，
《语言服务研究》（第一卷），司显柱主编，中译出版社。
《语言焦虑及其对策》，王天剑、段平编著，中国社会科学出版社。
《语言迁移研究》，蔡金亭著，外语教学与研究出版社。
《粤港澳大湾区语言生活状况报告（2021）》，屈哨兵主编，商务印书馆。
《中国语情年报（2017）》，赫琳主编，科学出版社。
《中国语情年报（2018）》，赫琳主编，科学出版社。

《中国语情年报（2019）》，赫琳主编，科学出版社。
《中国语情年报（2020）》，赫琳主编，科学出版社。
《中国语言生活状况报告（2021）》，国家语言文字工作委员会组编，商务印书馆。

五 语言教育与语言传播

《2020年中国外语教材发展报告》，《中国外语教材发展报告》编写组著，外语教学与研究出版社。
《贝宁汉语教学研究》，漆亿、唐娟、沈林著，四川大学出版社。
《复合型英语专业人才培养模式研究》，程建山、涂朝莲编著，武汉大学出版社。
《国际中文教育70年纪念文集》，马箭飞、刘利主编，北京语言大学出版社。
《国际中文教育研究探新》，曹贤文等著，北京语言大学出版社。
《"汉语+"人才培养模式改革与教学研究》，刘家思、孙永红主编，浙江工商大学出版社。
《汉语国际教育研究论集·数据资源卷》，郑艳群主编，商务印书馆。
《汉语教学理论探索》，施春宏等著，商务印书馆。
《汉语言文化在海外的传播与发展研究》，耿红卫著，中国社会科学出版社。
《华文教育研究》（第3集），曾毅平主编，暨南大学出版社。
《人类命运的回响——中国共产党外语教育100年》，王定华、杨丹主编，外语教学与研究出版社。
《斯拉夫国家汉语教育及服务需求研究》，赵秋野、王凤英、于大春、金晓蕾著，外语教学与研究出版社。
《探索与革新：大学英语教育发展与人才管理研究》，杨培著，经济管理出版社。
《信息化时代下日本的英语教育改革研究》，刘长远著，中国纺织出版社有限公司。
《信息技术与外语教育——理论和实践》，付安权著，广西教育出版社。

《语言测试与评价：理论与实践》，罗少茜、张玉美、赵海永著，外语教学与研究出版社。

《语言和外语教育研究春华秋实二十载》，王文斌著，人民出版社。

《中国外语教材建设：理论与实践》，孙有中主编，外语教学与研究出版社。

图书在版编目(CIP)数据

中国语言政策研究报告.2022/国家语言文字工作委员会组编;张日培主编.—北京:商务印书馆,2022
(语言生活皮书)
ISBN 978-7-100-21076-8

Ⅰ.①中… Ⅱ.①国…②张… Ⅲ.①汉语—语言政策—研究报告—中国—2022 Ⅳ.①H102

中国版本图书馆 CIP 数据核字(2022)第 070159 号

权利保留,侵权必究。

本报告是国家语委"十三五"科研规划2020年度重点项目"新中国语言规划术语研究"(ZDI135-120)和上海市教育科学研究项目"城市语言规划视角下上海市语言文字监测与评估体系构建研究"(C2021204)的阶段性成果。

中国语言政策研究报告(2022)
ZHONGGUO YUYAN ZHENGCE YANJIU BAOGAO (2022)
国家语言文字工作委员会 组编
张日培 主编

商 务 印 书 馆 出 版
(北京王府井大街36号 邮政编码100710)
商 务 印 书 馆 发 行
北京中科印刷有限公司印刷
ISBN 978-7-100-21076-8

2022年11月第1版　开本787×1092　1/16
2022年11月北京第1次印刷　印张18
定价:79.00元